生命，
因家庭而大好！

茁壯成長！
成功孩子的七大性格力量

揭開孩子卓越出色的關鍵！培養心理韌性、樂觀態度和全人精神

蜜雪兒・玻芭教育博士——著
Michele Borba, Ed. D.
陳玫妏——譯

推薦

國外高度讚譽

「如果你今年只想買一本教養書，一定要買這本《茁壯成長！成功孩子的七大性格力量》！」

——瑪德琳・勒文（Madeline Levine），《焦慮世代的安心教養》（*Ready Or Not*）、《給孩子，金錢買不到的富足》（*The Price of Privilege*）、《給孩子軟實力》（*Teach Your Children Well*）作者

「這本書是為人父母和教育工作者的必備讀物。它提供可行的建議和見解，協助大人教導孩子追求美好生活所需的技能。」

——艾美・莫林（Amy Morin），《告別玻璃心的家長強心針》（*13 Things Mentally Strong Parents Don't Do*）作者

「蜜雪兒・玻芭博士結合她對兒童心理的深刻理解和長年研究，寫出了這本充滿名言佳句與實用技巧、現代父母迫切需要的教養指南……這本及時且重要的書，教我們回歸教養的初衷——讓孩子成為他自己，而不是看重他能做到或擁有什麼。」

——麗莎・達摩爾（Lisa Damour）心理學博士，《少女心事解碼》（*Untangled*）、《我們的女兒怎麼了？》（*Under Pressure*）作者

「蜜雪兒・玻芭是當今父母迫切需要的教練、導師和啦啦隊。這本出色的教養指南——細膩入微且經過研究驗證——重新對成功做了定義，同時教導我們如何培養出更快樂、更健康，並懂得珍惜美好事物的孩子。」

——卡里・坎帕基斯（Kari Kampakis），《好好愛她：與青春期女兒好好連結並共同尋找幸福的十種方法》（*Love Her Well: 10 Ways to Find Joy and Connection with Your Teenage Daughter*，暫譯）作者

「《茁壯成長！成功孩子的七大性格力量》在號召我們行動。我們的孩子正在受傷，本書告訴我們孩子付出了什麼代價；它不僅準確描述出孩子面臨的挑戰，還提出改善方法。我敦促每一位關心孩子和健全社會的人閱讀本書，並將你在其中學習到的智慧和建議應用在生活的各個層面。」

——蘿瑟琳．魏斯曼（Rosalind Wiseman），《女王蜂與跟屁蟲》（*Queen Bees and Wannabes*，暫譯）、《主謀與助攻》（*Masterminds & Wingmen*，暫譯）作者

「身為父母和老師，《茁壯成長！成功孩子的七大性格力量》是我一直在尋找的書，它提供基於實證與深入研究的指南，教導我們如何幫助孩子在困難中越挫越勇，在逆境中展翅高飛。」

——潔西卡．雷希（Jessica Lahey），《每一次挫折，都是成功的練習》（*The Gift of Failure*）作者

「本書巧妙地將學理和扣人心弦的故事編織在一起，教你成為你希望變成的父母。本書涵蓋孩子從學齡前到成年的各種問題，猶如一系列大師級的教養課。」

——凱瑟琳．斯坦納–阿岱爾（Catherine Steiner-Adair）博士，《大失聯：如何在數位時代保護親子關係》（*The Big Disconnect: Protecting Childhood and Family Relations in the Digital Age*，暫譯）作者

「本書予人振聾發聵之感。在一個不同年紀的孩子正面臨情緒崩潰問題與重重危機的世界中，玻芭給了我們希望和工具，幫助孩子和青少年培養在越來越多變的生活中茁壯成長所需具備的道德勇氣。我們要把『奮鬥者』變成『成功者』！對於每一位想幫助孩子培養善良性格、同情心和成功潛能的父母和老師，這是一本不可錯過的書。」

——蘇．薛芙（Sue Scheff），《羞辱國度：全球網路仇恨的大流行》（*Shame Nation: The Global Epidemic of Online Hate*，暫譯）作者

contents

目錄

Part 1 滋養心靈

chapter 1 自信

Chapter 2 同理心

Part 2 發展中的心智

Chapter 5

好奇心

Part 3 培養意志

Chapter 6 毅力

Chapter 7

樂觀

前言

空虛世代：我們正在培養的是奮鬥者，而不是成功者！

「這就像我們被培養成懂得考試的人一樣。我們欠缺如何成為一個人的教育。」

——洛杉磯，十二歲的亞倫

我們的孩子麻煩大了。

我在某個週日晚間七點與十六歲的伊娃通電話時，深刻感受到這個清楚且可怕的事實。她的聲音聽起來很緊張，我問她改天聊會不會更好。

「不會，我的行事曆總是滿滿的，」她說，「而且我很想聊聊現在當一名青少年的感覺。」

伊娃不是大多數父母會擔心的那種孩子。她住在加州紐波特海灘附近的富裕社區裡，就讀一所高級的私立高中。她意識到自己是特權階級。她的夢想是能進入擁有一級女子游泳隊的一流大學；加州大學洛杉磯分校和德州大學是她的首選。

因此，伊娃在週間每天凌晨四點鐘起床，凌晨五點與私人教練進行泳訓，然後再去上課。她的成績優異，平均學分績點為四．三，並且參加了四門進階先修課程，以及高階法語和物理榮譽課程。放學後，她還要跟游泳隊進行兩個小時的游泳練習；另外她每週還參加一次校刊和學生會的活動。伊娃在晚上六點半回到家，很快地和家人用完餐後，先做三到四個小時的家庭作業，然後進行三十分鐘的SAT測驗練習題。

「我上次的得分是一四五〇分，我至少得再提高一百分，才有機會進入理想中的大學。」她解釋道。進入午夜後，她終於能上床睡覺了。

我光是聽著就覺得累了。伊娃每晚平均睡五個小時（專家建議青少年至少要有八到十小時的睡眠時間，但只有百分之十五的青少年做得到），她因此睡眠不足。

「妳平時有什麼娛樂活動？」我問。

「我大部分的時間都感覺精疲力盡，所以我試著透過社群媒體與朋友保持聯繫。」她笑了，「我知道我很幸運能上一所好學校，我的父母很愛我，但我擔心如果沒進入史丹佛大學，會讓他們失望——那是他們希望我去的地方。」她坦承不只她有這種狀況。

「我所有的朋友都壓力很大、很累。我們每個人幾乎都過勞。」

這就是所謂的「**空虛世代**」。伊娃的同齡人（若出生於一九九〇年代中期以後，則稱為Z世代）聰明且深受父母的疼愛；他們更加包容和開放。（「我們是第一代可以擁有男性、女性、無性或雌雄同體的孩子，」伊娃指出，「這一定是件好事，不是嗎？」）他們受過良好的教育，對大學和未來抱有遠大的理想。

但與前幾代人相比，他們也更不開心，壓力更大、孤獨、沮喪，並且有自殺傾向——這些症狀在COVID-19之前就有了，在COVID-19爆發後更加地嚴重。

我每隔幾個月都會打電話和伊娃聯繫，直到有一天我驚訝地發現她的母親接起電話。從她的聲音中，我知道出事了。

她一邊啜泣，一邊解釋說，她的女兒因患有嚴重的抑鬱症而住院。

「我沒有意識到她竟然這麼難受和不知所措，」媽媽啜泣著說，「我以為我已經給了她快樂和成功所需要的一切，但我真是大錯特錯了。我忘了幫助她喜愛自己。」

我從許多父母那裡聽到很多類似這樣令人心碎的故事，但他們總是在孩子過得不好時才有所察覺。為什麼這些資源豐富的孩子，會如此痛苦掙扎？為什麼這一代人很努力，卻無法茁壯成長？我決定深入探索這個問題。

奮鬥者世代

「我們已經為大學和職涯生活做好了準備，但卻沒有為做好一個『人』而準備。」

——南卡羅萊納州，十六歲的艾琳

幾天後，我來到美國東岸，到達位於波士頓中產階級社區的一所中學。學校的警衛帶我到圖書館，那裡有十二名中學生正等著分享他們如今成為一個孩子的感受。受訪的孩子都是由生活輔導老師根據我所提供的標準挑選出來的：他們的背景多元、善於表達，並且「跟得上社會脈動」。這是我第二十五個學生焦點小組，所以我知道要期待什麼，但仍然對他們即將告訴我的事深感興趣。這是一個獨特的世代，他們面對著疫情大流行、學校槍擊事件、恐怖主義和自然災害，以及與過去任何世代相比都來得巨大的成功壓力。

「說說你們這個世代的情況。」我問道。

我看著眼前的這群學生。我看到了我一向看到的：這些孩子善於思考、態度真誠，對於有人願意傾聽他們的意見，打從心底感到驚訝。

一位名叫阿米莉亞的十二歲金髮女孩率先分享。「我們絕對是壓力最大的一代，而且情況只會越來越糟。」小組同意了。（我還沒聽過有孩子不同意這一點。）

「你的父母知道你壓力有多大嗎？」每個孩子都搖頭。

「我們會隱藏我們的焦慮。」一個穿著耐吉襯衫的棕髮男孩解釋道，「告訴我們的父母沒用，因為他們無法了解當孩子的感受。」

然後我請這些十一、十二、十三歲的孩子描述他們這個年齡的人。聽著他們的描述，我知道該是改變我們的教養方式的時候了。

「我認識的每個朋友都說他們的壓力很大。」

「我們很孤獨，因為我們太沉浸在社群媒體中，失去了人與人之間面對面的聯繫。」

「我們這一代人總是專注於讓一切都完美無缺，這讓我們精疲力盡。」

「我們不斷地在互相比較，所以永遠感覺自己不夠好。」

「我們害怕失敗，因為我們的成績好壞很重要，所以我們總是很有壓力。」

「我們的生活太過忙碌，我們渴望有朋友，但卻沒時間交朋友，所以很孤單。」

「我們被迫要快點長大，但我們其實需要更多時間當個孩子和交朋友。」

「因為我們被填塞了一堆東西，導致我們缺乏熱情，不知道自己要什麼。」

「我們這一代人從幼兒園開始就在進行封鎖訓練。你在一段時間後會慢慢習慣。然後我們因為新冠疫情而必須一直待在家裡。這真的太可怕了。」

「我們也許外表上看起來不錯，但其實內心很脆弱。我們有點迷失了。」

我採訪的每個學生群體——無論住在哪裡——都有類似的描述。這些都是深受父母和身邊親友喜愛的孩子：熱情、聰明、機會無限。他們的父母認為自己做對了——他們正在為孩子做好未來成功的準備。那麼，為什麼現在的孩子比過去任何時候的孩子都來得不快樂？他們為什麼會掙扎？只有孩子能說出最好的答案。

隔壁桌上放著一幅未完成的木製拼圖；盒蓋上繪製著來自不同國家的孩子在世界上一起玩耍的圖樣，但有些拼塊不見了。一位名叫艾登的紅髮男孩一直盯著它，最後他說：「這個拼圖就像我們：我們試圖融入這個世界，但我們不能，因為我們缺少了一些拼塊。」

「你缺了哪些拼塊？」我問。

「關於如何『做人』的部分，像是如何跟人相處、面對錯誤、應對壓力等等——那些可以塑造你的性格並使你成為人的部分。我們現在只是被培養成『產品』，所以我們都感到空虛。」

突然間，為什麼這一代人會感到如此不快樂、不知所措、有壓力和孤單的謎團完全解開了。我們告訴他們，如果他們努力更多——得到更多的「讚」、更好的成績、更高的榮譽——他們就會快樂。但是這些年輕的「奮鬥者」並不快樂……而且，他們也並沒有茁壯成長。他們發育遲緩、焦慮和不快樂。我們養育了一代擁有更多的孩子，但我們卻忘記給予他們成功最需要的東西：使他們成為一個人的精神和道德品格。

性格力量能夠培養出孩子內在的韌性、真誠的態度和全人的精神，能幫助努力追求下一個遠大目標的孩子，轉變成能在這個快節奏且變化多端的世界中茁壯成長的年輕人。當孩子們缺少樂觀、好奇、同理心和毅力等性格力量時，他們的發展是不完整的。他們通常無法在學校和教室狹隘定義的成功標準之外取得成功。他們還沒有準備好迎接等著他們的不確定世界——一個年復一年變得更加不可預測的世界。簡而言之，他們看起來像包裝精美的包裹，但裡面卻少了禮物。

現在填補我們孩子在發展中缺少的部分還為時不晚，但必須**將我們對分數、成績和豐富履歷的執著短視，轉變為認識孩子過有意義的生活所需事物的遠見卓識**。目前，我們聰明、可愛、出色的應試者不懂得如何展開和面對他們的生活。他們性格發展中的空白，削弱了他們身為一個人的能力，並降低他們茁壯成長的潛力——性格力量是他們缺失的部分。

但好消息是：現在還為時不晚。性格不是天生的——它不是與生俱來的。性格力量是可以被教導的。事實上，它們必須被教導。

這本書將為父母、老師和其他類型的教育工作者展示，如何向孩子灌輸他們缺失的性格拼塊，以培養堅強、有韌性，同時具備強大且完整的內心、思想和意志的孩子。

一個具有性格力量的孩子，就是我所謂的「**成功者**」——**一個做好準備並能夠迎接二十一世紀的人**。但首先，讓我告訴你情況到底有多糟糕——以及為什麼我們所有人都必須加以關注。

為什麼我們應該擔憂？

「我們很抑鬱和焦慮。我有百分之七十的朋友在接受治療；百分之四十的朋友正在服藥。我們的內心很痛苦，但在另一個孩子自殺之前，沒有人做任何事情來幫助我們。」

——威斯康辛州格林灣，十五歲的艾娃

在我擔任教育顧問長達四十多年的時間裡，我與美國及世界各地數百名的父母、教師和從貧困到富裕的孩子們都進行過合作。我見過不同世代的孩子的狀況，但我從來沒有像現在這樣擔心。我寫這本書的迫切性，是源於一位不知所措的母親寄給我一封電子郵件，她在信中為她居住的郊區社區尋求幫助：

「在我們社區方圓二十英里的範圍內，短短兩年半的時間就有四十名孩子死於自殺。他們大多數是白人、富裕、有成就的男孩子；他們沒有吸毒，而是上吊自殺。他們大多數看起來就像你和我的孩子一樣。最近的七名是女孩子——其中有兩名持槍自殺。」

接下來的一週，一位高中輔導員以類似的請求聯繫了我：

「我們的社區正處於危機之中——我們生活在自殺地帶，但治療師卻極其短缺。我們不知道原因，但我們的孩子出了大問題。」

每週都有教育工作者表達類似的擔憂。

「在我們孩子的身上起了什麼變化。」

「他們似乎很不知所措和焦慮。」

「他們在受苦。」

他們也擔心年紀較輕的學生。

「我們三年級的學生也無法集中注意力，非常容易發怒。」

「一年級的學生在適應上有困難。」

「五歲的孩子擔心失敗。」

我在距離我成長的地方二十分鐘車程的加州帕羅奧圖市所舉行的一次演講活動中，充分感受到現代孩子的問題是一場空前的危機。在大量青少年在火車軌道上臥軌自殺後，家長志願者開始了「軌道巡守」計畫——兩所聲望卓越的高中，十年內的學生自殺率是全國平均數的四到五倍。

然而，心理健康問題的大流行並不僅限於灣區。在過去十年裡，從東岸到西岸的報告顯示，與上一個世代相比，如今青少年和年輕人更抑鬱，有精神問題的狀況更加嚴重。當你走進當地高中的洗手間時，你會注意到為學生張貼的自殺防治熱線電話號碼。

青少年承認他們已經精疲力盡，擔心自己和同儕朋友的心理健康。

莎拉十五歲，來自德州奧斯汀市，是一位聰明的紅髮女孩，她總結了我經常從孩子那裡聽到的話。「對我來說，最糟糕的是我對自己的感覺，但我不知道有誰對自己感覺良好。無論你多麼努力，你都會感覺自己不夠好。」

傑克是一名來自匹茲堡的青少年，他說他剛被耶魯大學錄取了，但仍然感到空虛。「高中生活就是不停地學習、考試、填寫申請表和擔心。我永遠無法停下來喘一口氣。」

喬希是一名來自威斯康辛州的音樂天才，平均績分為四．三，他說：「我們的日子被學校、SAT測驗準備、學習和活動塞滿了，我找不到任何時間做些事情來充電，像是和朋友在一起和玩音樂。我們每個人都精疲力盡了。」

精疲力盡，但他們的生活才剛剛開始。

我希望我能告訴這些孩子一件重要的事情。

成績並不重要。

好吧，也許這麼說有點誇張。當然，成績很重要。他們可以藉此打開獲得獎學金、被學院或大學錄取及就業的大門。

但是當我說「成績並不重要」時，我的意思是，它們並不像在一個世代之前——當時孩子在成績上的競爭也很激烈——是成功的鍍金指標。今日大學的錄取過程變得非常耗費精力、瘋狂，坦白說還很可怕。然而，即使青少年收到那張夢寐以求的錄取通知書後，他們仍然沒有解脫——焦慮、孤獨和空虛感依舊存在，而且在很多情況下反而更加強烈。

《紐約時報》報導提到，一九八五年有百分之十八的大學新生表示，他們「對我必須做的一切感到不知所措」。到了二〇一八年，這個數字飆升至百分之四十一。有四分之一的大學生在前一年被診斷出患有精神疾病或正在接受治療；接受調查的學生中有五分之一曾有過自殺的念頭，大學校方對此深表關切。

我們培養出一代非常擅長把握機會的孩子。他們正在實現目標、學習和努力，但他們也充滿焦慮，給自己施加巨大的壓力——他們是「**奮鬥者**」。無論他們做什麼，不管他們多麼努力，他們永遠不會覺得「自己夠好」。當挑戰出現時，他們往往會放棄，因為他們的內在缺乏接受挑戰的決心和準備。

去年，我對兩千五百名大學輔導員進行了一場主題演講，他們證實心理健康的問題正在孩子之間蔓延。一位普林斯頓大學的輔導員告訴我：「學生們非常聰明，但也很孤獨。他們缺少了一點什麼。」一位哈佛大學的輔導員補充說：「就好像他們沒有了靈魂一樣。」一位史丹佛大學的心理學家總結了大家的感受：「我們的孩子很空虛，這對美國來說是一個非常悲傷的實況。」的確如此。

有三分之一的大學生在大一結束時輟學。美國現在是工業世界中大學輟學率最高的國家。「壓力、無法應對他人的期望，和『直升機父母』」被認為是造成這個現象的主要原因。

也許我們應該告訴孩子們的不是成績不重要……而是它們**不是唯一**重要的東西。我們必須以其他方式教導孩子，否則對他們來說非常不公平。

將奮鬥者轉變為成功者

「我們在一個競爭激烈、學業嚴格的環境中成長，這種環境容易產生壓力並不斷地讓我們相互比較。我們感覺自己不是被當作一個孩子，而是一台得分機器來培養。我們都精疲力盡了。」

——芝加哥，十七歲的加比

幫助孩子茁壯成長是我畢生的工作。我在北加州輔導高危青少年，就此展開我的職業生涯。我大多數的學生都生活在貧困中，遭受著不同形式的虐待，有著學習、情緒上的問題，或是患有身體殘疾，我總是努力想方法來幫助他們取得成功。我攻讀教育心理學和諮商博士學位，研究心理韌性（Resilience），並從中學到了重要的一課：**成功者並非天生的，而是可以塑造的**。孩子們顯然需要安全、充滿愛和有秩序的童年，但他們也需要自主性、自我的能力和主體性才能茁壯成長。他們所習得的技能，是促使其茁壯成長的要素。我發展出如何將這些技能傳授給學生的方法，並發現他們不僅提高了學習成績，他們的行為表現、自信和樂觀程度也得到了改善。

在接下來的幾年裡，我為學校、教育部門、創傷中心、寄養單位、大學和美國十八個軍事基地的教育工作者、心理學家和顧問，以及全美四十八個州和全球十六個國家的數百名父母針對這些策略進行了培訓。（我永遠不會忘記在埃及開羅的一位父親對我的感謝。「我一直認為育兒的工作就像是成為食物鏈中的一員，你基本上要做的是讓你的孩子得到營養和保護。我不知道我實際上可以幫助他成為一個更成功、更有能力的人。」）我意識到人格發展的延遲，不再局限於低收入家庭或有特殊需求的孩子。今天，從貧困到享有特權的孩子都無法茁壯成長，但在富裕社區長大的孩子尤其容易承受嚴重的壓力、孤獨、抑鬱和空虛感。

亞利桑那州立大學心理學教授蘇尼婭・盧薩（Suniya Luthar）發現，與其他不同社經地位的年輕人相比，美國來自中上階層家庭的青少年更容易出現抑鬱、焦慮和藥物濫用的情況。「資源豐富的年輕人比前幾個世代的人更脆弱，」盧薩說，「所有的證據都指向一個原因：**追求高成就的壓力**。」孩子們發現他們無法跟上社會對成功不切實際的期望，而成年人必須承擔造成這個現象的責任。

造成孩子過勞和不健康的心理問題，根源於我們對發展孩子認知能力的執迷，因為我們認為這些技能和科目能提高孩子的學業成績表現，是保證他們成功的聖杯。教養工作現在幾乎全變成了促進孩子的智力成長。我們越往孩子的大腦裡塞東西，他們就會變得越聰明——或至少我們是這麼認為的——所以我們撫養孩子的角色從「父母」（名詞）變成了「教養」（動詞）。從孩子還在蹣跚學步時，我們就開始以軍事訓練的強度來規畫他們的教育，並為每個決定的好壞而憂心。每個父母夢寐以求的獎賞是孩子進入好大學，而且學校越有聲望越好。一切都變成提高孩子智商和刺激其認知發展的機會，因為我們相信這樣可以提高他們的成績、分數、排名和學歷。這些都讓我們擔心得不得了！

住在加州謝爾曼奧克斯市的媽媽們，如果她們兩歲的孩子沒有被頂級的幼兒園接受，就會分享彼此的擔憂。一位媽媽說：「我家寶寶的學習生涯基本上完蛋了。」博卡拉頓市的一位顧問告訴我，一位父親來學校把孩子接去參觀哈佛。「你必須早點開始。」這位家長解釋說。他的孩子才五歲。

威斯康辛州一個小型社區學校的負責人古斯．奈特告訴我，帕迪維爾高中之前的三位畢業生致謝詞代表說，他們對高中的記憶就是學習和考試。（許多教育工作者現在正在改變課程安排的方式，騰出更多時間給學生進行深入學習、做計畫和相互聯繫。）無論我走到哪裡，父母和教育工作者都告訴我，他們的孩子很累。孩子無憂無慮地在沙池中隨性玩耍、觀賞天上的雲朵和放風箏的日子，被成人主導的補習、課輔和教學卡片所取代；這麼做的同時，我們破壞了孩子的童年，讓他們感到精疲力盡。

「成功者」會感覺「我可以做得到」：他們以自己的方式與世界相遇，因為他們知道可以掌控自己的命運。因此，儘管面臨挑戰，他們仍會繼續嘗試，並且更有可能從這些挑戰中恢復過來，充滿信心地克服逆境。「奮鬥者」可能有類似的希望和夢想，但缺乏內在的力量和「我能做到」的心態，因此當遇到困難時，他們往往無法成功。那麼，**是什麼讓孩子們成為「成功者」或「奮鬥者」？我們現在知道這個答案了——它源自於科學。**

五十多年前，加州大學戴維斯分校的心理學家艾美．維爾納（Emmy Werner）開始對居住在夏威夷考艾島（Kauai）的數百名兒童進行為期四十年的開創性調查。近三分之一的兒童出生貧困或面臨家庭不和、父母患有精神疾病和家族成員有藥物濫用史等問題。維爾納希望研究生活壓力對孩子從出生成長到四十歲階段的影響。三分之二的人出現了嚴重的問題，如行為問題、藥物濫用和心理健康問題。但有任何人茁壯成長嗎？甚至連維爾納都對調查結果感到驚訝：其中三分之一的孩子克服困難，成長為「有能力、自信和有愛心」的成年人，儘管遭逢逆境，但他們仍然在學校和生活中茁壯成長。其他先驅性的心理學家研究了無家可歸、受虐、遭受恐怖主義、戰爭和貧困的兒童，他們也驚訝地發現，有相當多的兒童克服了創傷。事實上，「儘管他們在適應上或發展上面臨嚴重威脅，但許多人的發展仍取得了令人驚訝的好結果。」有些人甚至表現出極強的「抗壓性」。他們是「成功者」，但為什麼？

維爾納繼續深入探討，並密切關注另外三分之一的人：高危的孩子儘管遭遇重重的困難，但還是能一一克服。她發現，儘管經歷過截然不同的創傷類型，但許多適應力強的孩子都有兩個明顯的優勢：**與至少一位支持他們的成年人有著牢固的聯繫，以及一連串透過後天習得的特質**，不但在他們的童年時期起到保護作用，也幫助他們以「自己的方式」面對世界。這些孩子們不一定有天賦，也沒有特別令人印象深刻的考試成績，但他們「**有效地運用他們所擁有的種種技能**，」維爾納評論道。也許最重要的是：「**他們靠自己——而不是他人——來解決他們的問題，這樣便是他們自己，而不是他們周圍的環境在影響他們的成就**。」

令人驚訝的是，一些孩子苦苦掙扎而另一些孩子發光發熱的原因，並不是由於基因、平均學分績點、智商高低、特定的運動、樂器、就讀的學校類型或上過什麼壓力管理課程，而是他們在成長過程中學到的一些「性格力量」，幫助他們引導自己的生活朝著積極的方向發展。這些特質和一個充滿愛心、從旁為他加油打氣的成人，都有助於保護孩子面對壓力，讓孩子們可以平靜、自信地追求他們的夢想，克服逆境，並最終取得勝利。最好的是，這些特質可以從我們平日給孩子的教導和練習中培養和獲得。

教孩子如何保持韌性，有助於所有的孩子茁壯成長——只需要轉換我們的思維方式。我們不干預和抱持「修復孩子」的心態，而是教導孩子如何保護自己，讓他們在不確定、充滿挑戰的時候保持力量，展現自己的最佳狀態。

本書基於這樣一種觀點：孩子之所以會感到壓力、孤獨、不知所措和精疲力竭，是因為我們使用的是一種被誤導的、過時的兒童發展公式，而這種公式無法培養有益於他們在精神、道德和情感上蓬勃發展的特質——有時它們被稱為「非認知技能」、「性格特質」或「美德」，我稱它們為「性格力量」；雖然它們經常被輕看為「柔順、軟弱」，但科學研究告訴我們，性格特質對於孩子的學業成功和最佳表現具有同等的重要性，也是培養韌性和心理健康的核心。

我們可以也必須把「性格力量」傳授給我們的孩子。這樣做將能撲滅「孩子倦怠」的流行病，作為抵禦有毒壓力和逆境的保護措施，並幫助孩子不將自己僅僅視為分數，而是努力成為自己最好的版本——簡而言之，一名「成功者」。

成功者最重要的七種「性格力量」

「現在對跟我一樣年紀的人做什麼彌補都已經太晚了，但我們需要快點找到一個解決方法，免得連對年紀小的孩子來說也為時過晚。他們的情況只會越來越糟糕，因為他們現在已經被逼得太緊、太急了。」

——達拉斯，十四歲的索菲亞

在過去十年裡，我梳理了人格特質的研究，找出與培養孩子成功能力最有關的特質，從中確認了七種最重要的「性格力量」：**自信、同理心、自制力、正直、好奇心、毅力和樂觀**。**為孩子培養這七種「性格力量」，可增強其心理韌性、社交能力、自我意識、道德感和情感的敏銳度**。與此同時，學習這些「性格力量」也能減少焦慮並提升適應力，讓孩子可以應對逆境、解決問題、恢復元氣、發展健康的人際關係並增強自信——他們要過上有意義和成功的生活所需的一切。

選出這七種「性格力量」，都是奠定在以下六項基準上，分別是：

1 透過前瞻性的研究，證明可以提高兒童的心理韌性。

2 被「美國職業資訊網站」（Occupational Information Network）、「皮尤研究中心」（Pew Research）、「第四次工業革命」（Fourth Industrial Revolution）和「世界經濟論壇」（World Economic Forum）視為二十一世紀和適應世界所需的「必需品」。

3 被認定是一種可以提升品德表現的普世力量。

4 被證實可以優化學習表現和學業成就。

5 容易教導且並非奠定在個性、智商或收入的基礎上。

6 被證實能提高心理健康和幸福感。

更重要的是，我所採訪的孩子們證實，這七種「性格力量」可以幫助他們降低空虛感。「這些特質可以幫助我們在學校和生活中展現出最好的自己。」聖荷西的一名中學生說。我們還有很多事要做：美國青年在這七種特質上的表現都有下降的趨勢。

本書重點概述

第一部分：說明如何幫助孩子發展這些性格力量，以培養其關愛他人之心。

- **自信**：讓孩子認識到自己的長處，接受自己的弱點，並運用這些認知來幫助自己找到通往成功人生的最佳途徑。
- **同理心**：使孩子認識並理解自己和他人的感受與需求，發展健康的人際關係。

第二部分：聚焦在如何幫助孩子培養出堅強的心靈。

- **自制力**：將幫助孩子學會清晰思考，控制強烈、不健康的情緒，並減少個人的痛苦感受，讓他能夠應對遭遇到的任何事情。
- **正直**：讓孩子秉持道德價值觀，幫助他發展堅實的道德準則，並指導他的生活和與他人的關係。
- **好奇心**：幫助你的孩子對各種可能性保持開放態度，獲取新資訊，進行探索並激發創造力，從而啟發他追逐夢想的動力。

第三部分：提供幫助孩子培養堅定意志的方法。

- **毅力**：當一切都使孩子更容易放棄時，能有勇氣堅持下去，並意識到他可以承擔錯誤且從失敗中吸取教訓，以實現自己的目標。
- **樂觀**：讓孩子以更積極的態度應對挑戰，防止抑鬱，對周遭的世界懷抱希望，並相信生活是有意義的。

儘管我們從孩子還在玩沙池到可以參加高中畢業舞會的不同成長階段，都有機會傳授上述任何一種性格力量，但事實上，大多數孩子從未接受過性格教育，因此他們面臨著巨大的生活劣勢。本書提供了學校沒教的那些重要課程，幫助孩子茁壯成長。

加乘效果

「我們為了幾乎不可能實現的目標竭盡全力，因而感到精疲力竭。我們不睡覺，不跟朋友在一起，也沒有看到隧道盡頭的曙光，所以我們感到空虛。」

——加州比佛利山莊，十五歲的拉蒙

每種「性格力量」都能提高孩子成功的潛力和學業成績，但當不同的「性格力量」相結合時，其所產生的「加乘效果」會更好。事實上，「成功者」更擅長駕馭生活的原因之一，是他們同時使用了多種「性格力量」。

「性格力量」加乘效果

- 自信＋好奇心：增加自我認識，並建立自信和創造力。
- 自制力＋毅力：增加實現目標和取得成功的機會。
- 同理心＋好奇心：有助於找到與他人的共同點並加強人際關係。
- 自制力＋正直：可以幫助抗拒誘惑，做正確的事。
- 樂觀＋毅力＋好奇心：可以加深學習、增強信念、提高效率。
- 正直＋好奇心＋同理心：可以增強使命感，啟發社會運動的精神。

將任何一種「性格力量」與另一個配對，是一條更確定的成功之路；將三種性格力量放在一起，孩子發揮潛力和表現最佳自我的機率就會加倍。

不過，還有一個「耗乏因數」：隨著「性格力量」在兒童發展項目中日漸式微，他們成功的機率隨之降低，他們也更可能感到壓力沉重、精疲力竭和消耗殆盡。這就是現在發生在孩子身上的事情。

長期承受不健康的沉重壓力，不論是誰都會感到精疲力盡。

來自帕洛阿爾托的十六歲青少女瑪雅，對此做了完美的詮釋：「我們有很多倦怠感來自於即使很努力學習，卻沒有看到任何回報。不管你多麼努力，仍然不保證你能上大學，所以你會想，『這有什麼意義？』你也會因此覺得生活毫無目的。」

我們把所有的精力都用在提高孩子的認知能力上，而忽略了他們身為「人」的一面——它是孩子汲取能量、快樂、靈感和意義的源泉。好消息是：專注於發展孩子的性格力量可以扭轉這個情況，幫助孩子在世界上找到幸福、平靜和奇蹟。

如何使用本書

「無論我做什麼，都是不夠的。為了讓父母滿意，我總是需要做更多事情。」

——休斯頓，十四歲的卡登

我們身邊確實到處都找得到不快樂的「奮鬥者」，但這種情形是可以被改善的。本書提供了解決方案，讓我們回歸正軌，幫助我們培養出堅強、有愛心、有韌性、茁壯成長的孩子。

- 本書每一章都包含經過驗證有效的策略和技能，你很快就能學會並用來教導從學齡前到高中階段的孩子。
- 我還會分享來自頂尖神經科學家、心理學家、奧林匹克運動員、麻省理工學院學者，以及海軍海豹突擊隊隊員的最新科學發現。
- 我將提供真實孩子的故事，他們面臨著種族歧視、注意力缺失、虐待和身體殘疾等種種重大的挑戰，卻因為父母幫助他們發展這些性格力量而得以茁壯成長。
- 你還可以找到適合不同年齡階段的孩子閱讀的書籍清單，以及透過日常生活的慣例來增強性格力量的數十種簡單方法。

最終目標是幫助你的孩子將每種性格力量作為終身的習慣，發揮他最大的潛力並茁壯成長。每種性格力量都是由三種能力和一些可以傳授教導的技能組成；這些技能可以減少孩子的倦怠感、增加成功機率，並培養自主自立的能力。因此，你可以選擇每個月專注於培養一項能力，並與孩子一起練習——或者更好的做法是，全家一起練習——每天幾分鐘，直到孩子可以在沒有提醒的情況下加以運用。當你不再需要勸誘、催促或提醒時，就意味著孩子已經將學習內化，可以隨時隨地在你不在的情況下運用它。

多年來，我觀察過各種性格教育的精采課程，並注意到最好的老師從來不會使用習題或演講的方式來進行，而是將它們「融入」課程之中。

有位來自佛雷斯諾市的老師讓我印象深刻。他在朗讀了《三隻小豬》的寓言故事後，將他班上的五年級學生分成幾組，討論他們從小豬身上學到了什麼特質。

「前兩隻豬很懶惰，所以大灰狼很快就把他們用稻草和木頭蓋的房子吹倒了。」一個黑髮男孩注意到。

「是的，他們需要像第三隻豬一樣的毅力。」一個紅髮女孩補充道。

「第三隻小豬也很樂觀，用他的創意想出什麼樣的地基可以承受大灰狼的攻擊。」一個臉上有雀斑的孩子說。

「別忘了第三隻小豬的正直和同理心。」一個金髮男孩插話道。他的話讓他的小組成員感到驚訝。

「同理心？」他們問道。

「對啊，同理心，」他說，「第三隻豬知道他的哥哥們自制力很差，不會花時間建造堅固的房子。當他們的房子倒塌時，他沒有讓他們吹冷風，而是讓他們在他的房子裡避難。」

「哇，」另一個女孩評論道，「那第三隻豬果然有很多不錯的性格力量。」所有的組員都點頭表示同意。

我看著老師，我們笑了。這堂課沒有花俏的導師、記憶卡或演講來幫助學生了解性格力量的重要性；它只是複述了一個我們聽過無數遍的古老寓言。

幫助孩子茁壯成長的重要「性格力量」是可以被教導的，但最好的教導方式是讓它自然而然地在日常生活中發生。一次關於「性格力量」的談話或書籍的閱讀永遠不會有效；相反地，你可以找到有意義的方法來培養這七種成功者的特質：**加以辨識、示範、討論並強調**，直到孩子將它們視為不可或缺的一部分。

為了在科技主導、快速變化、令人不知所措的二十一世紀的世界中茁壯成長，**孩子們需要的不僅僅是成績、分數和獎盃；他們需要心靈、思想和意志的力量**。這七種重要的「性格力量」為孩子的內心奠定強大的基礎，使他們能夠應對生活中不可避免的起伏，過上成功、充實的生活，永遠不會感到空虛痛苦。

培養這些特質很可能是你能給孩子最大的禮物，因為他們將學會保護自我的機制，能面對生活中難免會發生的困難，並且在沒有你的情況下更可能過上有意義的生活。

評估孩子的性格力量

你可透過回答以下的問題，來確認孩子目前擁有哪些可以幫助他茁壯成長的「性格力量」。這些問題沒有正確或錯誤的答案；這只是為了讓你了解孩子現在的情況，並幫助你確定哪些特質是他的優勢，哪些特質值得鼓勵。要評估孩子的優勢，請在每個陳述之後，寫下你認為最能代表孩子當前程度的數字。

5＝總是，4＝經常，3＝有時，2＝很少，1＝從不

我的孩子……

1 能輕鬆準確地描述他的特殊優勢和正向品格＿＿＿

2 對自己的能力感到自豪和自信；喜歡做自己＿＿＿

3 主要關注他的優點，而不是缺點和過去的失敗＿＿＿

4 對自己的評價大多是正面的，很少是負面的＿＿＿

5 具備能自然培養性格力量的愛好和興趣＿＿＿

6 對他人的需求和感受表現出敏銳度＿＿＿

7 能感受到他人的痛苦並做出適當的回應＿＿＿

8 願意理解別人的觀點＿＿＿

9 當有人受到不公平或不友善的對待時，表現出關心並想提供幫助＿＿＿＿
10 當別人受苦時，會流淚或難過＿＿＿＿
11 誠實、承認錯誤，願意為自己的不當行為接受指責＿＿＿＿
12 能辨識自己的錯誤行為並加以改正＿＿＿＿
13 對自己表現的錯誤或不當行為感到內疚＿＿＿＿
14 很少需要別人告誡／提醒如何正確行事＿＿＿＿
15 在沒有人注意的情況下，仍然可以做出正確的決定並遵守承諾＿＿＿＿
16 在沒有大人的幫助下，能控制自己的衝動和強烈欲望＿＿＿＿
17 在興奮、沮喪或憤怒時，容易冷靜下來並恢復＿＿＿＿
18 能在不健康的情緒和壓力升高之前有所覺察＿＿＿＿
19 懂得等待；能夠按捺住行事的衝動＿＿＿＿
20 不須大人提醒，可持續專注於適齡的學習＿＿＿＿
21 經常問很多「為什麼」的問題，這些問題不總是有「是／否」的答案＿＿＿＿
22 喜歡尋找新方法來處理例行事務或解決問題＿＿＿＿
23 喜歡學習能激發他興趣的新事物＿＿＿＿
24 對嘗試新的、不同的或令人驚訝的事物感興趣或容易受啟發＿＿＿＿
25 願意犯錯並嘗試不同的、非傳統的方法＿＿＿＿
26 樂於嘗試新的任務，不擔心失敗或犯錯＿＿＿＿
27 了解改善的方法是付出更多的努力＿＿＿＿

28 遇到困難不會心煩意亂；很少放棄，而是持續嘗試＿＿＿＿

29 如果任務不成功，願意再試一次＿＿＿＿

30 不將錯誤視為個人失敗，而是將它看作一個學習機會＿＿＿＿

31 對身邊美好的事物表達感謝、欣賞並懂得反省＿＿＿＿

32 能積極地自我對話，以樂觀的態度看待生活並期盼事情有好的結果＿＿＿＿

33 不責備而是原諒自己；知道可以做些什麼讓事情變得更好＿＿＿＿

34 能在困難或挑戰中找到一線希望＿＿＿＿

35 將挫折和失敗視為暫時的，而不是永恆的＿＿＿＿

接著，請你將孩子在每一種「性格力量」上的得分加總起來：問題1～5＝自信；6～10＝同理心；11～15＝正直；16～20＝自制力；21～25＝好奇心；26～30＝毅力；31～35＝樂觀，確定孩子最高和最低的「性格力量」。得分最高的「性格力量」是孩子與生俱來的優勢，它們可建立孩子的信心並幫助他茁壯成長；請繼續培養這些特質，並確定孩子也能意識到自己的優勢。然後，請將注意力轉移到孩子得分最低的一、兩個「性格力量」上，找到書中對該主題的探討，學習如何幫助孩子提升他茁壯成長的潛力。

Part 1

滋養心靈

「認識我是誰」將是減少疲倦感最好的方法之一。
一旦我們找到自己和自己在這個世界上的位置，
我們對自己和生活就會感覺好多了。

——加州聖塔克拉拉，十七歲的亞歷克斯

Chapter

1

自信

在競爭激烈的世界，
孩子需要相信自己、挖掘內在力量

成功者聚焦於「我是誰」，而非「我有什麼」。

第二次世界大戰結束後五天，在義大利瑞吉歐．艾米利亞小鎮裡，一群農婦從建築殘骸中撿拾磚塊，開始動手搭蓋一所幼兒園。戰爭的肆虐讓她們意識到，給孩子的教育不該只有學科的學習，還需要教導他們與人合作、批判思考的技能，並且幫助孩子相信自己。學校是對孩子未來的投資，這些婦人將它命名為「人民的學校」（義大利語：Scuola del Popolo）。

洛里斯．馬拉戈齊（Loris Malaguzzi）是一位年輕的老師，他在得知這個消息後，決定去拜訪這群農婦。她們請馬拉戈齊擔任孩子的老師，希望他能幫助學生擁有更好的生活。馬拉戈齊相信所有的孩子本身就具備能力、好奇心和無限的潛力，所以他答應了，並認為學習必須由孩子來啟動。他讓孩子積極參與學習計畫，從中了解自身優點並獨力解決問題。在這種教學方法中，認識自己是「誰」很重要。馬拉戈齊為了紀念這個小鎮，於是將這個教育方法稱為「瑞吉歐．艾米利亞」（義大利語：Reggio Emilia）。這所學校在一九九一年被《新聞週刊》（*Newsweek*）選為「全世界前十大最好的幼兒園」之一。如今，「瑞吉歐．艾米利亞」教育法享譽全球，促使人們重新思考孩子需要什麼樣的學習來茁壯成長。

二〇一九年三月，我來到甫經轟炸的黎巴嫩貝魯特，造訪一所「美國社區學校」，觀察這裡的早教課程。這所「人民的學校」招募了來自六十個國家的學生，並奠基於「瑞吉歐．艾米利亞」的教育哲學。如同那群農婦一般，這裡的老師相信孩子真正的自信將源自內心，而非來自星星貼紙、虛假的讚美和「直升機父母」的管教方式。「**我們的目的**

是發掘孩子獨特的優勢，並根據他們的優勢來推動教學，讓每個孩子都有機會成功。」校長索山．亞辛告訴我，「成功會帶來更多的成功。」

我利用一整個下午的時間觀摩課程，在其中看到積極參與活動的孩子，聽到他們興奮的對話，注意到每張臉上的笑容。我看到四歲和五歲的孩童彼此合作、共同探索、創造且主導他們自己的學習，沒有看到大人趕來介入。過度的呵護被嚴格禁止。如果積木倒下來了，老師會冷靜地問：「現在你們該怎麼辦呢？」孩子們便會進行腦力激盪，找到解決辦法。如果一個計畫進行得不順利，老師會說：「想想還有什麼其他的解決辦法？」因為孩子認識到自己的優點並接受自己的缺點，所以很快就能振作起精神再次嘗試。在大多數的教室裡，學生根據既定的課綱跟隨老師的指導；在「美國社區學校」的老師們卻跟隨著孩子的帶領。他們仍然教導核心課程，但同時幫助孩子認識並相信自己。

一般的學校以成績單和分數來註記學生的能力和有待加強之處，貝魯特的學校則會描述每個孩子的學習歷程與個人的優點。想像一下這位「美國社區學校」的老師為你的孩子所寫的報告：

> 「艾拉是個很有主見的孩子，有能力自在地表達她的需求和感受。她可以設定界線。『如果你想碰我的臉，你要先問過我，我說可以，你才可以碰喔！』她這樣告訴一個同學。她進階的口語表達技巧在團體討論時充分展現；她在其中總能積極地表達她的看法。艾拉是我們班上一名寶貴的成員，每天都在持續地成長。」

幾名「美國社區學校」的家長告訴我，他們在接到這些關於孩子的學習報告時有多感動。「這些報告幫助我認識我的孩子，讓我能更有效地教養。」一名母親這樣告訴我。另一名家長說，「這種教育方式讓我更加關注孩子的優勢，而不是他的弱點。」還有一名父親說，「當老師將注意力放在孩子擁有的優點上，這對幫助孩子提高自信產生了重大的影響。」「美國社區學校」的老師們為孩子所寫的學習歷程報告，有效地幫助父母了解自己孩子的優勢。

「我們希望孩子成為他自己，而不是我們希望他們成為的人。」索山．亞辛告訴我。

七十幾年前，瑞吉歐．艾米利亞的婦人對她們的孩子抱持著相同的期望，而這也必須成為我們的期望。**幫助孩子「成為自己」是釋放孩子潛能的第一步，他們會因此成為最好的自己**。這一切都從「自信」這個「性格力量」開始，它將是你的孩子通往卓越表現的專屬道路。

什麼是自信？

一名三歲的孩子：「我可以自己拉拉鍊！」

一名六歲的孩子：「我知道我大聲說話讓人討厭，所以我有安靜一點了啦！」

一名年約八到十歲的孩子：「我知道如果好好利用我的記憶力，絕對可以考高分！」

一名青少年：「我很會踢球，因為我跟自己說要專心並全力以赴！」

這四個截然不同的孩子有著一個共通點：**真實、健全的自我意識**。這些孩子了解自己的長處，接受自己的缺點，並懂得運用這些自我認識來取得成功。對自己有正確的認識，能夠為孩子的生活奠定良好的基礎，並了解自己需要改進的弱點——這一切都始於自信。

第一個關鍵的「性格力量」便是好好地認識「我是誰」，它將能培養孩子的自信，並幫助他們學會欣賞自己獨特的品格、優點、才能和興趣。隨著孩子的技能、能力、性格特質和自我意識的增長，他的自信也會隨著更加地嶄露。這也是其他一切賴以建立的基礎力量——要成為一名「成功者」，孩子必須先培養積極的自我認同。

自信會帶來更好的學業成績

雖然「成功者」並不只關注成績，但好消息是，培養這種特質確實能幫助孩子在課堂上表現得更好。認識自己並具有健全的自我意識的孩子，在學校更快樂、更投入，更有可能堅持完成艱鉅的任務，從失敗中振作起來，其學習效果也因此加倍。「自信」這個性格力量能幫助孩子從幼兒園到小學、從小學到中學過渡得更平穩，並在高中和大學取得更好的學業成績。

自信會帶來更強的韌性

它可以幫助孩子駕馭生活，堅持到底，從挫折中復原，並提供孩子急需的內在資源，幫助他們管理壓力和克服困境。

自信會帶來更大的幸福感

自我意識強的孩子會更努力地嘗試，更有自信和創造力，人際關係更牢固，更具有效的溝通能力，決策能力更健全，整體的心理狀態也更積極、健康。

自信會帶來更多的快樂

美國心理學會前主席馬汀・塞利格曼（Martin Seligman）指出：「真正的幸福來自於懂得分辨和培養你最重要的優勢，並在每天的工作、關係、休閒和教養中加以運用。」當孩子擁抱自己真實的模樣，並在能培養其優勢的領域中有所表現時，他們會更快樂。

這一切看來如同常識。但一項又一項的研究證實，我們的孩子缺乏這第一個性格力量的關鍵特質：了解自己是誰，認識自己的優勢，並有自信去發揮自己的才能和興趣。班傑明・布魯姆（Benjamin Bloom）針對躋身世界級專家（奧運游泳選手、世界級網球選手、傑出的理論數學家、神經學家、鋼琴家、雕塑家等）極具天賦的年輕人所做的著名研究，發現了一個明顯的共同點：父母在孩子年幼時以有趣的方式支持他們發現並培養興趣或才能；幾年之內，孩子就會將自己視為「鋼琴家」、「游泳選手」或「雕塑家」，並重視自己擁有的才能。孩子所擁有的自信，促使他願意主動精進技能。無數研究證實，**自信是激發孩子追求成功的最佳燃料；而這種特質也為孩子提供生活的意義和目的**。

一位住在紐約長島的十三歲女孩告訴我，她的日子被體育活動、音樂課、輔導課和做不完的家庭作業填滿。「我知道我很聰明，我的父母也愛我，但我對自我的感覺並不好。音樂老師告訴我的父母，我的強項是小提琴，但因為我沒有時間練習，我正在失去我的天賦。我生命中最美好的一天是，當我的爸爸說我可以放棄一些活動的時候，這樣我就有時間練習小提琴。我從未如此快樂過，因為我在做我喜歡做的事，我甚至開始喜歡我自己。」

這樣的故事很常見。我們希望孩子在各方面都擅長，因此將教養變成為孩子安排無數活動的鐵人三項，或提供一個非常侷限的清單，列出我們希望孩子擅長的領域，比如網球、鋼琴或高爾夫。我們告訴孩子，只要能擅長一切，就能提高自尊心。但我們的努力並沒有幫助他們；相反地，我們正在使他們遠離那些可以幫助他們堅持下去，享受陪伴自己、尊重自己、賦予生活意義，並感覺自己具有掌控能力的特殊禮物。因此，孩子們失去對他們真正的興趣和獨特才能的直觀感受，罹患抑鬱症的機率也創下歷史新高。

事實證明，許多孩子對自己的認識模糊不清，並因此感到空虛和疲憊。要做出健康的改變，我們首先要放下自己為孩子預設的發展，然後尊重他們本來的樣子——而不是我們希望他們成為的人。我們還有很多需要努力的空間。

為什麼自信很難教？

「我們總是努力成為別人，但還無法自在地做自己。」

——西雅圖，十二的思凱

當我們在談論如何在幼童身上灌輸自信時，我經常向父母提到一本書：寶拉・福克斯（Paula Fox）的《石臉男孩》（*Stone-Faced Boy*，暫譯），一個奇怪的男孩不知如何融入人群的悲傷故事，他很少微笑，並把感情隱藏在一張撲克臉下。書中的小男孩格斯掩飾自己的情緒掩飾得太久了，就好像他關上了一扇想像中的門，把別人都關在門外，也關上了他對自己的自信。他的兄弟姊妹稱他為「石臉」，這個名字從此一直跟著他。

只有海蒂姨媽明白，格斯迫切需要的是認識和擁抱他自己的優點，所以她給了他一個小晶洞。「如果你能打開它，你會看到裡面蘊藏的力量。」直到一個漆黑的雪夜，他姊姊的狗失蹤了，男孩才明白海蒂姨媽的話。儘管害怕，格斯還是隻身冒險去營救這隻狗。當他摸到口袋裡的那顆小晶洞時，他明白了！如同這顆晶洞一樣，他的力量也蘊藏在他身上，他不必依賴別人。格斯意識到他有天賦：聰明的頭腦、解決問題的能力和樂觀的態度，而他只是需要使用它們。當他獨自一人找到姊姊的狗時，石臉少年笑了，這是他很久以來第一次綻放的笑容。他找到了自己的優勢，並相信自己可以面對任何事情。格斯終於學會尊重自己。

雖然晶洞的外表看起來很普通，但它裡面蘊含著許多氣泡晶體，能硬化成美麗的水晶……但它們只在適合生長的環境中發芽。同樣的前提適用於孩子：沒有適當的滋養，自信心也無法發展，孩子因此感到空虛。以下是許多孩子內在成長受阻的幾個原因。

自信不是自尊

大多數父母將自尊視為通往幸福和成功的捷徑，因此我們經常告訴孩子：「相信自己」、「你很特別」和「你可以成為任何你想成為的一切」。我們給孩子出勤獎，只因為他們呼吸（或類似的事）就頒發金星貼紙。我們撫平每一個顛簸，解決任何問題，絕不讓他們遭遇失敗。但我們善意的努力卻收到反效果。今日的孩子比以往任何一個世代都更加壓抑，而他們的自戀程度（「我比你好」）比起自尊程度來得高。

研究真正表明的是：幾乎沒有證據顯示，提高自尊會提升學業表現、甚至是真正的幸福感。沒錯，我們給予所有的出勤獎都是徒勞的。針對全美校園進行的幾項大型研究結果顯示，試圖提高自尊「對學生的成績或成就並沒有明顯的影響。」然而，研究確實表示，將成績歸功於自己的努力和優勢的孩子，和那些認為自己無法掌控學業成績的孩子相比，更容易成功。一旦孩子們認定自己做得好，他們就有動力一次又一次地利用這些優勢。**每一次的成功都會幫助孩子多提升一點自信，但孩子必須一直擔任自己成功或失敗的行動者和主導者**。

真正的自信，要透過一個人做事能勝任、能面對困難、能創造解決方案和靠自己從失敗中站起來而獲取。當你幫孩子解決問題，完成他們的任務，或是讓他們更輕鬆，只會讓孩子們認為：「大人不相信我能做得到。」有自信的孩子知道他們可能會失敗，但也能站起來，這就是為什麼我們必須放棄控制、寵溺和拯救的教養方式。成功者一定是主導自己行動的人。

我們生活在膚淺且注重外表的文化中

地位、財富、品牌和外表無法幫助我們獲得對自我的健全理解——這並不奇怪。然而，這就是我們的孩子成長的外在世界。當今這個不斷地消費和名人主導的社會也致使孩子們感到空虛，使他們認為內在品格似乎無關緊要。在九歲至十六歲的孩子中，有四分之一的人認為，外表是他們生活中主要的擔憂之一。

社群媒體加劇了孩子對自己網路形象的擔憂，並容易在與他人比較時貶低自我價值。十四歲的女孩在社群媒體上所花費的時間遠多於男孩，她們更容易出現有關在ＩＧ、WhatsApp 和臉書等平台上互動所衍生的抑鬱症狀。在極度重視「我的外表、穿著或體重」的情況下，「我是誰」的問題顯得無關緊要，而它也透過傳達膚淺文化的訊息，來助長孩子脆弱和不正確的自我：「你所擁有的就等於你——而不是你是誰。」

過多的比較是不好的，這點我們都知道，但為什麼？因為當地位、財富、品牌和外表被視為無所不能時，孩子將更難回答「我是個什麼樣的人？」過度看重金錢和物質享受會引發各式各樣的問題，包括自尊心低落及產生抑鬱、焦慮和空虛感。這些訊息不僅僅來自同學，有時它也來自家庭。

父母沒有認識到孩子真正的優勢

研究結果清楚顯示：只要條件具足，幾乎所有的孩子都能飛得更高、表現得更耀眼，並且都能有所成就。但前提是，父母不能把自己的意志強加在孩子身上。

讓我舉個例子：蔡美兒（Amy Chua）風靡一時的《虎媽的戰歌》（*Battle Hymn of the Tiger Mother*）所提倡的中國式教養理念，為的是說服我們，不管孩子的興趣為何，只要透過嚴管和鞭策，一定能培養出更多成功的孩子。蔡美兒要求她的女兒們小時候只能學彈鋼琴或拉小提琴，同時嚴格限制她們在學校外的活動，禁止她們參加玩伴日、到朋友家過夜，或是參加學校的戲劇演出，而是要把時間都拿來做不間斷的練習再練習。

許多西方父母加入虎媽式的育兒熱潮，希望孩子成為「神童」和「巫師」。但他們卻忽略了一個重要的關鍵：可以在生活中茁壯成長的孩子，父母都會針對孩子的天賦進行培養，因為他們知道這些天賦是孩子的一部分，而不是為了配合自己的興趣和渴望。

以培養天才兒童為目的的教養方式注定會失敗。你可能沒注意到，因為你把孩子逼得太緊，孩子已經失去了對該領域的熱情。一項追蹤「虎爸虎媽」長達十年的研究證實，這種方法不會培養出優秀的孩子。「幼虎」的成績反倒更差，情緒更抑鬱，與父母的關係疏遠，而且內心空虛——這與「成功者」的特質正好相反。

培養「健全發展的孩子」不再重要?!

培養「健全發展的孩子」的時代已經過去了；今日的目標是培養一個「超級孩子」。孩子的性格特質被視為「無關緊要」，而被擺到次要位置——任何在成績單上顯示不出來的能力都不受重視：卓越的成績是每個父母希望孩子追求的聖杯。父母選擇為孩子培養的才華，依據的是它能否幫助孩子「出類拔萃」，而不是基於孩子個人的天賦或熱情。（但願不會發生這事！）生活在一個要不斷收集經驗讓履歷更吸睛的世界，壓力是極其沉重的。難怪孩子們會說他們感到不知所措、空虛、「永遠不夠好」。

研究顯示，學業表現優異的青少年（尤其是就讀菁英學校的富裕青少年）最有可能濫用藥物，無論是在青少年時期還是成人之後。孩子們知道我們希望他們出類拔萃，拚命不想讓我們失望，但他們的焦慮感和心理健康需求正在快速飆升。他們對我說的話令人揪心：

「我不論怎麼努力都進不了哈佛，那我要怎麼對我父母交代？」

「我對我爸來說永遠『不夠好』。」

「我渴望我的父母認識真實的我，但我不認為他們有這個興趣。」

如何教孩子自信？

遠遠超越考試成績，孩子還必須以「身為獨特的個體」得到認同。為此，父母必須放下自己的使命和夢想，追隨孩子的熱情和天賦。但這說來容易做起來難……尤其當我們如此深愛孩子，只想給他們最好的，並設想我們的努力會幫助他們找到成功和幸福。然而，如果我們希望孩子茁壯成長，就必須改變教養方式。

這一切都要從自我檢視開始，然後將焦點轉向孩子。為了在孩子身上灌輸健康的自信，接下來的章節將會探討三個關鍵問題，需要身為父母的你來回答：你怎麼看待孩子？孩子怎麼看自己？而且——最重要的是——他想成為什麼樣的人？

你怎麼看待孩子？

等等，我們不是應該從孩子的角度來了解他們是誰，以及他們想成為什麼嗎？是的——我們會的。但是你從孩子出生後就一直在觀察他。你知道他們擅長什麼，你知道他們會對什麼感興趣，你可以為這個討論加入一些想法！

但有時我們對孩子的想法會停留在過去（她從一年級開始就不喜歡畫畫了！），而忽視那些擺在我們眼前的特質。這就是為什麼**以嶄新的眼光審視「此時此刻」的孩子，通常有助於我們與孩子討論他們的未來**。我把這些優勢稱為孩子的「**核心資產**」。畢竟，只有當你對兒女有正確的認識時，才能幫助他們培養長處、彌補弱點。這做起來並不簡單，因為父母很容易忽視孩子的優點。一位媽媽在承認她為人父母的缺點後，這麼告訴我：

「我的二兒子凱文喜歡講故事。他的外公在他三歲時就注意到他在說故事方面的才華。我爸爸會帶著一個空的雪茄盒來我們家，告訴凱文這是一個『故事捕手』。『打開盒蓋，讓一個故事飛出來吧！』他會這麼告訴他。接著，我兒子便會跟他說一個自己虛構的故事。我父親敦促我繼續培養凱文的才能。『他總有一天會使用到這個能力。』我花了幾年時間才真正認識到我兒子語言能力的強大，但我爸爸一直都是對的。凱文現在從事電影工作，而且仍然在講故事。」

事實上，**確定孩子的「核心資產」可能是我們最重要的教養任務之一**。它幫助我們珍惜孩子本身的模樣，而不是我們希望他們成為誰。我們對孩子的尊重，是幫助孩子尊重自己的最佳方式；它還可以釋放孩子的能力、最佳表現和無窮的潛力，並減少他們的空虛和倦怠。我們首先要做的，是去發掘孩子的本色，然後利用你的發現，幫助他們準確地了解自己的資產和侷限。

那麼，孩子的「核心資產」是什麼？簡單地說，「核心資產」指的是孩子最顯著的正向特質、性格特質和特有的才能，能夠幫助他們實現成就——它塑造出每個孩子獨特的模樣。「核心資產」可以是「個性特質」，例如友善、善於傾聽或善於合作；可以是同理心、勇氣和善良這類的「性格特質」；也可以是音樂、表演和創意思考等「才能和天賦」。最重要的是：「核心資產」是你在孩子身上真正看到的那些，而不是你希望他擁有的優勢，或你將自己的優勢投射在他身上。我們的孩子不是我們的複製人，而是他們美好的自己，我們必須加以尊重。

你如何確認孩子擁有「核心資產」？T—A—L—E—N—T描繪出「核心資產」在個人層面所展現的六種共同特質。擁有「核心資產」的孩子會表現出：

T——**毅力**（Tenacity）：孩子表現出決心和毅力，在含括他優勢的任務中取得成功。

A——**注意力**（Attention）：與其他強項或核心資產相比，孩子很容易對任務全神貫注，並能專注更長的時間。

L——**學習力**（Learning）：孩子在使用核心資產時，學習得更快、更輕鬆。

E——**渴望**（Eagerness）：孩子有動力和精力積極參與任務，不須大人的刺激或獎勵。

N——**需求力**（Need）：孩子對「核心資產」表現出「所有權」：「這是我的事。」

需求力是一種信心、情緒鬆弛劑，或追求正向需求的過程中的內在動力。

T——**語調**（Tone）：孩子在談論自己的優點時，聽起來很興奮、自豪或快樂。

發現孩子的天賦容易還是困難？許多父母驚訝地發現，他們忽略了孩子的某些長處；另外也有些父母承認，他們花更多時間去彌補孩子的弱點。發現孩子的長處有時會讓父母感到措手不及，這是發生在維吉尼亞州費爾法克斯一位父親身上的故事——他偶然發現了兒子不為人知的天賦。以下是他分享的內容：

「我有兩個兒子，他們就像白天和黑夜那樣不同。我的大兒子是一個電腦天才，小兒子則對狼很著迷。我知道，這不是一般孩子最常見的興趣，但他閱讀了所有關於狼的資訊，並且總是想了解更多。黃石國家公園被認定是觀察狼的最佳地點之一，所以我計畫了一次父子倆的週末旅行，並安排兒子與那裡的首席狼生物學家見面。我就是在這裡聽到我那十二歲的孩子針對黃石公園『狼計畫年度報告』（我根本不知道有這種東西存在）進行評估建議——他討論為什麼狼會從瀕危物種名單中被刪除，並禮貌地糾正護林員關於狼亞種的數量。

我很震驚：我從來沒有意識到我的孩子對狼的興趣如此之深。原來他連做夢都會夢到狼！我對我的兒子有了全新的認識。現在我知道他想走的路，我正在幫助他到達那裡。我真不知道如果我沒參與那次旅行，事情會變怎麼樣。」

當你對孩子有了正確的認識，並發掘他們的「核心資產」是什麼時，試著問自己以下這些問題：

- 假設你遇到一位從未見過你兒子或女兒的朋友問你：「請對我描述你的孩子。」你會告訴對方什麼？如果你的朋友問你的孩子：「跟我說說你自己。」你的孩子會怎麼回答？
- 在你往後的生活中，你最希望自己記住孩子哪些正向、持續的特質？這些通常是孩子在人際關係中會展現的優勢（如友善、感恩、禮貌、有愛心），以及你期待孩子能擁有的其他特質。
- 你的孩子在空閒時最喜歡做什麼或會選擇做什麼？跟他一起看他喜歡的比賽，了解他對什麼最感興趣。如果他有社交媒體帳號，請查看他的虛擬角色，了解他如何描述自己。問問那些非常了解你孩子的人，例如祖父母、兄弟姊妹、老師、教練、朋友和朋友的父母，孩子在什麼時候顯得最積極、最投入或最快樂？
- 孩子的弱點或困難是什麼？哪些特質或行為在阻礙他成功，或妨礙他的人際關係？

當孩子知道他們是誰，並且可以運用他們的特殊天賦時，他們的自信心就會增長。我們的職責是尊重孩子，挖掘他們的資產，使他們能夠發揮自己最大的潛力。我們的教養要成功，就必須讓孩子帶領我們。

孩子怎麼看自己？

十一到十三歲的孩子很好採訪，因為他們對生活有許多非常有趣的看法，所以我很期待和六個聖地牙哥市的孩子，在他們最喜歡的餐廳裡進行訪談。他們每個人都迫不及待地想分享身為一名青少年的感覺。他們都就讀一所菁英中學，儘管個個行程滿檔，但生活輔導員在孩子父母的同意下，將他們挑選出來接受我的採訪。

這些孩子全是「超級成就者」：模範生、各類課外活動（辯論、科學博覽會、體育）的獲獎者、學生領袖和跳級生。他們一邊滑著手機，一邊跟我分享他們對不同事物的看法——Snapchat（「喜歡」）、自助餐廳的食物（「噁心」）、即將舉行的機器人競賽（「讓人神經緊張」）。但為了保持優異的成績、課外表現和運動排名，他們共同感受到的是一股「巨大的壓力」。進入常春藤盟校是他們的夢想。

「你們在空閒時間都會做些什麼呢？」我一問，全桌的孩子頓時安靜了下來。

「你說的『空閒時間』是什麼意思？」

「你知道的，就是與學校無關的活動。你自己一個人時喜歡做的事情。」我說。

「打電動。」

「跟朋友傳簡訊。」

「看YouTube。」

「下載電影。」

「但是你有沒有做什麼事是跟網路無關的？像是畫畫、讀書或游泳這樣的嗜好？」他們都用難以置信的表情看著我。

「我們什麼時候有時間做自己的嗜好？」一個孩子說（同時在手機上回覆訊息）。

「有孩子真的能做他們喜歡做的事情嗎？」另一個問道。

童年發生了翻天覆地的變化。嗜好、自由的「獨處」時間，甚至為了消遣而閱讀，都已被上網、成人主導或與學校相關的活動所取代。**沒時間和自己相處，孩子如何發現自己？**情緒復原力好的人通常會以從事自己喜愛的活動來恢復心情，那麼這些孩子有什麼保護的緩衝機制來讓他們茁壯成長？於是我問：「你會怎麼形容自己？你知道的，『你是誰？』」孩子們的答案給得很快。

「好學生。」

「足球運動員。」

「學生會長。」

「網球運動員。」

「國際象棋俱樂部成員。」

「辯論選手。」

他們的自我標籤還在繼續增加，但沒有一個孩子描述到他們在學校或運動以外的優勢。在他們的回答中嚴重缺少能夠建立自信、帶來快樂並幫助孩子們找到生活意義的個人品格。這點在我採訪過的每個孩童群體中都驚人地相似。

當我們說再見時，兩名八年級的學生留了下來。「我認為我們真的不知道我們在學校之外是誰。」一位說。

另一位點點頭，補充道：「你能告訴父母幫助孩子弄清楚我是『誰』這個部分嗎？」

我答應我會的。

如果你剛剛完成了以上的「性格優勢／核心資產」練習，你就會開始看到你的孩子複雜且多層次的面向。然而，這還不足以讓我們意識到他們有多麼美好；我們需要讓他們了解是什麼讓他們與眾不同，並懂得重視和培養這些特質。這裡有一些方法可以幫助孩子培養更強烈的「我是誰」意識。

重視孩子的「核心資產」

找出你希望孩子自己現在就能意識到的一些「核心資產」，在確認他們真的擁有這些特質後，經常加以強調與肯定。在給予肯定時要具體，讓你的孩子確切地知道他做了什麼值得認可。「你很有耐心：你總是等到輪到你的時候才行動，而且從不慌張。」「你很有韌性：你會堅持下去，永不放棄！」「你很善良。我注意到你主動詢問那位老婆婆是不是需要幫忙。」孩子們需要先認識到自己有哪些天賦，才會有進步的動力。

讓孩子在「無意中」聽到讚美

藉由向某個人肯定孩子的優點，讓孩子在「無意中」聽到你對他的讚美（他不知道你希望他聽到）。你可以這樣告訴你的另一半：「你一定要看看綺莎畫的畫！你一定會對她的藝術天分留下很深的印象。」孩子不小心聽到的讚美將會更有效果。

使用名詞，而不是動詞

你曾好奇我們的讚美是否有用？亞當．格蘭特（Adam Grant）提及一個針對三到六歲兒童所進行的實驗，該實驗結果提供了重要的線索。在一項測驗中，「幫助」以「動詞」的型態出現在句子中：「有些孩子選擇『幫助』人。」在另一項測驗中，「幫助」則以「名詞」的型態被運用：「有些孩子選擇成為『小幫手』。」被邀請成為「小幫手」的孩子比聽到「幫助」這個動詞的孩子，更有可能真正提供幫助。研究人員因此得出結論：使用「名詞」會激勵孩子們更頻繁地運用他們的優勢，因為他們想要**追求一種積極的身分**。因此，請記得使用「名詞」來增強孩子的優勢。與其說：「你很擅長畫畫」，不如說：「你是個小畫家。」與其說：「你踢足球踢得很棒」，不如說：「你是一名足球運動員。」與其說：「你喜歡寫作」，不如說：「你是個作家！」在孩子值得被讚美的時候，繼續表揚他的優點——直到孩子在自己身上也發現它。「你看，我是個藝術家！」這聽在我們耳裡是不可思議的。

騰出時間

「我希望你能告訴我父母，我是一個只想做好單項運動的孩子，」一名來自佛羅里達州代托納比奇市的十一歲女孩這樣告訴我，「四項運動太多了。我最喜歡打網球，但如果我同時必須擅長游泳、踢足球和田徑，我就永遠無法把網球打好。」許多孩子都說，如果他們喜愛的興趣——父母不認為會對課業表現或體育成績「有幫助」，他們通常就沒辦法在上面多花時間。身為父母，都希望幫助孩子先掌握好有助於他們在這世界上取得成功的技能……但是透過規定他們可以花多少時間在哪些活動上，我們會在不經意間壓制了孩子真正的興趣和熱情。

事實上，許多研究顯示，一般的美國孩子會放棄他們的才華，是因為沒有足夠的時間練習。你可以檢查孩子的日程表：有哪一項活動可以減少，每週騰出三十到六十分鐘的時間，讓孩子培養他的才華？你可以讓孩子學會更有效率地做家事嗎？真的需要再多請一名家教嗎？孩子可以減少玩電動、發簡訊或看電視的時間嗎？讓我們幫助孩子騰出時間培養自己的天賦，同時確保這是他們喜愛的天賦！

讓練習變得有趣！

強化優勢的方法是透過練習，但研究發現，練習應該要有趣且愉快才好。父母須調整期望值，讓練習的難度能夠符合或略高於孩子現有的能力。請記住，當孩子的啦啦隊長，而不是幫他做事的人。

讚美努力，而不是才華

我們的最終目標是讓孩子意識到，他們的優勢可以透過努力和練習來加強。這意味著孩子已經形成一種「能力心態」——相信如果他努力鍛鍊才華，就能讓它進步，並讓自己變得更好。這個簡單的信念可以引導你的孩子走向成功和幸福。每當你的孩子努力練習某種才華時，**強調他的努力，而不是他的才華**。例如：「你的藝術創作正在進步，因為你下了很多功夫。」「你的練習正在改變你的踢球技巧！」「你的歌聲越來越好，是因為你做了很多練習。」

不要強調弱點

研究發現，我們更常去關注孩子的缺陷而不是才能。事實上，我們當中有百分之七十七的人認為，孩子考不好的科目應該得到最多的時間和關注。然而，孩子展現的優勢是他們最有潛力的領域。孩子們會依靠自己的優勢——而不是劣勢——從逆境中反彈。一位父親告訴我，他在螢幕保護程式裡做了一個備忘錄：「強調優勢！」而它奏效了！想辦法提醒自己多去關注孩子的長處。

孩子想成為什麼樣的人？

阿拉娜是一名天才少女，就讀於佛羅里達州坦帕市的一所私立菁英高中。她的家境富裕，父母都受過良好的教育，並且已經為女兒選擇好攻讀法學院的道路。她知道我是一名作家，而成為一名作家是她的夢想，所以她要求和我談談。

「妳在奇波雷餐廳看過作家系列的馬克杯嗎？」她問。我承認我對此一無所知。「杯子上有知名作家的名言，但很少有女性作家被引用。這真的讓我很困擾。我想聯繫製作杯子的公司，請他們改變這種偏頗。」然後她停下來問我：「我應該這麼做嗎？」

她顯然對這個問題考慮了很多，所以我問：「是什麼阻止了妳？」

「我爸爸說我目標設定得不夠高。他希望我專心攻讀法學院，但我想成為一名作家，」她說，「如果我聽父母的話，就會偏離我自己想走的路。」

「偏離我自己」是我經常在訪談中聽到的主題。青少年列出他們從事的無數種活動，但幾乎所有的活動都是由父母選擇的。他們感受到進入「正確」的大學的巨大壓力，但同時擔心自己這樣會偏離真正的熱情所在。他們因此感到擔憂和空虛，就像這些來自名校休斯頓高中的青少年一樣。

「我只做我父母要我做的事，但我不知道自己的人生該做什麼。」

「我上大學先修的數學課程，是因為我的父母希望我成為一名工程師，但我討厭數學！」

「我猜我參加的活動讓我的履歷看起來很漂亮，但我其實不知道『自己』是誰。」

出於好意的父母正在驅使孩子沿著一條通往傲人學歷的單行道前進，但卻忘了先確認最適合他們的道路是什麼。對太多人來說，這是一個到不了幸福的死胡同。

讓我舉個例子：現在有許多大學生在畢業後止步不前。百分之四十的年輕人（創下七十五年來的新高）在大學畢業後與父母或親戚同住。他們有嚴重的心理健康問題，像是焦慮感和絕望感，而這樣的情形從二〇〇八年到二〇一七年，在十八歲至二十五歲的年輕人中就大幅增加了百分之七十一；抑鬱症在十六歲至十七歲的青少年中則遽增了百分之六十九。

值得注意的是：像疫情大流行這樣的全球危機，會加劇孩子原本存在的壓力和心理健康問題。我們也許都忽略了一個解決方案：幫助孩子找到他們的目標，或確認對他們來說真正重要的事情——然後陪他們一起探索。

覺得自己的生活有意義的孩子，往往會有更強的自我意識，在學校表現得更好，性格更具有韌性，心理也更健康。然而，史丹佛大學的心理學家威廉．戴蒙（William Damon）卻發現：「只有大約百分之二十的青少年具有強烈的使命感。」戴蒙還認為，當今青少年面臨的最大問題是「找不到生活的意義」。缺乏生活目標導致太多孩子心神恍惚、壓力沉重，在成長的過程中苦苦掙扎而不是發光發熱。

當前的學校教育極度重視成績和分數，也讓孩子遠離他們的熱情。芝加哥大學心理學家米哈里．契克森米哈伊（Mihaly Csikszentmihalyi）的研究發現，**當我們處於「心流」（Flow）狀態時是最快樂的：當我們全神貫注於能發揮優勢的活動上所經驗的那些高峰時刻**。但戴蒙的研究顯示，當今有將近百分之八十的年輕人，並未從事受其目標所驅使的活動。相反地，他們被束縛在成人主導的科目、社團或活動中，其唯一目標是為了確保孩子贏得獎學金或錄取通知書。

一旦孩子了解自己的目標，就能找到給他帶來深刻喜悅和自豪感的人生道路，並促使他們與更大的事物保持聯繫。完成有意義的任務並看到正面成果的孩子，不需要我們為他當啦啦隊或頒發獎牌，且終於可以停止懷疑「我夠好嗎？」由生活目標引導的活動還具有「乘數效應」，可以增強孩子的自信、同理心、正直、自制力、好奇心、毅力和樂觀：七種可以釋放孩子潛力並幫助他們茁壯成長的「性格力量」。此外，從事由生活目標所引導的活動，還能增強孩子健康的自我認同和真正的自信，同時能減少空虛感。

找到孩子的熱情所在

「我在一家食物銀行裡服務，因為我的父母認為這會讓我的履歷看起來不錯，」來自北卡羅萊納州格林斯伯勒市的一名青少年告訴我，「我希望他們能讓我選擇我關心的議題，但他們從來沒問過我。」你可以從發現讓孩子感興趣的事物開始：什麼會讓他感到驕傲？他喜歡和別人分享什麼？他什麼時候會願意冒更多風險，更願意承受失敗？他願意為了做什麼而早起？跟孩子分享不同議題的故事，並注意哪些議題會讓孩子全神貫注。你可以安排與老師會談，或諮詢其他有機會與孩子相處的大人。你也可以透過提供孩子不同的體驗活動（參觀藝術博物館、加入國際象棋社團、閱讀天文學、提供美術用品、為他報名運動項目），來發現孩子的熱情所在，並在確認後多加鼓勵和支持。

注意親子之間的互動模式

為了找到孩子的生活目標，你不能幫他寫他的人生劇本或做他可以自己做的事情。為了培養孩子的「性格力量」，父母必須逐步放手，讓孩子引導我們前往他們想走的方向。**當孩子們有主控權時，他們更有可能茁壯成長**。

你與孩子之間典型的互動模式是什麼呢？

- 你走在前面，將孩子拉向你設定的目標和夢想。
- 你陪在一旁，以便在需要時支持孩子。

●你走在後面，孩子將你拉往點燃他熱情的方向。

如果你走在前面拉，你的孩子很可能會想，「這不是我的興趣，而是爸爸媽媽想要的。」找出你的孩子被什麼吸引，提供支持，然後慢慢地移動你的步伐，直到他把你拉向給他帶來活力或賦予他生命意義的方向為止。你的目標是**當孩子的輔導員和啦啦隊長**，而不是經理或主管。

問「為什麼？」

威廉．戴蒙說，問孩子「為什麼」有助於你評估他們感興趣的程度。你可以經常與孩子進行反思性的聊天。「你為什麼想打曲棍球呢？」「為什麼攝影在你的生活中很重要？」「你為什麼想做那個社區服務？」（如果是「讓我的履歷看起來更漂亮」，進一步問：「這是一個很好的理由嗎？還有更好的嗎？」）「你為什麼想上那所大學？」也讓孩子問你「為什麼」，這樣你就可以分享你的生活目標。

提供多元的體驗

讓孩子體驗不同的活動，有助於確定他們關心什麼，並幫助你了解什麼能給他們帶來快樂。《安靜，就是力量》（*Quiet*）一書的作者蘇珊．坎恩（Susan Cain）指出，選擇不一定要基於強烈的熱情。「『很喜歡』就可以成為意義的深層來源。」因此，你可以透過鼓勵孩子**發展新的興趣來拓展視野**：寫網路日誌、彈吉他、騎馬、賞鳥或縫被子；**計**

畫更具體驗性的假期：參與「國際仁人家園」[1]興建房屋的志願工作、在收容所陪孩子踢足球、在兒科病房與病童一起畫畫；**分享在地與全球新聞**：霸凌問題、環境議題、瀕危物種；**嘗試各種類型的家庭服務**：在「特殊奧運會」擔任志工、種菜送給「慈善廚房」。了解激發孩子熱情的因素，然後加以鼓勵。

找到孩子潛在的導師

研究發現，有明確目標的年輕人，經常尋找家庭以外的人物榜樣來幫助他們找到自己的目標。你可以在你所在的社區、產業、宗教組織或學校裡物色合適的大人，將他們介紹給你的孩子，讓他們一起來支持他的夢想。如果你的孩子擔心氣候變遷問題：你可以在大學院校裡尋找氣候學家；霸凌問題：尋找學校諮商心理師；家暴問題：聯繫婦女收容所的社工人員。與孩子擁有共同興趣的大人，也可以協助他們擬定追求目標的計畫。

培養企業家精神

我朋友琳達就讀八年級的孩子夢想成為一名醫生，所以她問她的兒科醫生，是否能讓她的女兒從觀察室裡看著他進行手術。她的女兒如今是一名外科醫生。

1 「國際仁人家園」（Habitat for Humanity）於一九七六年創立，為一國際慈善房屋組織，以「世上人人得以安居」為理念，企圖解決貧窮和跨代貧窮的問題。

早期接觸不同職業現場的經驗，可以幫助不同年齡的孩子確認他的熱情所在。你可以試著在某天帶孩子去上班，然後請一位大人分享他們的工作熱情。鼓勵孩子做一名志工或找一份暑期工作。根據一九八六年七月的統計，全美十六至十九歲的年輕人中有百分之五十七的人就業；但到了二〇一七年七月，同樣年紀的年輕人卻只有百分之三十六的人工作。孩子們失去機會去發現能讓他們熱愛的職業。

最重要的是，讓孩子知道他的生活很重要，他可以在這個世界上創造改變。

檢視孩子的核心資產

每個孩子生來就具有獨特的正向品格、特質和性格優勢，你可以透過培養這些優勢來增加他們在「贏者全拿」的世界中茁壯成長的機率。這些是孩子所擁有的最強大的特質，我稱之為「核心資產」，它會協助增強本書所談論的七種基本的「性格力量」。雖然我們可以在孩子身上發現數十種以上的優勢，但我之所以選擇這些優勢，是因為它們特別有助於釋放孩子茁壯成長的潛力，可以獲得發展，可以對孩子的身心健康產生積極的影響，最終還能幫助他們改善世界。請勾選出你的孩子確實具備並能夠準確定義他們的項目。

性格力量

自信&自尊

- □真誠
- □自主
- □自信
- □踏實
- □有見解
- □獨立
- □有個性
- □熱情
- □使命感
- □為自己挺身而出
- □自我肯定
- □強烈的信念
- □深刻的自我理解

同理心&人際關係技巧

- □關愛
- □利他／關懷
- □合作／團隊成員
- □溝通者
- □體貼
- □有禮貌
- □有同理心
- □公平
- □友善
- □慷慨
- □溫和
- □好的傾聽者
- □樂於助人
- □謙虛
- □接納
- □親切
- □討人喜歡
- □關愛／有同情心
- □能接受他人觀點／有理解力
- □締造和平者／關係恢復者
- □與他人相處融洽
- □敏銳
- □服務／貢獻者
- □分享／願意輪流
- □理解並能表達感受

正直&道德感

- □承認錯誤；試圖彌補
- □有勇氣
- □可信任
- □沒有獎勵也會做正確的事
- □有道德感
- □忠誠
- □良好的判斷力
- □誠實／真實
- □公正／公平
- □領袖：為對的事情挺身而出
- □締造和平者
- □負責／可靠
- □有運動家精神
- □強烈的道德品格
- □值得信賴
- □有智慧

自制力&適應力

- □具調適力
- □應對能力
- □延遲滿足
- □專注

好奇心&創造力

- □勇敢／有勇氣
- □有創意
- □創意律動
- □尋找替代方法

毅力&勇氣

- □有注意力
- □有決心
- □有紀律
- □企業家精神

樂觀&希望

- □願意原諒
- □有趣／快樂
- □感恩
- □性格健全

□有彈性
□有耐心
□謹慎
□自律
□自我調節
□自我約束

□承擔有益的風險
□有想像力
□好奇
□有洞見
□開創者／發展者
□喜歡學習
□不墨守成規
□思想開明
□能解決問題

□體驗「心流」狀態
□有始有終
□剛毅
□會設定目標
□成長型心態
□勤奮
□發起者
□堅持不懈

□懷抱希望
□有幽默感
□開放
□樂觀
□正面態度
□有彈性
□追求靈性
□熱情

獨特優勢&核心資產

語言優勢

□閱讀
□講述

□寫詩
□講故事／講笑話

□字彙
□背誦能力

□辯論

邏輯／思考優勢

□抽象思考
□電腦技能
□深刻思考
□有數學和數字天分

□有組織力
□能解決問題
□對主題深入了解
□喜歡思考遊戲

□有常識
□會程式語言
□絕佳的記憶力

□聰穎
□想得快、學得快
□有科學頭腦

運動／體能優勢

□表演／角色扮演
□平衡／靈巧
□跳舞

□耐力
□體操
□擅長特定運動

□有體能
□協調
□戲劇

□優雅
□跑步
□有體力

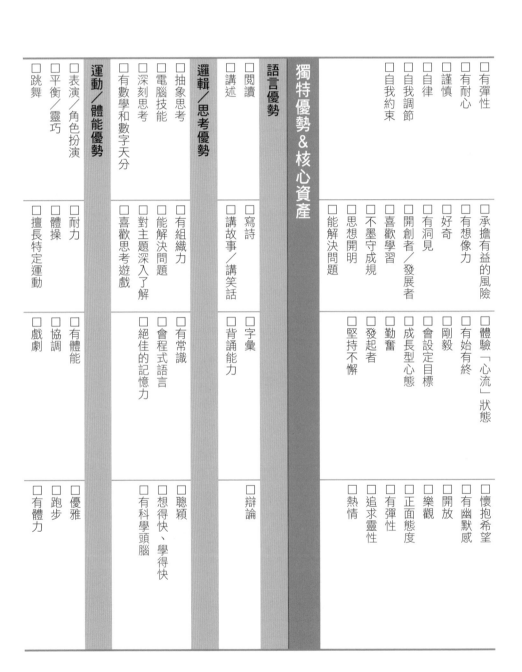

音樂優勢			
□樂器 □旋律性	□記憶曲調的能力 □熱愛音樂	□歌唱音準	□讀譜能力／音樂創作
個性優勢			
□觀察者	□收集標本	□喜愛動物	□健行
視覺優勢			
□藝術性 □會看地圖／有方向感	□攝影 □形象化	□素描／畫畫	□關注細節
列出孩子其他的正向品格、性格優勢、核心資產和才能			
□			
□			
□			
□			
□			

★我參考了不同資料來源擬出以上這份清單，包括：「個人價值觀分類卡片」（Personal Values Card Sort）、「行動的價值協會」（Values in Action Institute）、蓋洛普的「克利夫頓優勢評估」（CliftonStrengths），和湯姆斯．李寇納（Thomas Lickona）的「十項基本美德」（Ten Essential Virtues）。這些性格優勢也存在於許多其他國家及偏遠部落和土著文化的孩子身上。

自信心如何成為孩子的超能力

每個父母都希望自己的孩子快樂和成功，但事實上有些孩子的日子過得很辛苦。我教過有嚴重情緒、肢體和學業挑戰的學生，但我發現那些最有可能克服這些挑戰的孩子，通常都有懂得專注於他們的長處的父母——**尊重和珍惜讓孩子與眾不同的特質，這樣孩子就能以同樣的視角看自己**。數不清的故事證實了這個育兒祕訣，就如同以下這個故事一樣。

吉姆・亞伯特（Jim Abbott）天生就沒有右手掌，他戴著金屬鉤子來取代。同學們稱他為「虎克船長」，他覺得自己是個「畸形的孩子」。他渴望成為操場上另一個正常的孩子，或可以用任何一隻手運球的控球後衛。「但我不是，也不可能是。」他回憶道。

儘管面臨著巨大的挑戰，吉姆還是學會了相信自己。事實上，他長大後成為美國職業棒球大聯盟的投手，投出了一場無安打的比賽，因此成為一個投手丘上的傳奇。吉姆將他的成功歸功於他的父母。

他的父親決定不讓兒子肢體上的殘缺來定義他。和其他鄰居的孩子一樣，吉姆釣魚、騎自行車、放風箏，最後還打了球。每當吉姆為自己感到難過或有「我做不到」的態度時，他的父親就會問：「那麼，你打算怎麼辦？」

「他讓我失敗，相信這會教我如何成功。」吉姆說。

爸爸知道拯救是無濟於事的；他的兒子必須先找到自己的長處，然後才能相信自己。

這意味著他需要跌倒才能再站起來。

他父母的策略強而有力。「他們相信駕馭世界有很多種不同的方法，」亞伯特說，「我的方法雖然與其他人的不同，但這並不意味著它無效。」

他的父母也知道，他們必須找到一條不同的道路，來幫助他們的兒子找到自己的長處，而他們在一個意想不到的地方發現了它：他的手臂。雖然少了一個手掌，但亞伯特找到了一種方法，將手套袋套進右臂，然後在小時候不斷練習，直到他可以投球為止。投球成為他們兒子的「核心資產」，幫助他學會相信自己、茁壯成長，並最終成為一名優秀的球員。

「當我的信心減弱，或是投給打擊手太多壞球，或比賽的失誤超出了我的預期時，我會離開投手丘，重拾自己的專注力，想像我在一顆金色的棒球上，用正楷字堅定且自信地寫下『相信』這個字。這是對我自己的一種提醒，去重新發揮我的優勢，做我最擅長的事情。」

數百名肢體缺陷的孩子向吉姆尋求建議。「相信你是誰，相信你能成為什麼樣的人，相信你會變得更優秀。」他這樣告訴他們，而這也是我們必須傳達給孩子們的訊息。

孩子成為超級巨星的機率微乎其微，但**找到自己的天賦，可以幫助每個孩子度過逆境、塑造性格，並成為最好的自己**。

自信之路始於了解自己的優勢，然後將其發展為「核心資產」。這個過程需要成年人放下保護、管理和拯救的態度；這就是我們幫助所有孩子茁壯成長和發光發熱的方式。

適齡教導孩子「自信」的做法

多年來，我閱讀了無數關於「復原力」——如何幫助孩子茁壯成長——的文章，但一名六歲的孩子教我的方法卻是其中最好的一種。

邁克爾（化名）有著一雙棕色的大眼睛和一頭捲曲的黑髮，他很窩心、充滿愛心，而且非常可愛。他在幼兒園被診斷出患有嚴重的學習障礙，並被安排在我的特殊教育教室裡——他已經開始會自我懷疑。他閱讀起來很吃力，越掙扎就越退縮。每當我們嘗試一項新的課堂活動時，邁克爾都會說：「我做不到，其他孩子會認為我很傻。」幫助他認知到自己的優勢和正向的品格很重要，但他非常害怕失敗，讓人無法接近他並與他做連結。我的任務是找到一種方法來幫助他發揮潛力。但是我該怎麼做呢？

有一天，班上正在上美術課，他突然卸下了心防。他在畫紙上振筆疾「畫」，真沒想到：邁克爾會畫畫！在那一節課上，他很開心，完全忘記了他的學習障礙——這一切都是因為他正在做一件他真正有天分的事。我幫助邁克爾建立自信的途徑，是讓他專注於他的藝術天分而不是他的學習弱點。

我與邁克爾的父母見面，並共同制定了一個計畫。他們帶他去參觀藝術博物館，並為他報名校外的一堂藝術課（他很喜歡）。我們班上更常上美術課，甚至在某幾個週三，我會邀請一位從事藝術工作的父母，與他一對一上課。

慢慢地，我們都注意到一個變化：邁克爾變得更快樂、更積極、更少猶豫；他畫畫時，充滿了在其他時候所缺乏的自信；他甚至讓我把他的畫釘在布告欄上讓所有人看到。他的自信開始嶄露；轉捩點發生在其他同學告訴他，他是一位「偉大的藝術家」。從那一天起，他開始微笑，不再說「我做不到」，學習上也不再那麼掙扎——很快地，他的閱讀能力隨著藝術能力的不斷增強而提高。

多年來，我一直持續關注邁克爾，並確保每位老師都了解他的繪畫天分。聽說他上中學時在縣級的美術比賽中得過獎。我後來失去了邁克爾的消息，直到多年後的某一天，我收到了他的一封信。他告訴我，他已經高中畢業了，並在大學裡找到最棒的自己——他在那裡取得藝術學位。如今，他在一家著名的電影製片廠裡擔任動畫師，他想感謝我做的一個我幾乎都忘記的小動作：將他的畫釘在布告欄上。

「從那天起，我不再擔心其他孩子會不會覺得我很笨。」他說。我把那封信重讀了幾次，並且哭了。邁克爾幫助我意識到，**與其總是試圖「修復」孩子的弱點，我們應該花時間培養他們的優勢，建立他們的自信心，讓他們有動力繼續前進，並完成驚人的事情。**

發現孩子的獨特優勢和才能是我們最重要的教養任務之一。維克多（Victor）和米爾德雷德・戈策爾（Mildred Goertzel）研究了本世紀七百名極具天賦和才華者的童年（包括愛蓮娜・羅斯福、溫斯頓・邱吉爾、德蕾莎修女、湯瑪斯・愛迪生和阿爾伯特・史懷哲等人都在其中），並驚訝地發現，他們當中有四分之三的人在生活中都曾遭遇極大的困難，包括困頓的童年、生性敏感、酗酒的父母，或是嚴重的學習障礙。是什麼幫助他們克服挑戰並取得如此卓越的成就？從小，每個人的生活中都存在一個「重要的人」，這個人幫助他們認識自己潛藏的才能，並鼓勵它發展，以此幫助他們茁壯成長。

以下這些方法可以幫助孩子認識自己獨特的優勢，並藉此發光發熱。

依年齡階段讓孩子認識自己的優勢

以下英文字母表示每項活動適合的年齡：Y＝幼童、學步兒童和學齡前兒童；S＝學齡兒童；T＝八至十歲的孩子及以上；A＝所有年齡。

定義「力量」⬇S、T

首先定義什麼是「力量」。當孩子聽到這個詞時，他們通常會想到肌肉和舉重，但你可以向孩子解釋，「力量也是你獨特的才能和品格，可以使你的內在變得強大。」歐洲正向心理學的領導者伊洛娜．博尼韋爾（Ilona Boniwell）這樣向年長的孩子解釋「力量」：「在一張紙上，用你慣用的手隨便寫寫什麼。現在用你非慣用的手寫同樣的東西。『力量』是你擅長的事情，而且做起來感覺輕而易舉。當你經常使用它們時，它們也會給你能量。一旦你了解了自己的力量，你就有辦法一次又一次地利用它們，來幫助你學習得更快。」與年紀較大的孩子一起嘗試有趣的方法。

進行「力量談話」⬇Y

與孩子進行「力量」談話，作為一種有趣的提醒方式，讓年幼的孩子認識自己的正向特質。拿起孩子的手，以他的每根手指代表他所擁有的「核心資產」，並確認每項「核心資產」都是孩子真實擁有的特質。比方說：「你擁有許多力量，『你是一個好的傾聽者』」（用手握住他的大拇指）；「你是一個很努力的人」（握住他的食指）；「對朋友很好」（握住他的中指）；「很有藝術天分」（握住他的無名指）；「值得信賴，我可以放心你會說到做到」（握住他的小指）。值得一提的是，我用這個方法作為我兒子的睡前儀式，並在他們的每根手指上寫下一項「核心資產」。有一天，我不小心用了麥克筆而不是水性筆；他們的老師看到時笑了，而且在幾個月後還經常在我面前提到這件事。我兒子仍會不斷提醒我要跟他們進行「力量談話」，但會很禮貌地建議我使用麥克筆以外的筆，我也照做了。

問「是什麼」⬇S、T

問「為什麼」，可以幫助孩子發展使命感，但一項由J．格雷戈里．希克森（J. Gregory Hixon）和威廉．斯旺（William Swann）進行的研究發現，「是什麼」的問題則會增強孩子的自我意識。被問到「你是一個什麼樣的人？」的大學生，更願意接受關於自己的新信息，以及自己會如何根據這些見解採取行動。被問到「你為什麼是這樣的人？」的大學生，花更多力氣在合理化和否認他們學到的東西，並經常被負面的思考帶著走。希克森和斯旺因此總結道：「思考『為什麼』可能還不如『完全不思考自己』好。」因此與其問：「你為什麼喜歡網球？」不如問：「打網球有什麼樂趣？」與其問：「你為什麼不喜歡學校？」不如問：「你期待上課的什麼內容？」與其問：「為什麼你想學薩克斯風？」不如問：「你從學會演奏薩克斯風中獲得什麼樂趣？」

捕捉孩子展現力量的時刻⬇A

用手機拍下孩子展現其特殊才華的相片。如果她是運動健將，這照片可能是她在投籃；如果孩子有藝術天分，拍下孩子在繪畫時的照片；如果他很貼心，拍下他與朋友搭肩並坐的照片。將照片放在家中的各個角落，或鼓勵大一點的孩子選一張照片當作自己電腦的桌面圖片，作為一種自身「核心資產」的視覺化提醒。

持續記錄孩子展現的力量⬇A

記錄學生在課業方面的成長並非什麼新鮮事，但現在有許多學校會要求孩子針對自己擁有的「核心資產」，製作一份關於「我是誰」的長期記錄，展現出積極的教學品質。我參觀了幾所位於紐西蘭的學校，看到學生從幼兒園開始，就用照片、短文和影片的方式展現自己的優點。這些作品集會傳給孩子的下一位老師，讓他們能夠掌握學生的「核心資產」。你可以考慮持續記錄每個孩子在成長過程中所展現的性格力量。

製作「力量」風鈴⬇Y、S

用舊衣架和紗線製作一個風鈴。讓孩子在紙上畫出每種力量的圖案，然後綁上紗線掛起來。將完成的風鈴懸掛在一個顯眼的地方，並在孩子展現新的力量時加上新的圖案。

「核心資產」拼貼畫⬇A

如果不想製作風鈴，你也可以透過黏貼圖片、照片或文字的方式，幫助孩子在海報紙上創作他的「核心資產」拼貼畫。一位母親告訴我，她的女兒很沒自信，於是她開始為她進行「力量拼貼畫」。每當媽媽發現到她某一項「核心資產」時，就會在海報紙上貼一句話或以一張圖片來描繪。她女兒把這幅拼貼畫藏了好幾年；而媽媽驚喜地發現，女兒把它帶到大學裡。「她感謝我幫助她相信自己，」媽媽說，「我很高興我從未停止嘗試幫她找到自己的優勢。」

全家一起進行「力量談話」⬇S、T

我們很快就會詢問孩子的成績和學習成果，但我們卻常忽略討論他們增長的「性格力量」。騰出時間全家展開「力量談話」。「你最喜歡什麼科目？」「你最喜歡什麼活動？」「你期待在課堂上做什麼？」「你最自豪（最輕鬆、最困難）的時刻是什麼？」「你從自己身上學到了什麼？」「你什麼進步了？」「你希望再做什麼樣的活動？」你還可以把問題寫在索引卡上，保存在盒子裡，在用餐時拿出來使用。這些答案可以幫助你記錄孩子的興趣和熱情。

設置「炫耀板」⬇S、T

在家裡騰出一個地方設置「炫耀板」，讓每個人都可以在上面張貼和分享自己的才華和技能。你們也可以在上面張貼敘述人物榜樣的優點的文章、照片和新聞剪報，以鼓勵孩子持續發揮自己的優勢。比方說，老虎伍茲：象徵毅力；馬拉拉・優薩福扎伊：象徵道德感；吉姆・亞伯特：象徵韌性。

閱讀有關「培養力量」的故事⬇A

＊年幼的孩子：法蒂瑪．多曼（Fatima Doman）的《真實的你：孩子們的真正優勢》（*True You!: Authentic Strengths for Kids*，暫譯）；麥可．霍爾（Michael Hall）的《蠟筆小紅的煩惱》（*Red: A Crayon's Story*）；陶德．帕爾（Todd Parr）的《不一樣，沒關係》（*It's Okay to Be Different*，暫譯）。

＊年長一點的孩子：麗莎．M．薩伯（Lisa M. Schab）的「邁向成熟大人的情緒教養系列」（*The Self-Esteem Workbook for Teens*）；西恩．柯維（Sean Covey）的《7個習慣決定未來：柯維給年輕人的成長藍圖》（*The 7 Habits of Highly Effective Teens*）及《與未來有約：年輕的你將面對的六個關鍵決定》（*The 6 Most Important Decisions You'll Ever Make*）。

勝利日誌⬇Y、S

將幾張白紙對折起來，以硬紙板當封面裝訂起來，你就有了「勝利日誌」！為每個家庭成員提供一個地方以記錄他們發現力量和勝利的時刻。年幼的孩子還可以在上面畫畫。

美國加州北部沙加緬度市的一位父親告訴我，他創辦了一本「家庭力量日誌」。每個成員會在其中添加自己新發現的「優勢」，然後定期在每個月舉行的家庭會議上討論。最棒的是，兄弟姊妹現在會互相指出對方的優點：「你越來越會畫畫了，你真的應該考慮去上課！」

提供嘗試不同嗜好的機會 ⬇ A

正確的嗜好可以幫助孩子學習設定目標、管理時間、做決定，甚至學會放鬆，但它也可以作為培養力量的工具，並幫助孩子茁壯成長。針對心理韌性強的孩子所進行的研究發現，他們的嗜好「在他們覺得生活哪裡不對勁時，就會成為一種慰藉。」首先，你需要提供孩子一系列的體驗——火箭學、攝影學、硬幣收集、木工、藝術、觀星——看看哪些會讓你的孩子著迷。

一位父親告訴我，他們全家每個月都會一起進行一項不同的嗜好（例如，吸收關於城堡的知識、寫書法和收集蟲子）來評估孩子的興趣。這樣做的目的不是強迫孩子產生興趣，而是找到他們深切關心的事物。一旦你發現孩子有一絲好奇心，就加以鼓勵：提供入門的基本材料，教孩子如何開始，並與孩子互動，然後觀察這份興趣是否會開花結果。如果孩子有興趣，請記得任其發展，直到孩子自己真正喜歡，並且說那是「我的嗜好」為止。

本章5大重點

1 理解、重視和運用「核心資產」的孩子會更快樂、更有韌性。

2 唯有當我們對兒女有正確的認識時，才能幫助他們培養優勢，彌補他們的弱點。

3 真正的自信源於「勝任感」，但成就必須由孩子自己達到和主導。

4 有生活目標的孩子，會選擇能給他帶來更深層快樂和驕傲的道路，並且能與更大的事物保持聯繫。

5 雖然我們無法消除困難，但我們可以透過幫助孩子發展和運用他們的核心優勢，盡可能地減少潛在的負面影響。

One Last Lesson 最後一課

有時，教訓來自意想不到的地方：我是在參觀黎巴嫩的夏蒂拉（Shatila）難民營時，有了這個領悟。當地的建築物布滿彈孔，水不安全，暴力和毒品司空見慣，電線在空中危險地搖晃著：這是一個充滿絕望的地方。營地被成千上百的孩子稱為「家」，其中四分之一的孩子被預期出現嚴重的心理問題。我擔心他們怎麼克服這種混亂。

然後，我的嚮導帶我進入一條黑暗的小巷，爬上一段樓梯。我打開手電筒，看到水泥牆上塗著鮮豔的阿拉伯字母，拼寫出「自由與生命」的意思。這些字是由這群孩子繪製的，象徵著門後的世界。我走進去，發現了一個兒童國際象棋社團：這裡是他們的希望綠洲。

來自營地的一位善心人士馬哈茂德・哈希姆（Mahmoud Hashem）知道孩子們需要有安全感、連結感和自信，因此他創立了這個社團。小房間裡擺了十二張桌子，每張桌子上都放著一副塑膠象棋，在放學後的幾個小時裡，孩子們拋開了煩惱，體驗了「自由與生命」。

我問孩子們為什麼喜歡下國際象棋，他們搶著回答。

「國際象棋讓我好好動腦筋。」

「它讓我發現我數學很好，可以超前思考！」

「我學到我可以做一些困難的事情，而且我很厲害。」

「我發現我很喜歡國際象棋……我永遠都會喜歡國際象棋的。」

哈希姆先生的課後社團正在幫助孩子們找到出路，克服混亂，發現自己的優勢，培養對自己的堅定信念。「每個孩子都需要這樣一個酷地方……一個了解你是誰的地方。」一個男孩平靜地告訴我。他說得太對了。

每個孩子，不論是貧困或有特權，都必須找到自己的長處，並有機會展現自己的優點。那些了解這個道理的人——瑞吉歐．艾米利亞的婦女、海蒂姨媽、黃石公園的父親、凱文的外公、「美國社區學校」的教育工作者，以及難民營的哈希姆先生——不惜一切代價確保他們的孩子也學會這個道理。

所有的孩子都會遇到挑戰，有些人甚至面臨比一般人更多困難，這些挑戰有助於孩子認識自己的內在力量，並學會將困難減到最少的方法。

自信是引導孩子成為最好的自己，並駕馭自己命運的第一個「性格力量」。在我們孩子的身上發掘它至關重要，特別是在一個競爭激烈、贏者全拿的世界裡，孩子們更迫切地需要擁有自信。

Chapter 2

同理心

擴大孩子的關愛圈，建立不同觀點，在行動中展現關懷、學習感恩

成功者常說的是「我們」，而不是「我」。

每年，芭比．蒙蒂老師在佛州坦帕市私立卡洛伍德實驗小學帶的五年級生，都會參與一個由學生主導的學習項目。學習什麼課程的選擇權，完全掌握在學生手中。學生自己透過閱讀、看新聞、討論想法開始這個學習項目，接著，他們會開會決定在接下來的學年裡要關心和學習哪些問題。去年，蒙蒂老師班上這群十歲到十一歲的孩子選擇了「同理心」，因為他們意識到這對他們的生活至關重要。

這群孩子也意識到，在他們的世界中沒有看到足夠的「同理心」。

在整個學年中，蒙蒂老師的學生們搜集文章、設定問題，並寫信給企業主尋求贊助以支持他們的學習。在收到他們發給我的電子郵件，要求和我進行一次Skype的訪談時，我和這個班級見面了——我的前一本書《我們都錯了！同理心才是孩子成功的關鍵》（*UnSelfie*）就是關於如何教導同理心，我多年來一直在研究它的好處。我花了一個小時向他們解釋同理心，並教導同理心的方法。

起初，我很滿意於我傳達的訊息。然而，當他們開始問我問題時，我意識到這些學生根本沒有因此感到放心；相反地，他們非常擔心。

「你說『同理心』在三十年內下降了百分之四十，」一個男孩指出，「你不覺得大人應該擔心嗎？」他們年紀雖小，但也明白這個「性格力量」的重要性。

他們閱讀了展現同理心的孩子的故事，並且（正如他們的老師告訴我的那樣）「意識到一個人不會因為年紀太輕而無法創造改變。」

他們讀到了特雷弗・費雷爾（Trevor Ferrell）的故事並深受感動：他十一歲時看到有關費城街頭無家可歸者的電視報導，並懇求他的父母開車載他去市中心，以便親眼看看報導是否屬實。「當他將枕頭給了一名流浪漢時，這個人的感激之情改變了特雷弗，」一個男孩說，「兩年後，他組織了一個兩百五十人的活動，為無家可歸者提供食物和毯子。」

他們還喜歡讀克里斯蒂安・巴克斯（Christian Bucks）的故事：他在二年級時在操場上創立了一個「交友椅」（Buddy Bench），讓寂寞的同學可以在那裡坐下來，向同儕傳遞「我需要朋友」的信號。

他們也崇拜六歲的迪倫・西格爾（Dylan Siegel）——他為了幫助患有無藥可醫的肝病的朋友，而寫出《巧克力棒》（*Chocolate Bar*，暫譯）一書，該書為肝病治療籌集了超過一百萬美元的善款。

當孩子們理解同理心的價值時，他們就更願意投入心力培養這個「性格力量」。一位學生解釋說，「那些孩子在行動中展現了同理心。」他們正在學習關鍵的一課：坐而言，不如起而行。

學生們最後的任務是將他們的發現傳達給其他人，所以這群五年級學生創作了兒童故事、互動遊戲和活動來教導低年級的學生，並購買了以提問進行的遊戲，鼓勵學生站在別人的立場思考問題。最後，他們在家長會和學生會上，分享了他們的同理心課程。

我問學生同理心的學習項目教會了他們什麼，他們的回答給了我希望。「我變得更有同理心，因為這讓我學會去了解其他人的感受。」「我學會考量其他人在生活中發生的事，以便更好地了解對方。」「它改變了我；我永遠不會再像從前一樣地看待一個人。」

大多數的成年人都低估了同理心的價值；不是這些十一歲的孩子。這些孩子對「性格力量」產生的熱情，是源於蒙蒂老師的教學方式。她的同理心課程不是一次性的作業、冗長的講座或工作表，而是提供有意義的、積極的、以孩子為導向的體驗活動。當孩子能在沒有大人監督的情況下發揮所學時，便是有效吸收學習內容的證據。一位媽媽分享她女兒在參加完這個學習項目後所發生的變化，便是蒙蒂老師教學成果的證明。

「在我們店門外有一位遊民，瑞秋想請他吃午餐；我們這麼做了，而她把這個餐盒給了一個滿心感激的人。瑞秋非常開心自己能讓對方高興——她笑得很燦爛！她說，『媽媽，這就是行動中的同理心。』我知道我女兒的內心發生了一些變化。我想謝謝妳。」

在行動中展現同理心一直是我們的終極目標——這是「成功者」思維模式的核心。但是，為什麼這種力量——能讓孩子更快樂、更成功的關鍵力量——現在會如此缺乏呢？

什麼是「同理心」？

大多數人將同理心描述為從內心深處「感受到他人痛苦」的時刻，但其實這個重要的「性格力量」可被區分為三種不同的類型。我稱它們為「同理心ＡＢＣ」。

A——**情感同理心**（Affective Empathy）：當我們分享他人的感受，並感受他們的情緒時。

B——**行為同理心**（Behavioral Empathy）：當同理心促使我們起身而行時。

C——**認知同理心**（Cognitive Empathy）：當我們理解他人的想法或站在他們的立場思考時。

每一種同理心都能幫助孩子們互相關心，並展現人性最好的一面。「同理心ABC」也是我們教導同理心最好的教養工具。

你的孩子告訴你，她的「朋友們」在午餐時排擠她，所以她只能自己一個人吃飯。她低頭開始哭泣，就在這幾秒鐘的時間內，你已經能感受到她的情緒，並且和她一起哭了起來。你在這一瞬間分擔了孩子的痛苦。

情感同理心

同理心三元組中的A，是同理心中的情感部分，它促使我們與他人共同「感受」，**而且它在兒童早期階段便已發展**。

我記得當我得知媽媽生病時，我哭了；我蹣跚學步的孩子爬到我腿上，拍拍我的臉，反映出我的痛苦，和我一起哭泣。**當我們與另一個人建立起深刻的聯繫，在那一瞬間「合為一體」時，便是人類很獨特的時刻**。史丹佛大學心理學家賈米爾・薩基（Jamil Zaki）指出：「我們的大腦甚至會對彼此的痛苦和快樂做出反應，彷彿我們自己正在經歷這些狀態一樣。」除此之外，另外兩種同理心類型也可以被培養。

認知同理心

你七歲的孩子看著電視上報導龍捲風的新聞，目睹一個孩子站在他的房子外面，而今已成了瓦礫堆……「哦，媽媽，」他悲傷地說，「我知道如果我失去了一切，我會有什麼感覺。」你的孩子跑到郵箱前，取出他期待已久的信件，信封上有他多年來夢寐以求想上的大學的校徽。你焦急地看著他撕開信封，突然間你進入他的腦袋裡：「他們會想要我嗎？」「我做的所有努力都值得嗎？」「如果他們拒絕我怎麼辦？」你是**站在孩子的角度**，**理解他的感受**，**並接受他的觀點**，這就是「認知同理心」（通常稱為「**換位思考**」）。它比「情感同理心」更複雜，孩子需要更長的時間來發展，但它**是理解他人**、**與他人建立聯繫**，**以及減少衝突的有力工具**。

行為同理心

第三種類型是我所說的B＝「行為同理心」（有時稱為「**移情關注**」）：當你看到、聽到或感受到某人的痛苦，以至於你想做點什麼來幫助對方。蒙蒂老師班上的學生瑞秋稱之為「**行動中的同理心**」。她看到了那名流浪漢，從他的肢體語言和面部表情中讀到「我又孤單又餓」，她的同理心被點燃了。瑞秋不禁想幫忙，所以她請媽媽給這名男子買東西吃。「行為同理心」（行動中的同理心）可以展現我們最好的自己，讓我們的世界更加人性化，孩子們也從中獲益良多。

同理心絕不是心軟和懦弱：它會影響我們孩子未來的健康、財富、真正的幸福感和人際關係的滿意度，並能培養克服挫折的韌性。它還可以減輕壓力，並增強自信、創造力、連結感、善良、親社會行為和道德勇氣，且是霸凌、攻擊性、偏見和種族主義的有效解毒劑。同理心也是孩子在閱讀和數學考試成績以及批判思維技能上的陽性預測因子，能為他們準備好迎接全球化的世界，同時也是促進就業市場的重要因素，這是《富比士》（*Forbes*）敦促公司企業採用「同理心」和「換位思考」原則的原因。《哈佛商業評論》（*Harvard Business Review*）將這種優勢稱為「成功領導和卓越績效的基本要素之一」；「美國醫學院協會」（Association of American Medical Colleges）則將其認定為「基本學習目標」。這就是我們應該擔心的原因：我們孩子的同理心正在下降。

研究人員收集了數千名美國大學生的同理心程度，然後將他們的分數與相同年齡組但不同出生世代的分數進行比較。三十年來，美國年輕人的同理心下降了百分之四十以上，自戀度則增加了百分之五十八。此外，他們的心理健康也在直線下降：三分之一的美國大學生表示他們經常感到焦慮；八分之一的人經常感到抑鬱。事實上，現今十八至二十二歲的人比其他任何一代人都更加疏離、孤獨和孤立。這些發現，是在全球疫情大流行致使孩子與同儕分離造成長時間社會孤立現象之前就發生的。健全的人際關係才是成功的關鍵。

綜上所述，隨著同理心下降，壓力和倦怠感會增加——這就是青少年所說正在發生的事情。一名十五歲的孩子說：「我因為一直在『做什麼』而感到精疲力盡；我沒有時間只是『當我自己』。」一名十四歲的孩子說：「我需要不斷前進的壓力，讓我感覺更空虛。」一名十二歲的孩子說：「我希望我有更多時間和朋友在一起，但我們只是在發簡訊。」試圖在忽略同理心的情況下培養「成功」的孩子，不但會降低他們的韌性，還會增加孤獨感和空虛感，讓孩子感到精疲力盡。「同理心」這種性格力量正在瓦解，我們的孩子也因此正在受苦。

為什麼同理心很難教？

「不是只有一件事，而是有很多事加在一起，對我們造成了傷害。大人最好做點什麼改變，否則我們快不行了。」

——華盛頓特區，十三歲的萊拉

我有幸向全球五大洲超過一百萬名以上的家長和老師談論同理心、性格和韌性。多年來，我學到不論在世界上的哪一個地方，每個群體中都會提出的一個問題是：「同理心真的可以教嗎？」大多數的家長和教育工作者都認為，孩子的同理心被鎖在一個無法破解的遺傳密碼中，並對於這種性格可以被培養感到驚訝。他們還認為女兒會比兒子更善解人意。而如果他們的孩子讀到《夏綠蒂的網》（*Charlotte's Web*）的結局時沒有哭泣，就代表他們沒有同理心；並且過了一定年齡（如青少年）後，要再培養同理心就為時已晚。然而，科學駁斥了這些教養觀念。

同理心是可以被培養的，而且不同年齡的孩子會表現出不同類型的同理心（情感、認知或移情關注），遺傳的影響要小得多。一項研究發現，人們的同理程度只有百分之十的差異是由基因造成的。（這意味著**父母的教養和生活經驗是決定孩子同理能力的關鍵**。）男孩在同理能力上是否低於女孩仍是個爭論不休的話題，但我們不能否認後天的影響——從小到大，「男孩子不哭」的訊息便深植在我們的文化中。培養這種性格力量，任何時候都不嫌晚；事實上，最有同理心的是五、六十歲的女性。同理心研究人員薩拉・康拉斯（Sara Konrath）解釋道，「中年女性在經過多年的實踐後會具有高度的同理心，這並不奇怪。」那是因為同理心就像一塊肌肉——你使用得越多，它就會變得越強壯。

是的，同理心是可以教的，但我們文化中有幾個有害因素正在降低孩子感受他人的能力。以下是這個至關重要的性格力量正在減弱、而孩子的空虛感正在增加的三個原因。

競爭激烈的世界強化了「我 vs 你」

競爭被證實會降低同理心。我們的孩子成長在一個競爭激烈的社會裡，這使得孩子彼此之間形成對抗關係。

「如果朋友是你的競爭對手，你如何建立關係？」有一天，十四歲的格雷森悲傷地問我。這是我不斷聽到的感傷情緒，尤其是在高中生之間，但也在初中，至小到小學的孩子也是如此。「你我對立」的心態很早就開始了——它對年輕人和他們的心理健康越來越有害。

但是，競爭精神真的對我們的孩子有好處嗎？我不確定。研究表示，「我比你好」的心態會強化自我中心，加劇孤獨感，萎縮「利他主義」這塊肌肉，並造成心靈的空虛。超過八十項研究駁斥了「競爭對成功至關重要」的說法。

「合作學習的孩子——與競爭學習或獨立學習的孩子相比——學得更好，自我感覺更好，彼此相處得更好。」《反對競爭：競爭無助於競爭力》（*No Contest: The Case Against Competition*，暫譯）一書的作者阿爾菲．科恩（Alfie Kohn）寫道。

比較也會削弱同理心。學校現在在網路上公布成績（通常在孩子上學期間），讓家長可以隨時查看孩子的成績和分數。青少年告訴我，線上評分的「監控」系統只會增加學生更多壓力、更多競爭、更多倦怠，並懇求大人停止不斷地查看和比較。

「我才考完第一堂的考試，到了第三堂，我媽媽就發簡訊問我，我的同學是不是考得比我好。」來自德州奧斯汀市十六歲的莎拉說。

「我的老師在第三堂課把成績登錄到線上評分系統。我知道我媽媽正在查看，這讓我一整天都無法專心。」來自佛羅里達州奧蘭多市十五歲的伊莎貝拉說。

來自波士頓十六歲的傑洛姆說，「我爸爸把我的成績和其他同學的成績做了比較，但我真的沒辦法考得更好了。」

孩子們渴望我們的認同，也需要同伴的支持。但當一切全變成一場又一場「贏家通吃」的比賽時，人際關係因此受損，空虛感增加了，而孩子們則是最終的輸家。

科技減少人與人之間的聯繫

「我們這個世代真的很虛無。我的一個朋友甚至有一件襯衫上寫著：『我是世界上最偉大的虛無主義者。』我認為這是因為我們在年紀很小的時候就接觸到大量的社群媒體和新聞，因此導致我們迷失了自我。我們真的需要看到善良。」

——佛羅里達州博卡拉頓市，十七歲的瑪麗・凱瑟琳

人與人之間的聯繫，是孩子發展同理心和取得成功的關鍵，但科技卻正在徹底改變孩子社交生活的型態，並加劇他們的空虛感。全美有百分之九十五的青少年擁有電子設備，百分之七十的青少年每天使用多次社群媒體，百分之三十八的青少年則是每小時使用多次——超過一半的人甚至承認，這些電子設備「經常在我應該關注身邊的人時，分散我的注意力。」就在七年前，還有幾乎一半的青少年更喜歡和朋友見面聊天；如今他們最喜歡與朋友交流的方式卻是發簡訊。儘管我們並不鼓勵使用電子產品，但全球疫情大流行期間對遠距學習的需求，使得孩子對虛擬交流更加依賴——而非孩子們應該有的面對面的互動。

心理學教授珍・特溫格（Jean Twenge）表示，四項大型的研究表明，「每天在課外使用半小時到兩小時的數位媒體，幸福感和心理健康的程度最高；如果使用時間更多，幸

福感就會逐漸下降。上網時間最多的青少年的狀況是最糟糕的。」社交距離會進一步降低孩子的心理健康和幸福感。

孩子們都同意：「我們大部分時間都耗在手機上，與其他人沒有真正的聯繫；這可能就是我們感到壓力的原因。」來自亞特蘭大十二歲的卡拉說。「我們需要與真實的人建立聯繫，」來自芝加哥十六歲的傑瑞德說，「宅在家和遠距學習只會讓我們更孤單。」

並不是父母和教育工作者不擔心，而是我們經常不知道該如何在使用電子產品上給孩子設限。一些父母還聘請了「螢幕顧問」（每小時支付高達兩百五十美元）來教自己如何讓孩子遠離科技，並填補他們生活中沒有網路的時間。你猜這些要價不菲的顧問都建議父母對孩子說什麼？「你找找看球在哪裡？把球丟過來！」「踢球！」

把你的錢省下來，對過度和過早使用數位科技產品說不，你將能看到孩子的同理心和幸福感增加。

過多讚美會適得其反

如果我們的親職工作有什麼共同點，那一定是我們都深愛著孩子。如果我們沒有一直想辦法讓孩子知道他是特別的、被愛的，而且非常有價值，我們就會感覺沒有善盡為人父母的責任。一些所謂的育兒「專家」建議父母以十個正面鼓勵來平衡一個負面批評。（一位媽媽甚至告訴我，她在牆上貼了一個「10」來提醒自己遵守這個「神聖比例」。）但我們的好意所獲得的效果都適得其反。

「我們這代人非常以自我為中心，每個人都認為自己比別人好，」來自加州納帕市十二歲的索菲亞說，「有一部分是因為我們已經習慣每件事都受到表揚和獎勵。」

現在上大學年紀的孩子，是最有權利、最自我中心的一代（亦即「對自我有非常正面但過度膨脹的看法」）。自戀者只對自己能得到的東西感興趣，並且總是覺得自己比別人優越；而如今大學生的自戀程度在三十年內增加了近百分之六十。毫無疑問地，自戀會削弱同理心，減少親社會行為，建立虛假的信心，增加空虛感。孩子過度自我，並非來自遺傳基因；我們只能怪自己——孩子自戀程度提高的原因，並不是因為孩子不被愛，而是因為他們被反覆地提醒：「你是特別的、有資格的、有價值的、比其他人更好。」**讓你的孩子知道他們是被愛、被珍惜的，但他們並沒有比其他人更好、更優越或更有價值**。

另外，記得誇獎孩子成績和分數以外的表現！我們很容易會問孩子「你得到了什麼？」而不是「你做了什麼有愛心的事？」只專注於成就而不注重品格，會傳達出這樣的訊息：「成績勝過善良。」

哈佛大學的一項研究甚至發現，百分之八十一的孩子認為，他們的父母更看重成就和幸福，而不是關心他人（儘管有百分之九十六的父母說，他們確實希望孩子懂得關懷）。不論如何，孩子沒有接收到這個訊息，而且非常渴望以他本來的樣子受到重視。迪爾菲爾德鎮區一位青少年說的話讓我感到心痛：「我希望媽媽能在我關懷別人的時候對我表示認同。我想被愛，但我不想僅僅是一個分數！」

如何教孩子同理心？

還記得我們之前談到的「同理心ABC」嗎？好消息是，我們可以使用這些工具教導孩子如何在生活中表現同理心。你可以透過教孩子分辨和感受他人的情緒（**情緒素養**），讓他們站在別人的角度思考（**換位思考**），並在自己的日常生活中將同理心付諸行動（**移情關注**）來做到——這三種可傳授的能力確實有助於培養孩子的同理心。當你將這種力量與我們在本書中討論的其他力量——自信、正直、自制力、好奇心、毅力和樂觀——結合起來時，乘數效應就會發揮作用，增加我們培養出「成功者」的機會。這樣的孩子不僅會更快樂，而且更願意為了自己以外的事物做出貢獻。

學習辨識他人的情緒

在孩子能感受他人情緒或站在別人的立場思考之前，他們必須能夠掌握表情、手勢、姿勢和語氣中的「言外之意」。「她看起來很緊張。」「他聽起來很沮喪。」「他們好像很生氣。」**覺察感受的天賦被稱為「情緒素養」。能夠辨識情緒的孩子，更有可能基於同理心採取行動，提供他人幫助、安慰和關懷**。（「我會給她一個擁抱」，或「我會問問他有什麼感覺」，或「我會看看他們是否需要幫助」。）

這種能力其實很容易教，並能激發同理心。這是我從學生那裡學到的。十年來，不論是家境貧困或優渥的特教學生我都教過。我的學生年齡介於六到十二歲之間，他們面臨情緒、學習和行為上的問題。我知道他們遭逢挑戰，也看到他們經常偽裝自己的感受來掩飾痛苦。為了與他們建立連結，我必須先了解他們的情緒狀態，因此，有一天我用一塊長條型的紙板，做了一個「感受溫度計」。我從下到上畫了六種情緒的面孔——快樂、悲傷、壓力、害怕、沮喪和憤怒，將每個學生的名字和我自己的名字（為什麼不呢？）印出來，用曬衣夾夾到這支「感受溫度計」上。「這是我們的感受溫度計，」我解釋說，「你只需要把你的名字調到你感受到的感覺旁邊，我們就可以互相關照了。」

孩子們起初抱持懷疑的態度，但慢慢地，每個人都開始用他們的「感受溫度」分享感受。我會檢查「感受溫度計」，看看誰過得不好，並嘗試提供幫助。有一天，我發現學生們圍在一位同學旁邊。

「伊森看起來很傷心，所以我們在試著讓他開心起來。」他們解釋道。一個簡單的紙板玩具，幫助他們了解自己的感受（一個人說，「我很傷心。」），以及同學們的感受。一旦他們學會如何解讀情緒，我的學生就開始產生變化：他們的焦慮減輕了，得到了更多關懷，人際關係也大幅改善——這一切都是因為一張「感受溫度計」。這就是為什麼分辨感受能夠培養同理心的原因。

多年後，我前往芝加哥一所菁英私立學校和一群重度網路成癮的青少年見面。這些孩子很難互相「解讀」，所以他們的諮商師帶了她的伯恩山犬來幫忙。人類大部分的交流都是非語言的：表情、肢體動作、手勢。研究表示，狗可以幫助孩子解讀非語言的情緒暗示（如快樂、不安、悲傷、害怕、憤怒）。這些毛小孩還能幫助我們孤獨的一代感到安全、相互連結，甚至從創傷中復原——因此，你會看到安慰犬陪伴學生經歷學校槍擊事件或像全球疫情大流行這種共同災難的照片。

當我看著這群青少年和狗兒說話時，我身邊的一名男孩小聲地說：「這不是很悲哀嗎？我們居然需要靠一隻狗才能學會如何與人建立關係。」我同意。孩子們需要「情緒詞彙」來學習社交能力，而他們最好的學習方式是面對面學習。父母可以從孩子很小的時候就開始做一些具體的事情來協助解決這個問題。

為情緒命名

首先，你可以根據脈絡刻意地指出你觀察到的情緒，以幫助你的孩子發展「情緒詞彙」：「你很高興！」「你看起來很沮喪。」「你好像不高興。」這個過程被稱為「情緒指導」（Emotion Coaching）；與孩子一起進行「情緒指導」的父母會更快樂、更有彈性、更懂得調適。多談談感受吧！

提問

「這給你什麼感覺？」「你會焦慮（緊張、擔心、悲傷）嗎？」「你看起來很害怕，我猜對了嗎？」幫助你的孩子理解所有的感受都是正常的，而我們用什麼方式來表達感受會讓我們陷入困境。

分享感受

孩子需要有機會安心地表達感受。你可以分享你的感受：「我睡得不多，所以我很煩躁。」「我對這本書很失望。」「我很擔心奶奶。」提出需要回答的問題：「你感覺如何？」「你有壓力嗎？」「從一到十，你的焦慮指數有多高？」一旦孩子們習慣分享他們的感受，就將「代名詞」置換為他、她或他們。「他（她／他們）感覺如何？」調整代名詞能幫助孩子考量他人的需求和擔憂。

注意他人

在商場、圖書館或遊樂場帶著孩子辨識他人的面部表情和肢體語言：「你覺得那個人感覺如何？你有過這樣的感覺嗎？」把你們觀察情緒的活動變成一場遊戲：「讓我們來猜猜她的感受。」「看看她的肢體語言。」將電視轉為靜音，根據你們所看到的來猜測演員的感受：「他感覺如何？」「你覺得他為什麼會有這種感覺？」

限制螢幕時間＆鼓勵面對面交流

我到西雅圖參觀一所高中。當時數百名學生正魚貫地走回教室上課，其中大多數的人都在邊走邊發簡訊，而對於少數不看手機的人，我微笑著對他們打招呼。在我通過走廊的整個過程中，沒有任何一個孩子跟我打招呼。我終於把一名青少年拉到一旁問道：「為什麼這裡沒有人打招呼？」

她的回答是：「我們不太習慣跟真人講話。我們總是往下看。」

如今，身處於數位世界的孩子正在失去面對面建立連結的機會，螢幕上的每一則訊息、每一次的瀏覽和點閱，都在降低孩子們「閱讀」彼此情緒的能力。（孩子們不會從「表情符號」中學習到感受。）科技發展是造成現今的孩子成為最孤獨、最缺乏同情心、心理問題最嚴重的一個世代的原因之一。研究結果很清楚：少花一點時間看螢幕，多花一點時間進行面對面社交互動的人，不太可能會抑鬱或有自殺傾向。

「光是聽聽彼此說話就會對我們有幫助，」十四歲的夏洛特告訴我，「但我們太沉迷於科技產品，導致我們失去了與人交流的能力。」她的朋友哈珀也同意。「我們總是在發簡訊，不會『讀懂』彼此。即使我們和朋友一起閒逛，我們也都在玩手機。」然後，全世界爆發了新冠肺炎疫情的大流行，更加重了孩子們依賴科技產品的傾向。為了我們的孩子好，讓我們幫助他們學會在「現實生活」中與人建立聯繫。

在數位產品的使用上制定明確的限制

八到十二歲的孩子現在平均每天看螢幕的時間將近五小時；青少年每天看大約七個半小時（不包括在學校使用螢幕，以及大量增加以電腦上網進行家庭作業和遠距學習的時間）。你可以利用一週的時間評估每位家庭成員上網的時間，決定孩子可以上網的時間長度，以及在哪些特定的時間、情境和地點下，全家人都要放下手機、關掉螢幕——進餐時間、家庭聚會、寫家庭作業和睡覺，通常是「家庭神聖的、不上網的時間」。讓每個人都簽署一份「數位契約」作為備查，然後徹底執行，這也包括大人！

與其他父母一起進行

尋找志同道合的父母並共同執行一項數位規則：「當孩子們來玩時，手機要收在一個盒子裡，直到他們離開時再歸還。」一個大學兄弟會制定了一項規則：「當大家在一起時，所有的手機都要放在桌子上；第一個伸手去碰手機的人，要請大家吃飯。」（他們很快就恢復了面對面的互動！）

建立家庭的聯繫

在家庭聚會時，將3C產品放在看不見的地方或放在抽屜裡，恢復面對面的對話。愛荷華州的一位媽媽把一疊「閒聊卡」放在桌上，然後讓家庭成員輪流拿一張「閒聊卡」。這些話題無窮無盡：「你一天中最美好／最困難／最有趣的部分是什麼？為什麼？」「如果你可以擁有一種超能力，你會選什麼？」「如果你可以到任何地方旅行，你會去哪裡？」邀請你的孩子添加閒聊的主題。如果你們的行程沒辦法一起用餐，你可以展開一個晚上的「見面聊天會」，讓每個人每晚在固定時間（例如八點鐘）聚在一起進行交流。

使用 FaceTime

使用手機上的雲端共享功能，定期拍攝家庭照片和其他親友分享。鼓勵孩子使用FaceTime，這樣你們可以在「現實世界」中面對面交談。（「你看著奶奶的臉，就會知道她累了，是說再見的時候了。」「聽貝蒂姨媽的語氣，你就會知道她什麼時候感覺痛。」）

鼓勵「即時」的同儕關係

確保你的孩子有機會享受面對面的同儕互動。為年幼的孩子安排玩伴日、圖書館閱讀日、公園郊遊日。等孩子年齡大一點，你可以為他尋找有助於培養團隊精神的運動、露營活動，或是集體進行的音樂、藝術或舞蹈課程。孩子們迫切需要「互相讀懂」並學習聯繫，以保有他們的同理心。十二歲的艾比說，「我們不太知道怎麼跟人互動，像是握手、目光接觸或是花時間聊天。我們真的應該練習一下。」即使在保持社交距離的情況下，我們也可以製造小團體互動的機會。當我們現實生活中的交流因為健康因素而暫時被禁止時，Zoom和Skype可作為一種替代，讓孩子們在線上一起學習嗜好、舉行讀書會、玩遊戲，還有一起做學校作業。

示範同理聆聽

專心傾聽是幫助我們感受和理解他人觀點的最佳方式之一。雖然它不保證能增加同理心，但傾聽確實能讓你更懂得同情。要做到這一點，孩子必須練習放下手機，拋開「我比你好」的想法，把注意力放在說話的人身上。善解人意的傾聽者通常會使用我所謂的「４Ｌ」。你可以個別教導每個「Ｌ」，然後提供孩子大量的練習機會，直到他們能一起運用為止。

眼神接觸（Look eye-to-eye）

透過看對方的眼睛，幫助說話者知道你感興趣。你可以這樣教孩子：「你可以注意看說話者眼睛的顏色。」或是告訴孩子專注看著說話者兩眼之間或其頭後方牆上的一個定點。訣竅是幫助孩子練習注視說話者的眼睛，而不是盯著他看（這表示高度警覺或具有攻擊性），或代表不感興趣地把視線移開。這項技巧需要練習並懂得尊重文化的差異。

向前傾身（Lean in）

身子微微地傾向說話者，點頭表示感興趣，並記得微笑——歡迎的肢體語言讓說話者知道你很關心。不要交叉你的雙臂和大腿，這會讓你看起來更放鬆，不那麼緊張，顯得更親切，而別人也會更認真地對待你。

學習互動（Learn one common thing）

想一想說話者在說什麼，不要打斷。試著轉述對方的主要觀點：「你是說……」，「你認為……」，或「我聽到……」。嘗試多了解一件有關對方的新事物，或你們之間的共同點。分享你的發現：「我們都喜歡……」、「我們有相同的……」、「我都不知道你……」。

為感受命名（Label the feeling）

確認對方的感受，有助於驗證你的感覺是否正確：「你聽起來很緊張。」「你好像很生氣。」「你看起來很開心。」如果有需要，請表現出你的關心：「謝謝你的分享。」「我能幫什麼忙嗎？」「我很高興你告訴我。」

值得注意的是：有百分之三十五的青少年給他們父母的傾聽能力評分為D或F。你必須先成為你希望孩子效仿的榜樣。

設身處地為別人著想

我喜歡電影《春風化雨》（*Dead Poets Society*）中，老師（由羅賓・威廉斯飾演）試圖跳到桌子上，向這些享有社會特權地位的高中學生傳達他的觀點。「我為什麼要站在這上面？」男孩們試著提出一些沒什麼說服力的答案。「不，」他說，「這是因為我們必須試著不斷地從不同的視野看事情。」「換位思考」是同理心的思考或認知部分，它幫助我們走出自己的世界，了解他人的感受、想法和渴望。

讓孩子學會這種能力的好處很多。**具有換位思考能力的孩子，學習力更好、成績更優異、適應力也更強，並擁有更健康的同儕關係**（這是心理健康的核心）。他們心態更開放，對人事物的負評更少，不太可能跟同儕發生衝突，與他人相處得更好，也更受歡迎，這一切都是因為他們能關照到別人的需求。

孩子們在學前班結束時開始理解其他人的觀點，到了八歲時會變得更純熟，但這種能力必須加以鍛鍊和擴展。事實上，我們更有可能同情那些「和我們相像」的人——與我們相同性別、年齡、收入、教育、種族、宗教信仰的人，這就是我們必須擴大孩子的舒適圈的原因。畢竟，世界是多樣的，我們的孩子成長在種族主義和社會不公盛行的時代。那麼，我們如何幫助孩子們站在不像他們的人的立場上呢？最好的一個答案來自一位博物館館員。

華盛頓特區的美國大屠殺紀念博物館為參觀的孩童舉辦一場名為「記住孩子：丹尼爾的故事」的展覽。我已經多次參觀過這個互動展覽，並總是走在學齡兒童後面觀察他們的反應。在這個互動展覽中，你真的會進入一個生活在納粹德國時代的年輕猶太男孩的世界裡，這個故事是透過他的日記來敘述的。當你走進他的世界時，你會「遇見丹尼爾」，並看到他的房間、家人、朋友、學校、書桌和書籍。當你閱讀他從一九三三年到一九四五年的日記時，你會意識到你們有著相同的想法、感受和需求。

然後，展覽進行到一半，音樂變得陰沉，燈光變暗，你意識到「跟你很像的新朋友」發生了一些事情。納粹來了，猶太家庭被送到猶太人聚居區，你為丹尼爾擔心。最後一個房間又黑又冷：你到達奧斯威辛–比克瑙（Auschwitz-Birkenau）集中營，看到三個年輕猶太男孩的「囚犯照」。我看過無數的孩子深受震撼，他們不敢相信發生在「他們的朋友」身上的事。一個男孩小聲問道：「這是丹尼爾嗎？」兩個女孩握著彼此的手哭了起來。另一個孩子遺憾地搖了搖頭。淚水、嘆息和啜泣。「我」變成了「我們」。這就是人性的展現！

最後一個房間提供紙和鉛筆來做筆記；牆上貼滿了孩子們的信件。

「當我聽到你的故事時，我哭了。我無法想像你遭受了多少苦難。」

「我們不會忘記……絕不會。愛能戰勝邪惡。」

「我保證這種事不會再發生。我們會支持你！」孩子們開始他們的展覽之旅，和一名生活在不同時空、不同國家的猶太男孩相遇。隨著他們走入丹尼爾的生活中，他逐漸變得真實，這些孩子從「旁觀者」變成了「我們」。當丹尼爾受到不公平的對待時，他們會生氣；當他受苦時，他們想幫助；當他被流放時，他們會感到難過——這就是「**換位思考**」的力量。這個博物館展覽的經驗證實，**我們可以透過有意義的、適齡的方式來培養同理心**。

期待你的孩子表示關心

科學證明了這一點：對漠不關心的行為表示失望的父母，會培養出具有更強烈的道德感和換位思考能力的孩子。這種方法從幼兒到青少年都有效果，可以在任何情境中運用（以冷靜且尊重孩子的方式來進行），並且包括三個步驟，我稱之為「指出」（Name）、「說明」（Frame）和「重新強調」（Reclaim）。

「指出」漠不關心的行為

避免嚴厲的說教。相反地，給孩子一個堅定的聲明，清楚地說明為什麼你不贊成他這種冷漠的行為：「你這麼大喊『利亞姆打球打得很爛』是很傷人的。」「你叫亞齊滾開是很冷漠的。」「在爺爺說話時發簡訊是很不禮貌的。」

「說明」影響

指出孩子的行為對他人產生的影響，是一種培養同理心簡單且有效的方法。你的學齡前孩子搶走玩伴的玩具：「你這樣會讓她很難過。」你六歲的孩子孤立一個同儕：「如果有人這樣對你，你會有什麼感覺？」當你的孩子開始了解自己的行為帶給他人的影響後，你可以進一步說明受害者的感受。你前青春期的孩子發送了一則傷人的簡訊：「你覺得莎拉讀到那則訊息會有什麼感覺？」

「重新強調」你對孩子關懷他人的期望

你必須明確地表達對孩子的冷漠行為的失望，並說明你的期望。「我對你的行為感到失望，因為我相信你是一個有愛心的人。」「你知道我們需要對人友善的原則，我相信你可以做得更好。」「我很生氣你居然欺負某某人。我希望你能跟你的朋友和好。」不要因此感到內疚：科學證明，父母使用「失望陳述」是促進孩子表現關愛行為最有力的因素之一。因此，重新強調你對孩子關懷他人的期望，並要求他對自己所造成的任何傷害負責和彌補。

設想他人的感受

加州大學洛杉磯分校榮譽心理學教授諾瑪．費斯巴哈（Norma Feshbach）針對數百名兒童進行研究，想確認體驗是否能幫助兒童分辨、感受和採納他人的觀點和感覺，因此利用「角色扮演」來增加他們對同理心的「思考」。費斯巴哈的策略相當簡單：請孩子從不同角色的角度講故事，從同學的立場重現情境，並猜測同儕可能想要什麼禮物（以及為什麼）。以下有更多方法幫助孩子「換個角度看」。

- **進入對方的腦袋：**「想想如果角色互換，對方會有什麼感受。」
- **閱讀文本：**「讓我們從三隻熊的角度講故事。他們會怎麼說？」
- **轉換角色：**「假裝你是莎莉。她會說什麼，做什麼？」
- **使用道具：**利用鞋子、椅子、圍巾、帽子表演出「其他人」發生的事情。
- **使用玩偶：**「兔子是奧莉維亞；泰迪熊是你。讓他們一起想想有什麼解決辦法。」
- **使用椅子：**「請你坐在椅子上。現在假裝你是我，你覺得我有什麼感覺？」
- **想像情境：**「假裝你是我。當你兒子很粗魯地對你說話時，你會有什麼感覺？」

你還可以使用「角色扮演」讓孩子理解你的觀點。

吉兒是來自密西根州弗林特市的一名母親，她說她的青少年孩子晚歸，但孩子不明白媽媽為什麼這麼生氣，所以吉兒告訴她：「『假裝妳是我。天黑了，我不知道我女兒在哪裡，她也沒有打電話給我。妳覺得這時的我在想什麼，有什麼感覺？』我女兒坐在我的椅子上，手裡拿著手機，想像她是我。她道歉了，承認她從來沒有考慮過我的感受；從那以後，她就再也沒有晚歸過！」

學習感恩

針對數百人所進行的研究證實，感恩能增強同理心、樂觀，並幫助我們體會他人的感受。此外，它還能減少拜金主義、自我中心、焦慮、抑鬱和孤獨感，改善心理健康、恢復力和倦怠。加強「換位思考」的能力和培養感恩的心，有助於孩子們感受到付出行為背後的用意。

- **家庭感恩分享：**讓每個家庭成員在吃飯時或就寢前，說說當天發生哪些值得感恩的事情及其原因。
- **創造感恩圈：**請每個家庭成員說出一位他們想感謝的人及其原因。準備一份「家庭感恩日誌」，在其中記錄每個人的分享，並一起回顧感恩的記憶。只需要進行兩週的「感恩日誌」，就能改善家人的心理健康、減輕壓力並增加幸福感。
- **跟我擊掌！：**年幼的孩子在說完一件感恩的事後，可豎起一根手指，並說出為什麼，直到他們豎了五根手指為止。這項活動能鼓勵他們在任何情況下看到良善的一面。

將同理心付諸行動

我們可以感受和理解他人的痛苦和需求，但同理心真正的展現，是當我們介入幫助、安慰、支持或安撫他人時。這種值得稱許的能力是同理心的第三部分：行為同理心（或「移情關注」），也是同理心最重要的部分。

印第安納大學教授薩拉・康拉斯（Sara Konrath）整理了近一萬四千名學生關於同理心的自我評量，發現了令人沮喪的結果。如今，幾乎有百分之七十五的大學生在「同理心」的自我評量上，平均得分比三十年前的學生低得多。我們在本章前面討論的三種同理心的類型中，「移情關注」正在以最快的速度減少。

每個樂於助人的孩子在受訪時都說，他們的改變發生在「面對面」幫助某個人的時候。無論是給無家可歸的人一條毯子、送給住院的朋友一個玩具，還是唸書給老人聽，孩子們都說，這些經驗改變了他們。社會心理學家強納森・海德特（Jonathan Haidt）稱其為「道德提升感」或「當人們看到人類意想不到的善良、好意、勇氣或同情的行為時，所體驗到的一種溫暖、令人振奮的感覺。它讓人想幫助別人，讓自己成為更好的人。」

十歲的米婭描述她的「道德提升」時刻：「當我把自己多餘的書送給收容所的小朋友時，他們的眼神裡充滿感謝，這讓我覺得自己是一個有愛心的人。我很喜歡這種感覺。」這樣的時刻，可以讓孩子經歷從A＝情感同理心，或C＝認知同理心，到B＝行為同理心（或「移情關注」）的歷程，或是如同瑞秋所說的：「行動中的同理心。」

「行動中的同理心」意外地對孩子的學業表現也有益處。賓州大學的一項研究發現，具有「親社會行為」[1]傾向的幼兒園兒童，從大學畢業的機率多了兩倍，到二十五歲時擁有一份全職工作的機率則多了百分之四十六。不過，提升孩子同理心的主要原因是，這樣會為他們帶來許多正面的好處，包括幸福感、健全的人際關係、適應力，並能使他們的生活充滿快樂和意義——這正是內心空虛的孩子茁壯成長所需要的條件。

創造「面對面」的機會

在孩子關心的事情上（而不是父母喜歡，或在大學申請文件上看起來「不錯」的活動），創造「面對面」的機會，啟發孩子產生同理心。

十一歲的約書亞說：「我們在學校裡為需要的人打包生活用品。我把我的包裹給了一個街友，他感激的神情讓我很感動。知道我有能力做出一點改變，感覺真好。」找到一項有意義的服務活動，讓你的孩子與受助者直接接觸，讓他感受到「做好事」的喜悅。這些服務活動可以是將他收集的玩具送到兒童收容所；到年長者家中閱讀故事給老人聽；為無家可歸的人烤餅乾；全家人一起到當地的食物銀行、兒科診所當義工；協助你的孩子收集毛毯並一起前往捐贈。與有同齡孩子的父母建立聯繫，並在你的社區中進行可以團體參與的愛心活動——記得讓你的孩子成為那個給予者。

指出影響

《善惡心理學》（*The Psychology of Good and Evil*，暫譯）一書的作者厄文．史塔伯（Ervin Staub）發現，有機會幫助他人的孩子往往會更願意助人——尤其是當他們助人行為的影響被指了出來。以有意義的方式做出貢獻，也被證明能減輕一個人的壓力並增加復原力。你可以協助孩子回顧他的助人經驗：「當你提供幫助時，對方有什麼反應？你覺得他的感覺如何？你自己的感覺如何？」德州休斯頓市的一位媽媽說，她幫孩子和受助者合影，並為照片裱框。她說：「這些影像讓他每天都很開心，並提醒他——他是個善良的人。」

1 親社會行為（Prosocial Behavior），指一切有益於他人和社會團體的行為。

表揚關懷

我們如此執著於培養「學業表現優異」的學生，因而同理心的教導在我們的教養中便不受重視。父母跟我說的話很值得反思：「當孩子有這麼多作業要做時，我們怎麼有時間教他們善良？」格林斯伯勒的一位媽媽這麼問我。但其實她把事情說反了。培養同理心始於我們有意識的努力，讓我們的孩子知道，我們至少跟重視成就一樣重視關懷。每當我們的孩子表現出「行動中的同理心」時——比如幫忙、關心、撫慰、協助和安慰——我們必須給予認同，讓他們知道我們重視「親社會行為」。

提供持續關懷的機會

孩子們會透過重複練習來學習同理心。無論是幫助兄弟姊妹、為行動不便的鄰居耙樹葉、幫忙做家務，還是收集毛毯給收容所，孩子們的同理心會隨著助人機會的反覆出現而增強。我們要尋找持續的機會來鼓勵孩子助人和關懷，就像關心他們的課業和運動表現一樣。「提供食物給無家可歸的人，讓我的朋友和我多了一點愛心，並開始能設身處地體會其他人所經歷的事情。知道我們有辦法創造改變是很好的減壓方式。」來自加州聖荷西市十二歲的凱特琳說。

教孩子如何「關懷」

如果孩子不知道如何關懷，同理心就會減弱。不要假設他們知道怎麼做。我教孩子「關懷」（CARE）的四個部分，並在不同的情境下進行角色扮演，教導他們如何

「安慰」、「幫助」、「保證」和「同情」。他們總是感謝我。「現在我知道該怎麼做了。」一名三年級的學生說。教導孩子如何關懷，他們不會讓你失望的。

C——**安慰**（Console）：「我很難過。」「我知道這不是真的。」「你不應該被如此對待。」

A——**幫助**（Assist）：提供急救、請別人一起幫忙、撿起壞掉的東西。問：「需要幫忙嗎？」「要我請老師來嗎？」

R——**保證**（Reassure）：「這也發生在其他孩子身上。」「我還是你的朋友。」「我會在這裡陪你的。」

E——**同情**（Empathize）：「她這樣對待我，讓我很難過。」「我懂你的感受。」

值得注意的是：有同情心的孩子會試著幫助每個人，而且如果他們不這樣做，就會感到內疚。如果你的孩子是這樣，請允許他放鬆，告訴他不要試圖解決每個人的問題。德蕾莎修女的忠告值得深思：「我從不以群眾為己任；我看的是個人。從幫助一個人開始，另一個，再一個。」

同理心如何成為孩子的超能力

我在前言中提到的艾美．維爾納，其長達四十年的開創性研究，追蹤了六百九十八名出生在夏威夷考艾島的嬰兒，發現儘管很多人面臨嚴重的逆境（受虐、父母酗酒、貧困、被拋棄），但其中有三分之一的人因為學習了「**保護因子**」（Protective Factor），如**批判性思維**、**同理心**、**貢獻**、**抱持希望**、**幽默感**、**自制力**、**毅力和解決問題的能力**，因此仍能茁壯成長。他們最重要的逆境緩衝是「我會克服」的觀點，而這種觀點幾乎總是受到一位關懷、同理的大人對他們具有堅定的信心所啟發。

同理心可以成為孩子人生的救星——這對於以下這位面臨困苦逆境，最終仍得以成為「成功者」的年輕女性來說，再真切不過。

伊麗莎白．史瑪特是一個金髮碧眼的女孩，她在學校表現出色，喜歡彈豎琴，喜歡和朋友一起跳蹦蹦床，喜歡和媽媽聊天。她來自一個虔誠的摩門教家庭，與五個兄弟姊妹和兩名慈愛的父母住在一起。二〇〇二年六月五日，當她醒來時，發現一名男子正用刀抵住她的喉嚨，警告她不准出聲，否則就會殺了她和她的全家；然後，他綁架了她。在接下來九個月的時間裡，伊麗莎白被反覆強姦、挨餓受凍，並一直擔心綁架她的人會傷害她的家人。但她熬了過來，而她的故事證明了韌性和同理心的力量。

在她被強姦和虐待後的隔天，伊麗莎白說她感到內心深處生起一股強烈的決心：不管發生什麼事，她都要活下去。「這種決心是唯一給我希望的東西，」她寫道，「這就是我還活著的原因之一。」在綁架事件發生的前幾週，她與母親的一段對話證實是非常關鍵的。

伊麗莎白很不開心，因為她沒有被邀請參加某個派對。她的母親感同身受，並給了她一個完美的建議。「有兩種意見非常重要，」她告訴女兒，一種是上帝的，另一種是她自己的，「無論如何，我永遠都會愛妳。」意識到媽媽堅定不移的愛，無論如何都不能辜負——幫助伊麗莎白熬了過來。「事實上，」她後來回憶說，「這是我熬過這九個月磨難中最重要的時刻。」

我們永遠不會知道我們的孩子會面臨什麼樣的困難。**研究發現，百分之四十的兒童在成年之前至少會經歷一次可能造成創傷的事件。但科學也證實，讓我們的孩子知道我們無條件地愛他們，並接受他們的全部，可以幫助他們度過人生中最艱難的時期**。有時，如果我們不在他們身旁，陌生人的同理心也能創造奇蹟。

伊麗莎白於二〇〇三年三月十二日獲救，因為一位很懂得察覺情緒的路人注意到了這名少女和她的綁架者。他察覺到伊麗莎白的求救信號，看到了「不對勁」的地方，於是撥打了九一一。警察趕到並要求知道她的名字和她來自哪裡，但伊麗莎白不敢說話。一名警員「讀」到了她的恐懼：他看到一名害怕出聲的青少女，並感同身受。於是他走到她面前，輕輕地把手搭在她的肩膀上，看著她的眼睛，用柔和且肯定的聲音問道：「妳是伊麗莎白．史瑪特嗎？如果妳是，自從妳離開後，妳的家人就非常想念妳！他們愛妳。他們希望妳回家。」遭受囚禁九個月以來，這名年輕女孩第一次感到安全地說，「是的，我是伊麗莎白．史瑪特。」因為她知道媽媽對她的愛是無條件的，伊麗莎白終於可以回家了……這一切都是因為陌生人的同理心。

每個我訪談過的孩子都告訴我，他們迫切需要聽到更多來自父母無條件的愛的訊息。「哪一種？」我問。

提醒我們：「無論發生什麼，我都支持你。」

告訴我們：「我為你感到驕傲。」

說：「無論如何我都愛你。」

說到同理心，我們是孩子的第一個老師，也是最有影響力的老師。孩子們渴望我們的愛，需要我們的認可，並希望我們了解他們的壓力和空虛感。這樣做可以幫助他們培養出茁壯成長所需的強烈決心，並處理他們遇到的任何事情。

科學壓倒性地證實，能夠戰勝逆境的孩子，其共同點在於，他們的身旁總是有一個善解人意且穩定的成年人，幫助他們意識到：「**我在這裡支持你。你能克服這個難關的。**」這些訊息需要由我們來傳達。

適齡教導孩子「同理心」的做法

喬許．揚特在學校經歷了一段困難的時期：他被霸凌，加上父親去世，讓他整個人變得很沮喪。他的媽媽認為轉換環境可能對他會有幫助，於是母親帶著他搬了家，好讓喬許能在新學校重新開始。他很想融入學校生活，但仍覺得辛苦。他一個人在學校餐廳裡吃飯，抑鬱症揮之不去，而且他非常想念父親。

「我厭倦了做一名不起眼的人，我想做點什麼，」喬許說，「我想接觸人，並告訴他們我是誰。」他過去的經歷告訴他，有些孩子可以多卑劣。「他們在生活中幾乎沒有對人表現出任何善意。」他說。所以他決定，了解這些孩子最好的方法，是向他們展現善意的姿態……還有什麼時間比他們走進教室的那一刻更好呢？

第二天早上，喬許站在教室門口，為每個學生打開門，微笑著說「你好」。大多數的孩子不理會他，直接從他身邊走過；其他人認為他「古怪」，稱他為「門衛」。但喬許不理會他們的嘲諷，日復一日、週復一週地繼續為大家開門——這是他與他人聯繫的方式；這也讓同學們知道，他將不再是隱形的。孩子們沒辦法不注意到喬許，因為他一直都在。

慢慢地，同學們開始對喬許敞開心扉，甚至回敬他的問候。老師和學生都開始感受到，這不僅對喬許，也對整個學校的風氣起了積極的變化：孩子們彼此更友善、更友好，這一切都是因為他們新的「門衛」教會了他們同理心的力量。因此，當喬許畢業時，同學們選擇了一份完美的禮物：他們拆下一扇門，每個人都在上面簽名，然後送給他。

喬許證明了教導同理心最好的方法之一，就是示範。反覆練習微小卻能表達關愛的姿態，例如微笑、眼神接觸，甚至幫忙打開門，都可以打開人們的心扉，讓孩子們從「我」變成「我們」，幫助他們茁壯成長。喬許．揚特提醒了我們，這一切都始於一句「你好」的問候。

依年齡階段讓孩子建立同理心

以下英文字母表示每項活動適合的年齡：Y＝幼兒、學步兒童和學齡前兒童；S＝學齡兒童；T＝八至十歲的孩子及以上；A＝所有年齡。

閱讀文學小說 ⬇ A

「現在人與人之間存在分歧，」十一歲的賈登告訴我，「《小教父》（*The Outsiders*）這本書幫助我意識到，兩個不同的社會群體如何能夠拋開差異，並給了我希望。」研究支持他的觀點：正確的故事、書籍和電影可以提高孩子們理解他人想法和感受的能力。

* **年幼的孩子**：佩特莉霞・麥拉克倫（Patricia MacLachlan）的《透過爺爺的眼睛》（*Through Grandpa's Eyes*，暫譯）；德瑞克・莫森（Derek Munson）的《敵人派》（*Enemy Pie*）；裘蒂・路德維希（Trudy Ludwig）的《隱形男孩》（*The Invisible Boy*）；艾蓮諾・艾斯提斯（Eleanor Estes）的《一百件洋裝》（*The Hundred Dresses*）。
* **學齡期兒童**：蘇斯博士（Dr. Seuss）的《史尼奇及其他故事》（*The Sneetches and Other Stories*）；R・J・帕拉秋（R. J. Palacio）的《奇蹟男孩》（*Wonder*）；賴曇荷（Thanhha Lai）的《再見木瓜樹》（*Inside Out & Back Again*）；瑪麗安・塞拉諾（Marianne Celano）、瑪麗埃塔・柯林斯（Marietta Collins）和安・哈扎德（Ann

Hazzard）合著的《我們鎮上發生的事情》（*Something Happened in Our Town*，暫譯）。

＊**前青春期孩子**：莉亞・湯瑪斯（Leah Thomas）的《因為你永遠不會遇見我》（*Because You'll Never Meet Me*，暫譯）；蘇珊・艾洛絲・辛登（S. E. Hinton）的《小教父》；戈登・科曼（Gordon Korman）的《重啟》（*Restart*，暫譯）；艾倫・葛拉茲（Alan Gratz）的《逃難者》（*Refugee*）；莫里斯・葛萊茲曼（Morris Gleitzman）的《往事》（*Once*）。

＊**青少年**：索妮雅・納薩瑞歐（Sonia Nazario）的《被天堂遺忘的孩子》（*Enrique's Journey*）；艾麗西亞・D・威廉姆斯（Alicia D. Williams）的《重啟創世紀》（*Genesis Begins Again*，暫譯）；崔佛・諾亞（Trevor Noah）的《以母之名》（*Born a Crime*）；安琪・湯馬斯（Angie Thomas）的《致所有逝去的聲音》（*The Hate U Give*）；傑森・雷諾茲（Jason Reynolds）和伊布拉・肯迪（Ibram X. Kendi）合著的《標籤》（*Stamped*，暫譯）。

教導「連結四招」⬇ Y、S

我最小的兒子是我們家「連結四招」的冠軍。每當他對參加露營活動和怎麼交朋友感到擔心時，我就會開玩笑地說，「玩『連結四招』。」我解釋說（對著滿臉疑惑的他），他可以做四件事來交朋友：一、眼神接觸；二、微笑；三、打個招呼；四、問：「你叫什麼名字？」或「你住在哪裡？」如果他們報以微笑或回答，就問：「你想玩嗎？」我兒子回來說：「成功了！」這個策略成了我們家人交朋友的祕密心法。面對面的交流是產生同理心的關鍵途徑，請與你的孩子一起練習這套嶄新的「連結四招」。

培養關懷的心態 ⬇A

一項研究發現，相信同理心可以培養的人，比那些認為它是固定的且無法改善的人，會付出更多的努力來理解和體會他人的感受。告訴你的孩子：「同理心可以像肌肉一樣伸展。就像學習下棋或學習語言：你練習得越多，就越能理解他人的想法和感受。」然後，肯定孩子在關懷他人方面付出的努力和嘗試。「我注意到你很努力地想幫助別人。你有沒有看到你的好意讓你的朋友感到多麼開心？」一些父母讓孩子將他們的善行記錄在索引卡上，藉此「看到善意的增長」。幫助你的孩子了解，就像閱讀、數學和科學一樣，只要透過努力，就可以提高同理心。

想像他人的感受 ⬇S、T

華盛頓大學一項研究中的受試者，需要觀察一個人的手被燙到時的反應。（他們沒有意識到受傷的人只是在裝痛；「熱度」並不存在。）當這些受試者被告知去「想像受傷者的感受」時，他們明顯地表現出同理心。你可以透過提出與同理心相關的問題，鼓勵孩子想像他人的感受。

⬇ 你：「想像一下凱拉的感受。她為什麼要欺負所有人？」孩子：「她不喜歡自己嗎？」你：「你能做什麼？」

⬇你：「假裝你是史蒂文。他為什麼要跟著你？」青少年：「因為他想要一個朋友？」你：「你怎麼幫助他？」

⬇你：「站在爸爸的立場想一下。他為什麼顯得不耐煩？」孩子：「因為爺爺生病了，他壓力很大？」你：「你能做什麼？」

擴大關注範圍⬇A

我們更容易同情「像我們一樣」的人：我們的性別、種族、文化、教育、年齡和收入，這就是為什麼我們必須擴大孩子的社交圈。十六歲的艾瑪說：「在富裕的白人社區長大是有局限的。如果我上大學後沒有感到些許衝擊，我不會驚訝。」讓你的孩子從小接觸不同類型的人、音樂、食物、信仰、語言和新聞媒體。擴大你自己的關注圈和社交網絡，讓你的孩子意識到你以身作則。

找到共同點⬇A

幫助孩子將注意力從「是什麼讓我與眾不同」轉變為「我們的共同點」。當孩子說：「他的膚色不同。」回答：「是的，他的膚色比你淺，但你看，他和你一樣喜歡棒球。」孩子：「她的閱讀能力不如我。」回答：「但她和你一樣喜歡下棋。」孩子：「他說話很有趣。」回答：「他說的是另一種語言，但讓我們找到一個你們相同的東西。」目標是幫助你的孩子找到與個人或團體的共同點，並在他們擴大同理心差距之前，發現他們存有哪些刻板印象。

讚美團隊合作⬇A

不要屈服於「勝利就是一切」的哲學，這種哲學會讓孩子們相互對抗並減少同理心。相反地，應該讚美團隊的努力。「我喜歡你的團隊如何互相支持。」「當你幫助那個受傷的球員時，我感到自豪。」「你們能團結起來解決問題，真的很棒。」然後，期待你的孩子用擊掌鼓勵其他人，「幹得好！」和「太棒了！」還要尋找機會幫助孩子們合作，讓他們從「我」擴展到「我們」。並且，注意你自己的行為！至少有一百六十三個城市的青少年計畫，非常關注家長缺乏體育精神的問題，現在他們要求家長在參加孩子們的比賽時，簽署一份適當的承諾書！

來一次想像的氣球之旅⬇S、T

一本必讀書籍《中學問題》（*Middle School Matters*，暫譯）作者菲利斯．法格爾（Phyllis Fagell），建議使用視覺意象打開孩子的視角。如果你的孩子看不到朋友的另一面，請讓孩子想像坐在熱氣球中將她升上天空。「嘗試從一個新的角度看問題。你能更清楚地看到情況或想像其他結果嗎？」法格爾還說使用「也許」會有所幫助。你的孩子可能會猜測：「也許凱爾忘了把我放在她的邀請名單上。」「也許我的老師沒有意識到我在舉手。」「也許奶奶沒聽見。」如果你的孩子需要更遠的距離，問他：「在同樣的情況下，你會給朋友什麼建議？」

想想給予者或幫助者⬇A

心理科學的一項研究發現，寫一封感謝信可以增強感激之情——尤其是當孩子們細想收件人對他們的體貼會有的反應時。提醒孩子多多想到給予者。

「假裝喬阿姨正在打開她的電子信箱。她看到你給她寫的信會有什麼感覺？」「當你打開蘇茜阿姨的禮物，並讓她知道你感謝她的努力時，你能說什麼和做什麼？」練習感恩可以幫助我們的孩子脫離自我中心並體諒他人。

克服面對殘疾人士的不自在⬇S、T

幫助孩子在面對那些「不同」的人時感到自在，可以提升同理心。首先回答有關可能導致孩子不適或恐懼的殘疾或差異的問題。一位媽媽解釋了為什麼一個自閉症的同齡孩子會拍他的手：「這叫做刺激；他用這個方式讓自己平靜下來。」從那時起，只要他一拍手，同學們就會說：「你需要一個擁抱嗎，強尼？」他們產生了同理心，建立了關係。強調共同點——他們共有的興趣、關注點和價值觀——而不是差異，並找到親身聯繫的方法。「金是盲人，但她喜歡哈利波特，就像你一樣。」「他坐在輪椅上，但也是湖人隊的球迷。」「一開始你可能會感到不安。但你們相互了解後，你們就會感到自在，並度過一段美好的時光。」

嘗試感恩呼吸⬇S、T

一旦你的孩子學會了深呼吸（參閱第三章），你就可以教授各種呼吸的變化來增強他們的同理心和感激之情。例如：「深吸一口氣，呼氣時數『一』，並想一想你感激的事情，比如『我很感激我的老師。』再深吸一口氣，數『二』，當你呼氣時，專注於另一件你感激的事情：『我感謝我的父母。』繼續呼吸，數數，呼氣，告訴自己你感激的事情，直到你數到了『五』，然後再從『一』開始，你可以重複你的感謝清單或添加新的想法。」你的孩子也可以想到某個善良或樂於助人的人，並在緩慢呼吸的同時，在心裡感謝他們。

本章5大重點

1. 如果孩子們明白同理心為什麼很重要，他們可能會更有同理心。
2. 要教會孩子同理心，你必須讓孩子們有同理心。對你希望孩子仿效的內容進行示範。
3. 孩子必須能夠識別不同的情緒狀態，才能對他人的感受靈敏。經常問：「你感覺如何？」直到你可以問，「她／他／他們感覺如何？」
4. 接觸不同觀點的孩子，更有可能同情那些需求和觀點與他們不同的人。擴大孩子的關愛圈。
5. 如果你希望孩子對他人有感覺——期待並要求孩子對他人有感覺。

One Last Lesson
最後一課

當學生進入俄勒岡州波特蘭市高中的校園時，有個人在衣服口袋裡藏了一支霰彈槍。片刻後，校方接獲通報有一名打算採取行動的掃射者，全校開始瘋狂地進行疏散。

但隨後發生了一些奇特的事，這一切歸功於一位思維敏捷的帕克羅斯高中橄欖球教練：他從那個有自殺傾向的學生手中搶過槍——並擁抱了他至少二十秒。「他顯然崩潰了，我只是想讓他知道我在他身邊。」基農．洛說。一個潛在的悲劇，被一個人的冷靜和巨大的同理心所制止。

只要我們的同理心能在需要時被激發，最黑暗的時刻就可以喚醒我們本性中更好的天使。這種性格力量是可以教導的，它也是空虛和壓力的最佳解藥。同理心使孩子們以希望、善良和快樂來改善他們的生活；它可以讓我們孩子的世界更加人性化——讓他們茁壯成長！

Part 2

發展中的心智

競爭非常激烈，我們一直在努力跟上。
大人們不斷告訴我們，如果我們取得好成績，
我們就能過好的生活，但他們也告訴我們，
我們必須做這些——選擇合適的大學，
然後進入它。但是沒有人教我們如何應對。

——喬治亞州亞特蘭大，十六歲的凱拉

Chapter 3

自制力

幫助孩子發展自主性，學會掌控心智和生活

成功者可以清晰思考並抑制衝動。

父母希望他們的孩子出類拔萃並不是什麼新鮮事，但如今這一切都是為了撫養超級孩子（又名「天才兒童」）。我們盡一切努力給予，甚至當孩子年幼時，就透過單字索引卡、數字圖表、字母練習簿、昂貴的家教，以及嚴格且豪華的幼兒園，來幫助他們獲得「學業優勢」。但是，我們所有的愛心和努力真的幫助孩子在學校和生活中茁壯成長嗎？在參觀了紐約市為三到四歲兒童開設的豪華私校後，我確信我們把精力投注在錯誤的地方。

我在上午到達時發現，二十個四歲的孩子正在作業簿上練習數學。一位老師隨時準備糾正錯誤，在一旁的助教則會將獎勵貼紙發給「努力練習的人」。大多數的孩子都專注投入任務中，總是會有一個成年人隨時準備介入微管理。整個上午都集中在教授數字和字母上：沒有扮裝遊戲、手指畫、沙坑，或培養好奇心、自信、同理心或自制力的機會。（「沒有時間教『那些』，」校長告訴我，「我們必須讓孩子們為上幼兒園做好準備。」）在這裡的每一秒都由大人主導並為了追求學業表現。

我注意到一個滿臉雀斑的男孩瘋狂地拉著他的棕色頭髮，不斷用手指揉著額頭。我不怪他：班雅明已經工作了將近十五分鐘——對於大多數四歲的孩子來說，這是一個無法控制的時間長度——而他正在努力自我控制。老師注意到了，指了指「暫停角」，示意他前往；班雅明瞬間爆發了。他撕毀了他的作業簿，跑到角落裡，猛力地把自己摔在座位上，哭了起來。一名金髮小女孩難過地搖搖頭。「班雅明只是想玩。」我完全同意。

我開始尋找更有效的幼兒教育方法，並發現了一種名為「心智工具」（Tools of the Mind）的早教課程。儘管「心智工具」教學法很注重閱讀、寫作和數學的學習，但他們更關注幼童如何學習，而不是他們要學什麼。他們相信，**懂得自我調節是孩子在學業和生活上成功的祕訣**。在觀看了數小時的示範影片、採訪了幾位老師，並與創辦人之一黛博拉．梁（Deborah Leong）交談後，我確信「心智工具」或許正是能幫助幼童茁壯成長的教學法。

在採用「心智工具」教學法的教室裡可以感受到明顯的差異，其中最引人注意的是很少出現介入、哭泣和鬧脾氣。因此，懲罰不當行為的行為警告（「坐下，否則你就要罰站」）是不存在的，但也沒有出現對學齡前兒童行為典型的獎懲方式，例如為了增強正向行為而發給收集星星獎章的圖表（「約翰因為堅持完成任務而得到一枚星星獎章」）。那是因為，此一教學法並不是透過給孩子提供外在激勵來改變他們的行為，而是給孩子工具來幫助他們學習自我調適、計畫、參與、集中注意力和記憶。他們的動機來自內在；這種教學精神融入他們學習的每一個部分。我一直在想像班雅明這樣的孩子如何從中受益。

每天早上，每個孩子會先自己制定一個「**遊戲計畫**」，安排和監督他們自己的表現。阿代爾老師坐在一個名叫亞登的四歲孩子旁邊，他很活潑，有著一頭紅髮。老師問他：「你中午時間的遊戲計畫是什麼？」

「我想用積木疊出一座橋。」亞登說。

「讓我們把你的計畫寫下來吧！」阿代爾老師回答道，並用一大張紙列印出：「我將成為一名工程師，用積木建造一座橋梁」。然後，她透過在每個字母下緩慢移動手指來幫助亞登學習閱讀。「去玩吧，」她說，「記得隨身攜帶你的計畫喔！」這個四歲孩子迫不及待地開始用積木建造橋梁，並把他早晨擬定的計畫帶在身邊。

當亞登從他的建造者角色轉移到太空中心時，阿代爾老師問道：「你想繼續完成原來的計畫，還是想改變它？」亞登看了看自己的計畫，想起自己本來在蓋一座橋，於是又回到積木遊樂區，並在那裡待了一個多小時。這些**四歲的孩子正在發展計畫能力，並使用他們的書面計畫來提醒自己繼續完成任務並學習閱讀**。

接著是「**好友閱讀時間**」，孩子們兩人一組坐在一起聽有聲讀物，然後互相描述故事的開頭、中間和結尾。伊利亞（拿著一張畫著「嘴唇」的圖）和夏洛特（拿著「耳朵」插圖），兩人膝蓋靠著膝蓋坐在一起聽克卓伊說話。「嘴唇」圖幫助伊利亞知道什麼時候輪到他說話；夏洛特作為一名「傾聽者」一直保持沉默，直到他們彼此角色互換。

採用「工具」的老師透過簡單的「遊戲計畫」和「好友閱讀」中的圖畫，幫助孩子們記住自己要做什麼、保持專注和完成任務。而孩子們也變得更加好奇與投入，更有學習動力。

採用「工具」的學前班最顯著的不同之處在於，教師解決兒童問題行為的方式。以四歲的亨利為例，他很容易發脾氣，無法在領取小點心時耐心排隊等候。老師耐心地訓練亨利，小聲地跟他說話，藉此讓他學習控制脾氣。

「亨利，告訴自己：『我要排隊，數到十等著輪到我，然後坐下。在你完成每個動作時，舉起一根手指，這樣能夠幫助你記住這三件事。』接著，老師幫助他練習一遍安靜地對自己重複這三件事，一邊舉起一根手指（『我要排隊』）、兩根手指（『數到十』），然後是第三根手指（『坐下』）。經過一週的練習，亨利可以在沒有大人提示、獎勵或威脅的情況下，記住這三件事；亨利由此學會控制自己的行為——而且發脾氣的次數也減少了。

我對黛博拉．梁進行了長期的訪談，她是一位心理學名譽教授，「心智工具」計畫的共同創辦人。她和另一名共同創辦人艾琳娜．波德羅瓦（Elena Bodrova）於一九九三年開始合作，並根據以下這樣的理論開發「心智工具」課程——亦即**如果我們首先教孩子自我控制，學習就會隨之而來**。大量研究證明梁和波德羅瓦是正確的：他們的方法不僅可以提高孩子的閱讀、數學、語言和學習參與度，還可以提高自我調節的能力。

雖然大多數的父母並不認為自制力是一件重要的事情，但令他們感到驚訝的是，這的確是一種非常關鍵的能力，而它也是「心智工具」計畫的基礎。梁說，當你教孩子學會自制力時，奇妙的事情會伴隨而來。梁告訴我，她收到無數父母的來信，坦承他們花了一段時間才意識到自制力必須是教養的首要任務。在梁最喜歡的來信中，一位母親感謝她兒子的老師幫助她「看到曙光」。

「一年前，我們盡量避免外出，因為德里克跑來跑去讓我們感到尷尬，」這位母親寫道，「當妳說妳要幫助德里克培養自制力時，我和丈夫都認為這不可能。他就像一陣急驚風一樣，安靜不下來！但在『心智工具』課堂待了一段時間後，德里克的行為和看法開始發生變化。我們請他上床睡覺，他會馬上去，少了很多反抗。他甚至跟弟弟一起寫了一個『計畫』，如果他們開始吵架，該怎麼做——就像他在課堂上學到的那樣。」

幾年後，這位媽媽又寫信給老師，告訴她德里克在學業上名列前茅，當選了班長。她認為強調自制力和個人紀律的「心智工具」方法改變了她孩子的生活。

用「心智工具」訓練孩子，讓他們學會清晰思考和自我控制，這是我們如何幫助他們在不確定、充滿挑戰的世界中面對生活的方法。這是另一種培養「成功者」的方式。

什麼是自制力？

「基於很多原因，我們壓力龐大，精疲力盡。但我們真的是不同的一代，心理健康不佳，難以應對。」

——馬里蘭州安納波利斯，十四歲的伊利亞

你希望孩子心理健康、學習成績優異、人際關係健全、事業有成？那麼你就必須確保你的兒子或女兒學會自我控制。**控制注意力、情緒、思想、行動和欲望的能力，是與成功最相關的優勢之一，也是幫助孩子恢復活力和茁壯成長的一個令人驚訝的未開發的祕密**；它也是比智商或那些ＳＡＴ成績更好的學業成功預測指標。事實上，自我控制幾乎影響我們孩子生活的各個層面：這很關鍵。

如果你在過去十年間一直在閱讀有關教育或自我成長的書籍，那麼自我控制的重要性對你來說一定不陌生。我們大多數人現在都熟悉沃爾特・米歇爾（Walter Mischel）著名的棉花糖測試（他測試學齡前兒童在被告知不要吃棉花糖，然後在無人看管的情況下，可以等多長時間才吃棉花糖）。研究顯示，等待時間越長的孩子——他們更有自制力——整體來說，在他們接下來的生活中將表現得更成功。但令我印象深刻的是，過去幾年大量的後續研究和新的研究，針對這個現象又進行了完善且深入的調查。其中特別值得一提的是，這些研究人員已經證實，我們對自我控制作為「成功者」一個關鍵特質的重要性的初步評估，明顯低估了——它其實是非常重要的。

安琪拉・達克沃斯（Angela Duckworth）和馬汀・塞利格曼（Martin Seligman）的一項有趣研究，在學年一開始先測試了一組八年級學生的智力分數和自我控制力。孩子的自我控制力透過自述、父母和老師的觀察報告、在金錢上做的選擇和學習習慣問卷來進行衡量，這些問卷衡量他們延遲滿足的能力。然後，他們收集學生在年底的總成績、出勤率和各科測驗成績。

達克沃斯和塞利格曼發現，智商本身與更高的成績和學業優異無關；相反地，八年級學生的「祕方」是自制力——事實上，這第三種性格力量在預測學業成績方面比智力重要兩倍以上。即使他們的智商分數與其他缺少動力的同學的智商分數相同（或在某些情況下低於），但高度自我控制的八年級學生有著更高的平均績點，獲得更高的測驗成績，更有可能進入菁英高中，更少缺勤，並且花更多時間在家庭作業上。如果想讓孩子取得更好的成績，我們須停止過度強調提高他們的智商，而專注於增強他們的自制力。

自制力強的孩子，現在和以後都會更快樂、更健康。紐西蘭的研究人員追蹤了一千名同齡兒童，觀察他們從出生到三十二歲的成長歷程。他們發現，擁有自制力的學齡前兒童，不僅在日後的學業表現更好，而且他們的人際關係也更健康，經濟上更穩定，最終屈從於藥物濫用的可能性也小得多。

能夠控制自己的注意力、衝動和想法的孩子，幾乎從任何角度來看都會變得更好。而這就是我擔心的原因。

大約十年前，我開始注意到孩子們的自制力急遽下降；伴隨著壓力、焦慮和抑鬱的遽增（尤其是在富裕社區的菁英孩子中）。如果沒有強烈的自我控制感，孩子們會感到不知所措、無助、壓力和沮喪——這往往導致他們藥物濫用或自我傷害。

許多教育工作者告訴我，他們在每一個年齡階段的孩子身上都看到了這些令人不安的變化。幼兒時期：「孩子們變得更煩躁，也更容易發脾氣。」中學：「孩子們在應對和集中注意力方面出現更多困難。」高中：「青少年的壓力沉重，不知所措。」我們最負盛名的心理健康組織一致認為，美國孩子的心理健康和自制力從未如此低下。

美國兒童與青少年精神醫學會（American Academy of Child & Adolescent Psychiatry）提出警告，現在美國每四到五個青少年就有一個符合精神障礙的標準。

- 美國心理學會表示，與所有其他年齡組（包括成人）相比，青少年目前調查結果心理健康狀況更差，焦慮和抑鬱程度更高。
- 聖地牙哥州立大學的研究人員報告說，自二〇〇〇年中期以來，十二歲至十七歲的青少年出現重大心理問題、抑鬱和自殺的比例增加了百分之五十二。

除非缺乏自制力的普遍現象得到改善，否則我們孩子的健康、幸福和成功的機會將受到威脅。連學齡前兒童都能學會自制力，這是為什麼我們必須教導孩子這種力量，讓孩子成為真正的「成功者」——不僅是為了讓孩子取得好成績，也是為了幫助孩子做好準備，迎接校園外那等待著他們的未知世界。

為什麼自制力很難教？

當自制力下降時，壓力就會增加，很快地，孩子們集中注意力、做出正確決定、延遲誘惑和規範行為的能力就會下降。這將形成一個由錯誤決定組成的惡性循環；每一個錯誤決定都在助長下一個錯誤決定，直到孩子正常運作的功能停止，最終整個人當機。這種不知所措有一個名字：過勞！為什麼會有這麼多年輕人過勞，而且年紀越來越小？這在很大程度上與我們每個人今天生活的環境有關。

科技鼓勵我們不間斷地進行多工處理

孩子們也許會說，他們可以同時打電話、發簡訊和閱讀電子郵件，但科學卻駁斥了他們的說法。當我們的大腦在兩件事、三件事或四件事之間轉移注意力時，每當我們不得不停止一項任務，並開始做另一件事時，就會產生「轉換成本」；這些成本包括認知能力下降、注意力變差、聚焦能力減弱和表現下降。簡而言之，**多工處理會抑制他們（和我們！）的自我控制和表現**。

倫敦精神病學研究所的研究人員發現，持續受到數位產品干擾會使孩子的智商降低十分。史丹佛大學發現，經常在不同應用程式（APP）之間切換的多工處理者，專注力或記憶力的掌控都不如那些喜歡一次完成一項任務的人。問題在於：那些一心多用的人不禁會去想他們沒有做的任務。（這對許多急於同時處理多項事務的父母來說，可能聽起來很熟悉！）那些反覆在不同科技產品中切換的人，在記憶簡單事物的能力上差得多。

然而，有百分之五十的青少年承認他們對行動設備「上癮」。（他們說寧願失去一根手指，也不願失去手機！）即使他們盡最大的努力集中注意力並發揮最大的自制力，大多數孩子都無法專注在學校作業上超過兩分鐘而不使用社群媒體。

事實上，**自我控制需要專注的能力**。當孩子們同時多工處理時，他們的學習成績和自制力就會受損。《網路讓我們變笨？數位科技正在改變我們的大腦、思考與閱讀行為》（*The Shallows*）一書的作者尼可拉斯．卡爾（Nicholas Carr）指出，上網時間也「排擠掉」孩子原本可能花在持續集中注意力的時間，以及與我們、他們的家人和親人在一起的時間！研究還表明，隨著人們處理多項任務的能力提高，他們的思維創造力則會降低，而這是一個悲劇。

好奇心可以幫助孩子們在思想、心靈和意志上成長，找到自己的熱情，對周遭事物保持開放態度，擁抱變化：好奇心提供孩子在不確定的世界中茁壯成長所需的工具。這就是為什麼我們必須認識到數位產品對這些數位原住民的影響，尤其是在經歷了一場需要大量增加線上學習和相互聯繫時間的疫情之後。

我們把孩子逼得太緊、太快

當前增長速度最快的市場之一，是針對學齡前兒童和幼兒園兒童的課後閱讀和數學輔導，這些課程宣稱提早開始學習，將能幫助孩子獲得學業上的領先優勢。但幼兒園就開始補習真的有幫助嗎？如果你看看學得最好和最快樂的孩子在哪裡長大，答案恐怕就是否定的——丹麥和芬蘭在聯合國兒童基金會進行的這兩個類別的評比中都名列前茅。不可否認，這些正面成果的部分原因，是這兩個國家的教育方式增強了孩子的自制力。

丹麥刻意比美國晚一年上幼兒園，與世界其他地區相比，丹麥全國識字率達到百分之九十九點九。一份針對數千名丹麥兒童進行的分析，「發現將幼兒園推遲一年開始，可顯著減少七歲孩童注意力不集中和過動的情況，並且不會影響到學生的成績表現。」他們的整體表現也更好。

然而，美國的孩子並非如此：美國幼童很難集中注意力並保持自制力。史丹佛大學研究了大量兒童樣本，發現那些早早就上幼兒園（八月出生，九月一日入學申請截止）的孩子，接受過動症診斷和治療的可能性比年長的同學高了百分之三十四；但對於一個普通的十一歲兒童來說，延遲一年上學，則可顯著減少其注意力不集中和過動症狀約百分之七十三。

應芬蘭教育和文化部的邀請，我曾在芬蘭工作過三次，他們的教育體系讓我留下了深刻的印象；他們的學生也獲得了全球最高的閱讀分數。芬蘭學校有強制性的戶外自由活動時間，在全球六十四個國家中給學生最少的家庭作業，孩子們要到七歲才開始上學或正式接受閱讀指導。芬蘭的孩子也是世界上最快樂的孩子。他們取得的正面成果，應該讓我們重新思考如此快速地將課業學習強加在孩子身上的做法。**一種更加以孩子為中心、不那麼強迫性的教育方式，可能才是壓力大、孤獨、精疲力竭的孩子獲得自我控制和茁壯成長所需要的。**

孩子們睡眠不足

讓我們面對現實吧，睡眠不足的孩子通常容易脾氣暴躁和健忘，甚至，睡眠不足會造成更大的損失——孩子在注意力和記憶力方面會出現更大的問題，做出更多糟糕的決定，並表現出更多的衝動（所有低自制力的指標）。睡眠不足還會增加他們遭受壓力、焦慮和抑鬱的可能性——降低在校表現、得分和考試成績。

加州大學洛杉磯分校的一項調查發現，為了學習而犧牲睡眠的高中生，在隔天的考試、測驗或家庭作業中表現更差，而不是更好。特拉維夫大學發現，僅僅少睡一小時，就足以降低孩子隔日的認知能力將近兩歲。這意味著，一個六年級的學生在大考前一晚失去寶貴的睡眠，最終可能會表現出四年級的學習程度；一名大四的學生將會表現出大二的程度。

美國學生似乎是來自五十個國家的孩子中睡眠不足的情況最嚴重的。美國兒科學會（American Academy of Pediatrics）將青少年「睡眠不足」視為一種公共衛生流行病。美國疾病管制暨預防中心提出警告，將近百分之六十的中學生和百分之七十三的高中生正在經驗所謂的「睡眠剝奪」。這裡的教訓是：孩子們需要睡眠！

孩子們不再遊戲了

回想一下你的童年。你可能會想到踢球、捉迷藏、鬼抓人或從長滿草的山坡上滾下來。那是由孩子主導而非大人安排的有趣、無憂無慮的時光——我們現在很少見到這樣的景象。今日的孩子「被剝奪了玩耍的權利」，甚至連父母們也承認，我們可能正在摧毀他們的童年。

在十多年前，美國有八百三十位媽媽被要求比較孩子的遊戲與自己童年玩的遊戲。其中有百分之八十五的人認為，她們的孩子（三歲到十二歲）在戶外玩耍的次數比自己小時候少得多。百分之七十的媽媽表示，她們一次至少會在戶外玩三個小時或更長時間，但她們的孩子玩的時間遠不及這個時間的一半。

孩子遊戲時間急遽下降的一個原因是，我們在孩子年幼時強加在他身上的學習，如家教、補習課程和家庭作業，正在取代草地、沙坑和玩泥巴；電子類的娛樂產品、數位化設備、恐懼（對綁架、槍擊、跟蹤者）和父母的微管理則是其他原因。現代社會的童年生活發生如此巨大的變化，以至於美國猶他州通過了一項法律，規定如果父母讓孩子獨自外出或在沒有監督的情況下玩耍，當局並不會認定他們怠忽父母的職責。

但對於孩子們來說，遊戲是一件重要的事。那些由孩子主導的無憂無慮的時刻，能為他們培養重要的社交情感技能：創造力、解決問題、合作和語言能力；遊戲還幫助我們的孩子減壓，學會享受獨處的時光，了解他人和他們周遭的世界。這就是為什麼自由形式遊戲的減少，被認為是兒童焦慮和抑鬱症急遽增加的主要原因。

遊戲也是孩子們學習自我控制和技能的最佳方式之一，比如聽從指示、專注、協商規則、管理情緒、做決定、集中注意力和抑制衝動。它讓孩子們發現自己的優勢，學會主導自己的行動，享受生活，讓他們感覺不那麼空虛，並且更有自信。

這就是為什麼恢復自由遊戲，可能是減少孩子心理健康問題和培養快樂、獨立、自主的孩子的最佳方式之一。解決方案就是如此簡單：你只要打開門，告訴孩子：「去玩吧！」

如何教孩子自制力？

好的，也許你試過將孩子從電腦前推到後院，但你的努力並沒有那麼順利。接下來，我將提供更具體的想法和解決方案。

研究結果很明確：自制力是成功者的關鍵性格力量。但好消息是，自制力絕對是可以教導的——父母可以將這種特質灌輸給任何年齡的孩子。學習自制力的關鍵是灌輸孩子三種核心能力：

- **專注**：加強專注和等待的能力。
- **自我管理**：學習應對技巧，調節不良情緒。
- **健康的決策**：讓孩子們做出安全、健康的選擇。

加強孩子專注於重要事情的能力

注意力將我們與他人聯繫起來，定義了我們的體驗，加深了我們的好奇心，並決定了我們收聽和看到的內容。儘管這種能力在很大程度上被低估了，但它是自我控制的關鍵，對於幫助孩子在學校取得成功，以及在生活中茁壯成長至關重要。這種能力是完成任務、記憶、理解、批判性思維、情商、學習、心理健康、學業成功和同理心的關鍵。

《專注的力量》（*Focus*）一書的作者丹尼爾・高曼（Daniel Goleman）指出：「雖然注意力和卓越之間的聯繫，在大多時候都不容易察覺，但它幾乎影響了我們追求實現的一切。」「乘數效應」的影響是很深遠的。

減少注意力剝奪者

如果有任何適用於你的孩子的情況，請採取相應的建議措施來解決問題。

F——**食物**（Food）：盡量減少含咖啡因或能量飲料及含糖量高的食物。

O——**行程爆表**（Overscheduled）：你只須為孩子減少一項活動，就能騰出時間讓他們充電。

C——**電腦和螢幕**（Computers and Screens）：電腦螢幕和強光會延遲褪黑激素的釋放，使人更難以入睡。至少在睡前三十分鐘停止使用各種數位產品。

U——**不切實際的期望**（Unrealistic Expectations）：過高的期望會造成壓力並降低注

意力；期望太低則會讓孩子覺得「任何人都可以做得到」。將期望值設定在略高於孩子的表現水準，以加強其注意力並提高成功機率。

S——**睡眠不足**（Sleep Deprivation）：不規律的睡眠（包括週末時），以及噪音、熱、冷、光照條件和電子設備，都會影響睡眠。堅持讓孩子建立規律的睡眠習慣。

延長「等待時間」

評估一下孩子現在的等待能力，或是他可以在衝動行事之前暫停多長的時間。利用幾週的時間，一次教導孩子一種「等待」的策略，慢慢增加這段暫停時間，擴展其自我控制的能力，一直練習到孩子能自動等待為止。方法如下：

＊停止：「告訴自己：『停止。在你能重新控制之前，不要貿然行動。』」

＊轉移注意力：「等你讀完三頁，我們就會玩這個遊戲。」

＊使用短句：「說三遍『一個密西西比，兩個密西西比』，然後才咬一口。」

＊數數：「慢慢從一數到二十，然後就輪到你了。」

＊吟唱：「輕聲唱『兩隻老虎』兩遍，我就能完成手邊的事，來幫助你了。」

＊定時器：「將烤箱定時器設定為二十分鐘，然後一直工作到定時器響起。」

玩等待遊戲

「孩子們總是透過遊戲學會自我控制，無論是『老師說』還是『紅綠燈』，」《關於壞行為的好消息》（*The Good News About Bad Behavior*，暫譯）的作者凱薩琳・雷諾茲・路易斯（Katherine Reynolds Lewis）告訴我，「這就是他們發展控制衝動和調節行為那塊肌肉的方式。」所以，放下那些閃存卡、抗拒幫孩子再多報名參加一項活動的衝動。相反地，教他——和他的朋友——玩「紅綠燈」、「鬼抓人」、「老師說」或「媽媽，我可以嗎？」遊戲，他們還可以在玩遊戲時練習前述的等待技巧。

教導正念

科學證據顯示，練習正念（有意識地專注於當下而不做判斷）可以提高復原力、增強注意力、延長專注時間、改善記憶力、減輕壓力，並提高學習能力。你可以從這些方法開始：

- **關注你的想法**：在散步時或一整天之中的某個時刻暫停下來，溫柔地請孩子「關注自己的想法」，或是「你的身體有什麼感覺」、「你的耳朵聽到了什麼」或「現在正在發生什麼」。
- **注意聲音**：使用鈴鐺、鐘聲或鈴聲的應用程式。「我會發出聲音，你要仔細聽，直到你聽不見為止」（持續約三十秒到一分鐘）。
- **豆袋玩偶**：對於年幼的孩子，在他們的肚子上放一個小豆袋或絨毛玩偶，說：「我們會透過緩慢地吸氣和呼氣來讓這些動物坐車。當你吸氣和呼氣時，將注意力集中在這些小動物的上下移動上。」針對年齡較大的孩子，你可以使用鵝卵石、橡膠毛毛球或任何輕巧的小物件。

＊**使用應用程式**：嘗試像艾琳・史妮爾（Eline Snel）的《像青蛙坐定：給孩童的正念練習》（*Sitting Still Like a Frog: Mindfulness Exercises for Kids*）；艾米・薩爾茨曼（Amy Saltzman）的《仍然安靜的地方》（*A Still Quiet Place*，暫譯）；一行禪師（Thich Nhat Hanh）的《一行禪師與孩子一起做的正念練習》（*Planting Seeds: Practicing Mindfulness with Children*）。《設計你的小習慣》（*Tiny Habits*）一書的作者BJ・福格（BJ Fogg）指出，情緒對於養成習慣至關重要，並建議在孩子表現出期望的行為後立即慶祝。所以當你看到成果時，和孩子一起去吃個冰淇淋慶祝吧！

＊**轉移注意力**：誘惑會剝奪孩子的專注力並縮短注意力的時間。進行過著名的棉花糖實驗的沃爾特・米歇爾發現，當他教孩子們簡單控制自我心智的技巧時，他們的注意力和自制力都大大地提升。訣竅不是想著棉花糖有多好吃，而是學習如何分散注意力。比方說：辨別誘惑的來源，問你的孩子：「最困難的部分是什麼？」「最難控制的是什麼？」「什麼最能誘惑你？」誘惑可能是「只想玩《要塞英雄》（*Fortnite*）而不想做作業」、「只想吃蛋糕而不想吃晚餐」或「練習投籃而不是做家事」。（如果是這樣，那就把誘惑收起來吧！）

＊**轉換焦點**：米歇爾發現，孩子們對棉花糖的想法越抽象，他們可以延遲滿足的時間就越長。你可以教孩子以下一項技巧：「關注干擾項目中最不吸引人的部分。」「不要想著它的滋味，而是關注它的形狀或顏色。」「在你的腦海中，想像將這個干擾物裱框起來，好似一張很逼真的照片。」（使用這個技巧的孩子可以等上將近

十八分鐘才吃！）

＊制定「如果……就」的計畫，以免分心：如果你的孩子難以抗拒ＩＧ的推播訊息，就在他學習時將其關閉。如果你的兒子忍不住想發簡訊，就把他的手機放到他拿不到的地方，直到他做完家事為止。如果你的女兒很想先吃蛋糕，就在吃完主餐後才把它拿出來。試著確認你的「如果……就」。

教孩子管理情緒

我在北卡羅萊納州一所私立學校與青少年談論壓力。他們的說法與全美東岸到西岸的青少年相互呼應：

「壓力給我們的朋友帶來很大的打擊——我們真的很擔心他們之中的一些人。」十四歲的亞歷克斯說。

「我們大多數人都會擔心自己的成績不夠好，無法進入大學。」十五歲的吉姆說。

「我們都感受到很大的壓力，但我們卻不知道如何減輕壓力，而壓力只會越來越大。」十六歲的蘇珊娜說。

然後我問：「父母和老師可以做些什麼來幫助你們應對壓力？」

一位青少年總結了我們目前教導的自我控制訓練起不了作用的原因。「每個人都告訴我們不要有壓力，」他說，「但他們並沒有告訴我們該怎麼做。你無法從教科書或講座中學到這些東西。孩子們必須找到對他們有用的東西，然後練習直到它成為一種習慣，否則我們總是會感受到壓力。」

這是值得我們聽取的明智建議。今天的孩子承受著前所未有的壓力：在十三至十七歲的孩子中，有百分之三十六的女孩和百分之二十三的男孩說，他們每天或幾乎每天都感到壓力或緊張。

無法承受的壓力不但對健康有害，還會損害孩子的性格力量和表現，並造成無助感（「我對此感到無能為力，那我何必嘗試？」）和過勞。但是，我們可以透過教孩子調節不健康情緒的應對技巧，來避免許多孩子感到痛苦。

教孩子ＡＣＴ——「評估壓力」（Assess Stress）、「深呼吸冷靜」（Calm Down with Slow Breaths）和「進行積極的自我對話」（Talk Positively to Yourself），是我們最迫切的道德責任。

A——評估壓力

第一步是教孩子識別壓力訊號。你只要透過溫和的提醒，即使是年幼的孩子也可以學習聆聽他們「身體發出的警告」。我在賓夕法尼亞州的米爾頓・赫爾西學校（Milton Hershey）採訪了五名二年級的學生，這裡對孩子們來說是個令人驕傲又充滿希望的地方。這裡的學生來自低收入家庭，他們的學費來自巧克力大亨米爾頓・赫爾西留下的捐贈基金。我和五名很特別的二年級學生坐在地板上對話，我問：「你怎麼知道你有壓力？」孩子們立刻指出他們的「訊號」：「我的肚子會感覺怪怪的。」「我會頭疼。」

「我的心跳會開始加快。」「我會開始抖腳。」他們的老師花時間幫助這些孩子學習他們身體的「警告訊號」，讓他們更有可能在不健康的壓力出現之前就加以識別和控制。具體做法是這樣的：

＊**識別訊號：**「我感覺如何？」說明：「我們在失控之前都會有警告訊號出現。找出這些訊號將可幫助你減輕壓力、更有安全感，並做出更好的選擇。讓我們學習辨識告訴你『你需要冷靜下來』的訊號。」和孩子一起腦力激盪：大聲說話、雙頰通紅、握緊拳頭、呼吸加快。然後在看到孩子出現這些跡象的當下，安靜地（並且尊重地）向他們指出：「你正在握緊拳頭。你生氣了嗎？」「你在磨牙。你感到壓力大嗎？」「你的腳在動。你在生氣嗎？」

＊**辨識誘發因素：**「是什麼原因造成的？」接著，幫助你的孩子識別通常會導致他感到壓力或失去控制的事情。比如：結識新朋友、公開演講、被欺負、參加考試、參加某項活動、看醫生、去新的地方、換學校、朋友問題、可怕的消息、要做的事太多。根據孩子的年齡，你可以延伸這份清單，或在發生時幫助孩子辨識。一旦確定了壓力跡象和誘發因素，你的孩子就可以採取一些策略來保持冷靜和控制自我。

＊**給它評分：**「它有多糟糕？」接下來，孩子們需要學習如何評估壓力的強度並談論它。醫生和護士要求患者依零到五的等級對他們的疼痛進行評分。（零意味著「沒有疼痛」；五則表示「極度疼痛」。）和你的孩子一起制定類似的量表來描述他的壓力強度。然後當他注意到一種強烈的、不健康的感覺時，便可使用這種方法。

你：「說說你的感受。」

孩子：「我很擔心……害怕的……有壓力……傷心。」

你：「給它一個分數吧！告訴我你情緒的強度。」

孩子：「我很放鬆，我可以睡著了。零。」或者「我像一座火山快爆發了！五。」孩子也可以說出感受程度（「我是四」）或以手指頭來表示。

你：「讓我們找到一種策略來幫助你緩解壓力。」

艾琳．史妮爾在《像青蛙坐定》一書中鼓勵孩子「運用最能描述當下感受的天氣報告」（如晴天、下雨、暴風雨、平靜、有風、海嘯）來取代數字量表。

C——深呼吸冷靜

慢慢吸氣，然後慢慢吐氣，吐氣比吸氣的時間多兩倍——是最快放鬆的方式之一。長吐氣可以幫助大腦得到更多氧氣，幫助孩子（和我們）做出更好的決定並保持自我控制——這是孩子可以學習的有效技巧。

格雷的媽媽證明了我們甚至可以教年幼的孩子深呼吸的技巧。像大多數的三歲孩子一樣，格雷無法掌握自我控制的技巧，所以他的媽媽就是他的調節器。當她的兒子開始生氣時，克麗絲塔會說：「深呼吸，格雷。深吸一口氣。一切都會好起來的。」我看著他們，就像魔法一樣，格雷慢慢地冷靜下來。「看，呼吸有效，格雷。」

祕訣在於，他的媽媽知道兒子的壓力跡象，並在他崩潰之前教他呼吸技巧。他們也在他平靜的時候練習。克麗絲塔會把手放在格雷的肚子上，讓他學會深呼吸來放鬆。他三歲就開始學習自我控制的技巧了！

這些技巧可以幫助孩子成為自己的監督者。找到適合孩子的方法，然後一遍又一遍地練習，直到它成為一種習慣，然後慶祝！

＊羽毛呼吸法：孩子通常很難學會慢慢呼吸，所以你可以用一根羽毛來示範如何做。將羽毛放在桌子上並說明：「從腹部深處深吸一口氣，然後用嘴巴吐氣，讓羽毛在桌子上慢慢移動。」持續練習，直到孩子可以將羽毛均勻而緩慢地吹過桌面。你也可以用肥皂泡泡教年幼的孩子緩慢呼吸：「看看你能在不吹破泡泡的情況下吹得多慢，把你的煩惱吹得多遠。」

＊腹式呼吸法：讓孩子面朝上躺著，閉上眼睛，正常呼吸，同時注意自己的感受。然後請他將一隻手放在前胸，一隻手放在肚子上，慢慢地從鼻子吸氣到腹部。這時放在他肚子上的手應該會向上升起，而放在他胸前的手應該保持不動。對他說：「吸氣數到四，然後屏住呼吸數到四。」孩子透過將空氣從腹部推出來呼氣。（放在他肚子上的手應該會向下移動。）

＊1＋2＋3呼吸法：向孩子說明：「一旦你感覺到你的身體發出一個警告訊號，這就表示你正在失去控制，這時要告訴自己『放鬆』——這是第一步。然後從你的肚子吸氣，感覺呼吸慢慢地上升到你的鼻子；試著把注意力集中在你的呼吸上——這

是第二步。接著，讓你的呼吸從嘴巴回到你的肚子上，並慢慢數到三——這是第三步。」把這些步驟放在一起，就是1＋2＋3呼吸法。為了達到最大程度的放鬆：「向下」呼吸的時間應至少是「向上」呼吸時間的兩倍。

T——進行積極的自我對話

學習積極的自我對話，可以幫助孩子避免不知所措、減輕壓力並保持自我控制。我在擔任美國陸軍訓練心理健康顧問時，從海豹突擊隊隊員那裡學到了這個技巧。海豹突擊隊隊員告訴我，他們使用積極的自我對話來克服恐懼。神經科學家證明，鎮靜技巧改變了海豹突擊隊的大腦在壓力情境下的反應方式：積極的自我對話讓他們處於控制之中。

向年紀大的孩子解釋：「對自己說一句積極的話，可以幫助你在困難的情況下保持控制。**積極的話語可以覆蓋你大腦中的恐懼訊號，減輕你的壓力**。」你可以和孩子一起腦力激盪出一系列積極的評論。「我懂了！」「我能挺過去。」「呼吸！」「保持冷靜。繼續。」「我不喜歡，但我能應付。」

對於年幼的孩子，你可以提供他們這些自我對話的內容：「我想我可以，我想我可以」（來自《小火車做到了》（*The Little Engine That Could*））。你的孩子也可以選一個他喜歡的短句，然後把它變得好記。年幼的孩子可以把這個短句印出來貼在鏡子上；青少年可以將他們積極的自我對話設定為螢幕保護程式。鼓勵孩子練習，直到它習慣成自然。最簡單的方法是重複使用這個短句，直到你的外在聲音變成你孩子內在的聲音。

教孩子做出健康的決定

學年快結束時，我參訪了紐約市一所高檔的私立高中。這群青少年的興奮之情是可以理解的；他們都被大學錄取了，但我卻為他們感到緊張。

「離家生活有什麼會讓你擔心的？」我問。

孩子們嘰嘰喳喳說了一堆東西：「選擇室友。決定上什麼課。找家醫。平衡收支。布置宿舍。」他們不斷提出這類擔憂，直到一位十七歲的孩子開口。

「我的父母為我做了一切。我最大的擔憂是我的生活會失敗。」這是一個剛被耶魯大學錄取的高材生。其他人點點頭；他們都擔心失敗的生活，因為他們不知道如何在巢外生活。他們的擔憂是有道理的。

大學應該是孩子們張開翅膀自己飛翔的特殊時期。但每年大學畢業後搬回家的年輕人的比例都在增加：幾年前，大約百分之五十的應屆畢業生打算返家居住——這是在二〇二〇年新冠疫情爆發之前，已經有幾乎整整一個世代的大學生和年輕人選擇回家。雖然大學債務和沒有工作都是原因，但另一個原因是他們無法處理生活。由於父母的溺愛，太多人難以過渡到成年。我聽到的關於大學生家長的故事尤其令人擔憂。這些家長都不是在剪斷與孩子之間那條臍帶。

- 一位父親告訴我，他在芝加哥大學的家長迎新會上，看到一位媽媽在自助餐廳為她即將上大學的兒子切牛排。
- 美國空軍學院的學員問我，該如何「尊重地制止父母繼續當『直升機』父母，因為我們必須學會領導，甚至去戰鬥！」
- 宿舍管理人員表示，在他們的孩子進入哈佛攻讀企業管理碩士之前，一群父母要求拿到宿舍鑰匙，因為他們想進去幫孩子布置宿舍。

今天的大學生（與一九八〇年代和一九九〇年代的大學生相比）在「**成熟恐懼**」方面的得分明顯更高。今日的青少年更可能同意這樣的說法：「我希望我能回到童年的安全感裡」和「我生命中最快樂的時光是在我還是個孩子的時候。」他們擔心長大！

「成人學校」是一家成長中的企業，它為年輕人提供課程，教他們如何執行任務，比方：設定目標、理財、鋪床，甚至折衣服。夠了！讓我們立下約定停止微管理孩子，而是去培養從內到外都強大的孩子。**「成功者」的一個明顯共同點是，他們發展出了自主性，這樣他們就可以掌控自己的生活**。我們首先要**幫助我們的孩子學會控制並自己做出決定**——這要我們避免總是管理、指導和監督他們的生活。問孩子他們在離家獨立之前想學到什麼技能，然後致力於傳授這些技能。

我們的角色是幫助孩子學會在沒有我們的日子裡如何處理生活；我們必須放手讓他們學會如何做出選擇、做出正確的決定，並解決他們自己的問題。但這裡要提出一個警告：一旦你的孩子做出選擇，就順其自然吧。不要拯救！如果你一直為他做決定，你的孩子永遠不會獲得自我控制或決策的能力。（而且不要說「你早就應該」或「我不是告訴過你！」）孩子每次的經歷都會使他們自我控制的能力更加延伸，直到他們能夠完全靠自己做出決定為止。這就是我們培養孩子的方式——他們相信自己可以處理任何遇到的事情並茁壯成長。

辨認你的教養方式

每當你的孩子請你幫他做選擇時，你通常會怎麼做？

＊**縱容型**：「這是件大事，讓我來為你做選擇。」

＊**不耐型**：「我們快遲到了，我來決定吧。」

＊**溺愛型**：「我會告訴山姆你很抱歉。別擔心！」

＊**競爭型**：「瑞恩的報告會做得很好。讓我們多加幾張照片，這樣你的報告看起來會更好。」

＊**救援型**：「我會幫你重做你的科學作業。你的文字看起來不太對。」

如果你意識到你的教養方式可能會剝奪孩子的自制力，請在適齡適性的情況下，確認他能夠獨自做些什麼。然後，把這句話變成你新的教養心法：「**永遠不要為我的孩子做他們可以自己做的事情**。」下次當你有「修補」、「幫助」或「拯救」的衝動時，讓自己退後一步，並學著說不。當你的孩子其實自己有能力做某事卻尋求幫助時，請對他說：

「我相信你可以自己做這一切！」

允許選擇

如果你的孩子習慣讓你幫他做決定，想辦法增加讓他做選擇的機會。這裡的關鍵問題是：「你為孩子選擇了哪些他其實可以自己選擇的東西？」例如：衣服、活動、購買、行程安排、家務、食物、臥室布置、娛樂。有些事情是不容商量的，那麼，你願意讓孩子做哪些適齡的選擇，以使他獲得自制力？

提供「非此即彼」的選擇

首先讓孩子在兩個選項之間進行選擇：「你想玩滑梯還是糖果樂園？」「你想騎腳踏車還是散步？」接下來嘗試給孩子三個選項：「你想要蛋糕、冰淇淋還是布丁作為甜點？」你可以增加選項，並慢慢進行更複雜的提問：「你會選擇哪所大學？」繼續擴大選擇項目。

問孩子：「如果……會發生什麼……？」

決策中有一部分是去關心可能發生的結果。你可以透過詢問以下問題來幫助孩子思考決策的後果：「如果你嘗試這樣做之後，會發生什麼？」再來，你可以幫助他權衡每種可能性的利弊：「如果你選擇那個，可能會發生什麼好事和壞事？」你可以幫助年紀大一點的孩子列出所有的「如果」，然後計算每個決定有多少可能的正負面結果。

教導「停止、思考、正確行動」

孩子在誘惑出現時對自己說的話（「自我指導」），是他們能否自我控制和對衝動說不的關鍵因素。STAR：停止（Stop）、思考（Think）、正確行動（Act Right）能夠幫助孩子做出更好的決定。這需要耐心和練習，但隨著時間的推移，孩子們可以學會停止、思考、正確行動，這樣他們才能保持自我控制，並靠自己做出明智的決定。

自制力如何成為孩子的超能力

麥可．菲爾普斯（Michael Phelps）是當今獲獎最多的奧運選手，共獲得了二十八面獎牌。大多數人會認為菲爾普斯的成功是由於天賦、天生游泳健將的體格或遺傳基因，但他學會想像自己登上世界頂峰的心理工具，其實是他取得巨大成功的關鍵。對於跟孩子一起工作的成年人來說，菲爾普斯培養自我控制能力的故事有許多值得借鏡的經驗。

「在成長過程中，我一直是個精力過盛的人，」菲爾普斯解釋道。「我不只讓自己忙個不停；我簡直是坐不住。」他的媽媽不斷接到他小學老師打來的電話，說他在自制力上的各種問題：上課不專心、注意力不集中、無法靜下來、不做作業、總是很急躁。九歲時，麥可被診斷出患有「注意力不足過動症」，這是一種影響美國約四百萬名兒童和青少年的精神疾病。像數百萬名其他美國孩子一樣，麥可服用了「利他能」。儘管學校老師說，他在完成任務的能力上始終沒有改善；一些老師甚至告訴他，因為他無法集中注意力，他永遠不會成功。然而，麥可找到了一種獨特的方式來引導自己過多的能量：游泳池。

「事實證明，我可以在游泳池裡游得很快，部分原因是游泳幫助我放慢了思維，」菲爾普斯回憶道，「在水中，我第一次感覺到能自我控制。」

他的媽媽幫助麥可在游泳比賽中保持專注，提醒他考慮自己行為的後果（比如他在十歲時，有一次游泳得到第二名，他沮喪到把護目鏡扯爛，憤怒地將它扔到泳池邊的甲板上）。於是他們一起想出一個媽媽可以在看台上給他的信號。「我會用我的手比出一個C，它代表『控制你自己』，」黛比．菲爾普斯解釋道，「每次我看到他沮喪時，我都會給他這個信號。」

菲爾普斯還制定了放鬆策略來應對競技游泳不可避免的壓力。「媽媽和我曾經在家裡練習放鬆和自我調節技巧……我會將右手握緊、放鬆，接著左手也這麼做。」他解釋道。小韋恩（Lil Wayne）和傑伊．詹金斯（Young Jeezy）的歌曲能幫助他「保持穩定」，所以他會在比賽前聽他們的歌。他還學會控制不良情緒的方法。「我的憤怒會在內心積聚，」他回憶道，「我會把這股憤怒化為動力，尤其是在游泳池裡。回想起來，我堅信這些事教會我如何管理自己的情緒，以發揮自己的優勢。」他的教練讓他經歷所有可能發生的情況，以確保菲爾普斯能夠應付任何可能遇到的障礙。這裡沒有直升機父母：他的教練知道出類拔萃的人必須學會自我控制。

這需要多年的訓練、渴望、夢想和紀律；而這個曾被老師說「永遠不會成功」的男孩，證明老師是錯的。麥可．菲爾普斯是第一個願意承認這並不容易的人：「但只要努力投入，抱持信念，對自己和周圍的人有信心和信任，就沒有限制。」

每個孩子都會面臨障礙——有些挑戰性更甚於其他。但是，**培養自制力，以及父母持續的愛，可以幫助所有孩子克服生活中的障礙**。誰都無法預測孩子未來是否會贏得獎牌，但他們卻能因此不感到那麼空虛，更有可能茁壯成長，並培養出性格力量。

適齡教導孩子「自制力」的做法

「我們生活在被保護的泡泡裡，太依賴我們的父母，他們為我們做太多了。我們必須學會處理自己的生活。」

——鹽湖城，十四歲的艾登

一位納什維爾高中新生跟我分享了一個很有力的見解。「當我中學畢業時，我媽媽給了我蘇斯博士（Dr. Seuss）的書《你要前往的地方！》（*Oh, the Places You'll Go!*）。」史嘉麗告訴我。「我媽媽為我讀了這本書最後的幾句話：『你的頭裡有腦，你的鞋裡有腳，你的方向可以自己尋找』，並告訴我我在高中會做得很好。但我做得不好，因為我從來沒有學會為自己做任何事情。媽媽還在指導我。如果她想讓我成功，她必須停止為我做事，把方向盤交給我，這樣我才能弄清楚如何控制自己的生活。」

多麼真實的表白！如果我們真的希望我們的孩子能夠自我控制、成功和茁壯成長，我們必須慢慢地給他們方向盤，讓他們自己掌握方向。

依年齡階段讓孩子擁有自制力

以下英文字母表示每項活動適合的年齡：Y＝幼兒、學步兒童和學齡前兒童；S＝學齡兒童；T＝八至十歲的孩子及以上；A＝所有年齡。

示範自我控制➡A

在你嘗試培養孩子的自制力之前，請認真反思自己的行為。例如：當你缺乏自制力時，你會如何在孩子面前表現？你是否超速駕駛、在數位媒體之間進行多工處理，或在孩子面前衝動購物呢？你如何控制你的壓力？我們是孩子的生活教科書。示範你希望孩子學到的行為模式。

建立一個自我控制的座右銘➡A

愛荷華州有一位父親非常擔心兒子班上同學自制力過差的問題，於是他花了一整天的時間，和孩子們一起研究關於性格力量的格言。他們把最喜歡的座右銘寫在索引卡上，貼在屋內四周，然後每天重複一遍。「它最終潛移默化到我們家期望孩子擁有的自我控制中。」他告訴我。這裡是一些名言佳句：「思考，然後行動。」「沒什麼有價值的東西來自於薄弱的自制力。」「控制自己，否則別人會控制你。」「如果你失去自制力，一切都會倒下。」制定家庭座右銘，然後重複它，直到孩子熟記為止！

談論自我控制⬇A

孩子們需要持續地透過簡短的對話來了解自我控制的價值。你可以提出這些問題：「什麼是自我控制？」「它為什麼如此重要？」「為什麼有些人比其他人更有自制力？」「你見過有人失去自制力嗎？」「它看起來像什麼？」「是什麼讓人們失去它？」「人們能做些什麼來重新獲得控制權？」「是什麼讓你失去控制？」「什麼可以幫助你保持控制？」

看電影⬇A

看電影是談論自我控制的好方法，比如《星際大戰》中尤達和歐比王教盧克・天行者自我控制，讓他遠離黑暗面。

＊年幼的孩子：《冰雪奇緣》、《功夫熊貓》、《海底總動員》、《超級狐狸先生》。

＊學齡兒童：《巧克力冒險工廠》、《蜘蛛人》、《小子難纏》。

＊青少年：《哈利波特》、《鋼鐵英雄》、《奔騰年代》。

給信號⬇Y

有些孩子很難在活動之間轉換關注焦點，這就是為什麼老師會使用「注意信號」。例如鼓掌提示、按鈴或口頭提示：「放下鉛筆，抬起眼睛」。共同制定信號，一起練習，然後期待孩子注意。比方說：「我需要你在一分鐘內注意。」「請看著我。」「準備好聽我說話了嗎？」

強調「暫停」⬇ S、T

如果不抑制衝動，孩子們可能會做出危險的、不可逆的選擇。放慢速度讓孩子有時間思考。教孩子在現實或數位世界中使用「暫停提示」，以提醒自己「在選擇之前，停下來思考！」

「如果你生氣了，數到十再回答。」
「當有疑問時：停下來，思考，冷靜下來。」
「千萬不要在生氣時發送簡訊或電子郵件。」
「它是有益的還是有害的？如果是有害的，不要這樣做！」
「不要說任何你不想說的關於你的事。」

閱讀正念書籍⬇ A

＊年幼的孩子：凱拉．威利（Kira Willey）的《孩子失控怎麼辦》（*Breathe Like a Bear*）；勞里．格羅斯曼（Laurie Grossman）的《當自己的正念大師》（*Master of Mindfulness*，暫譯）；拉納．迪奧瑞歐（Rana DiOrio）的《天天為自己加油》（*What Does It Mean To Be Present ?*）；蘇珊．維爾德（Susan Verde）的《我可以很平靜：一起練習正念靜心》（*I Am Peace: A Book of Mindfulness*）。

＊年長一點的孩子：武順（Dzung Vo）的《正念青少年》（*The Mindful Teen*，暫譯）；克里斯汀・伯格斯特倫（Christian Bergstrom）的《終極正念活動手冊》（*Ultimate Mindfulness Activity Book*，暫譯）。

活在「當下」⬇ S、T

克拉拉是一個敏感、富有創造力的五年級學生，她經常對事情過度思考，這個特質放大了擔憂，也削弱她的自制力。她的父母透過暗示來幫助她減少過度思考：「活在當下，克拉拉。不要擔心會發生什麼。想想現在，妳會感覺好很多。」她媽媽告訴我，他們已經無數次提醒過她要「活在當下」，克拉拉現在已經能獨自運用了。如果你的孩子會誇大擔憂，請幫助他「活在當下」。

使用「應用程式」⬇ A

下載應用程式來幫助孩子練習自我控制。

＊年幼的孩子：「Breathe, Think, Do with Sesame」（呼吸、思考、與芝麻一起做）、丹尼爾・泰格（Daniel Tiger）的「Grr-ific Feelings」。

＊學齡兒童：「Super Stretch Yoga」（超級伸展瑜伽）、「Mindful Powers」（正念力量）。

＊青少年：「Stop, Breathe & Think」（停止、呼吸和思考）、「Take A Breath」（喘口氣）。你還可以在孩子的iPhone或iPad下載輕鬆的音樂讓他們收聽。

在衝突中騰出緩衝空間⬇S、T

在社交場合保持冷靜可能很困難。緩和社交衝突的一種方法是，教孩子們與衝突的人之間要留出空間。進一步解釋：「你可以說『讓我們稍後解決』，讓自己有時間停下來思考，冷靜下來。」一起腦力激盪出可以創造緩衝空間的短句，例如：「讓我們在休息後談談。」「我們不如冷靜一下？」「現在不是好時機。」你的孩子可以選擇一種說法（或自創另一種說法），並練習直到他可以熟練地使用為止。

開始一個瑜伽或正念小組⬇T

雷東多海灘的媽媽們說，她們每週舉辦一次母女瑜伽小組，以幫助減輕他們前青春期女兒的壓力。研究證實，瑜伽和正念可以提高自我控制力並改善心理健康。你可以查找適齡的瑜伽或正念DVD，或在你所居住的地區尋找課程，讓你和孩子可以學習這項技能。然後開始一個青年瑜伽或正念小組，或者和你的家人一起做。

考慮讓孩子進行「間隔年」⬇T

在高中和上大學之間休息一年，可以幫助孩子學會管理自己的生活，並讓他們有時間探索興趣、旅行、實習、找工作，或在上大學之前找到自己。研究顯示，與高中畢業就直接進入大學的同齡人相比，休學一年的「間隔學生」在學校的表現總是更好、GPA也更高。

目標是二十一天 ⬇ A

教一種控制衝動的新方法並不容易，特別是如果孩子練習的方式不恰當的話。選擇一個需要改進的自我控制領域，向你的孩子展示新策略，然後每天練習幾分鐘，至少持續三週——或者看他需要多長的時間。（現今科學研究證實，這可能需要十八到兩百五十四天！）因為孩子反覆練習，他採用該技能的可能性就會大得多：這是學習任何新行為最確切的方式。《增強你的意志力》（*Willpower*）一書的作者羅伊．鮑梅斯特（Roy F. Baumeister）指出：「重要的是練習超越習慣性的做事方式，並對自己的行為進行有意識的控制。隨著時間的推移，這種做法會提高自我控制能力。」這就是我們的孩子獲得性格力量所需要的。

本章5大重點

1 自我控制就像一塊肌肉，透過日常鍛鍊會變得更強壯。

2 緩慢、深呼吸，吐氣的時間是吸氣的兩倍，這有助於孩子自我控制。

3 如果孩子一遍又一遍地練習，他更有可能學會自我控制的技能。

4 孩子控制注意力、情緒、思想和行動的能力，是與其成功和富有韌性最相關的性格力量之一。

5 我們是孩子們生活中的榜樣。示範自我控制，讓你的孩子有機會仿效。

One Last Lesson 最後一課

「成年人需要為孩子提供一系列壓力管理工具，以便他們選擇適合自己的工具。我們需要練習如何做到壓力管理，這樣它才能成為一種習慣。」

——鳳凰城，十五歲的以利亞

塔里敦是一個風景如畫的村莊，位於距離曼哈頓約三十分鐘車程的哈德遜河谷。我正在和波坎蒂科山中央學校的學生談論性格。我教了他們幾種抑制衝動的方法，並解釋說：「自我控制就像一塊肌肉，透過日常鍛鍊會變得更強壯，但真正持久的變化總是由內而外的。」然後，每個學生都選擇了一種策略來發展他們的自我控制肌肉。

學校老師要求學生當晚回家練習他們選擇鍛鍊自制力肌肉的項目。有做到的人會在第二天把校服翻過來穿，讓每個人知道。

對孩子和父母來說，這是一個關於真正持久改變的強有力的終身課程。畢竟，孩子們必須從內到外學習自我控制，而我們必須釋放他們的能力，這樣他們才能做到。最棒的是，第二天、第三天、第四天……每個孩子來上學時都把校服翻過來穿。他們正在獲得性格力量。

Chapter 4

正直

建立持續一生的道德感，明辨是非，做正確的事

成功者擁有很強的道德標準，並能堅守下去。

來自堪薩斯州聯合鎮的高中教師諾姆・康納德認為，教孩子培養道德感最好的方法之一就是學習歷史。每年，他都會鼓勵社會研究班的學生參加一個名為「國家歷史日」的學術競賽。是的，他希望這個項目能夠幫助學生學習歷史和研究技能。但康納德最大的希望是，讓學生明白他們可以是創造改變的人，就如同他們正在學習的人物一樣。這就是為什麼他的班級座右銘是：**「改變一個人，就能改變全世界。」**

幾年前，他班上的兩名高一學生梅根・斯圖爾特和伊麗莎白・坎伯斯同意一起參加比賽。當她們針對要做什麼題目尋求康納德的意見時，他給了她們一個盒子，裡面裝滿了他多年來剪輯的鼓舞人心的文章，目的是便於提供學生們參考。其中一張剪報提到一位名叫伊雷娜・森德勒（Irena Sendler）的婦女，文章中說她從納粹大屠殺中拯救了兩千五百多名的猶太兒童。女孩們認為這個數字肯定是錯誤的——畢竟這是奧斯卡・辛德勒[1]所拯救的生命數的兩倍多，如果這個女人真的救了這麼多年輕人，她們以前怎麼都沒聽過這個故事？

「深入挖掘，」康納德先生敦促道，於是女孩們這麼做了。她們聯繫了大屠殺中心、圖書館和歷史學會。沒有人聽說過她。難道這一切都是一個錯誤，還是一個荒謬的傳說？這個疑問讓她們持續探索：一個人真能做出這麼大的改變嗎？

女孩們繼續在網路上進行搜索，並從「猶太正義基金會」（Jewish Foundation for the Righteous）找到了一條關於森德勒的線索。伊麗莎白打了電話給紐約市的組織，他們證實這個故事是真的，但並無法提供太多細節。現在她們很想知道更多。「繼續挖掘。」康納德先生說。

高三的薩布麗娜・庫恩斯加入了這個團隊，女孩們在堪薩斯城的中西部大屠殺教育中心度過了一天。在那裡，他們發現了一張五個月大的嬰兒照片，這個嬰兒被放在木匠的工具盒裡，逃過華沙貧民窟納粹衛兵的眼運送出來的：嬰兒的其他家人後來在特雷布林卡（Treblinka）全部遇害。女孩們屏住呼吸：上面說嬰兒的救星是伊雷娜・森德勒。歷史課開始變得生動起來，事實超出了她們的想像。

伊雷娜・森德勒是一名社會工作者，也是波蘭地下組織的領導人。當納粹開始圍捕猶太人時，伊雷娜對這種殘忍行為感到憤怒。她偽裝成感染科護士，進入貧民窟，說服猶太父母讓她拯救他們的孩子。一九四二年至一九四三年間，這位身高不到一百五十公分的女子利用工具箱、手提箱和舊下水道，逃過納粹衛兵的監視，將嬰兒、兒童和青少年偷運出來。然後，這名女子小心翼翼地在紙巾上記下所有孩子的名字，然後把它們放入玻璃罐，埋在一棵蘋果樹下。有一天，她希望孩子們能與他們的父母團聚。

森德勒最終被納粹逮捕、折磨和監禁，但她拒絕透露她幫助過的孩童姓名。後來她逃脫了，令人驚訝的是，她繼續與波蘭地下組織合作。到戰爭結束時，幾乎所有的父母都死在集中營裡，但森德勒救了兩千五百多名兒童。然後她隱入歷史的洪流，只是成為歷史的一個註腳。「這怎麼可能？」女孩們想知道。

---

1 奧斯卡・辛德勒（Oskar Schindler，1908～1974），德國資本家、納粹黨黨員，於第二次世界大戰期間開設琺瑯和彈藥工廠，並雇用許多猶太人作業，成功挽救一千一百名工人免遭德國納粹的屠殺。

因此，她們查閱了數十本書，查閱了檔案，並與大屠殺倖存者進行訪談。最後，伊麗莎白再次聯繫了「猶太正義基金會」，詢問森德勒的安葬地點，並得到了令人震驚的回覆：她還活著，現居於華沙；他們甚至提供了她的地址。女孩們立即寫了一封信給她。

「我們走到郵局寄信，但很懷疑，為什麼一個住在東歐的女人會關心堪薩斯州農村的孩子？」梅根．斯圖爾特告訴我，「但她回應了！我永遠不會忘記伊麗莎白跑到走廊上大喊『我們收到一封信！』的那一天，我們太興奮了！她的信第一行是這麼寫的，『致我親愛的女孩們』它至今仍讓我動容不已。」

女孩們完全為森德勒的正直深深著迷，她們急於分享她的故事。她們撰寫了一個十分鐘的劇本，講述了她非凡的經歷，並將之命題為「罐中生活」，並在社區中演出。有一位觀眾非常感動，於是籌集資金讓這些女孩、她們的父母和她們的老師康納德先生飛往波蘭與他們的英雄會面。這就是女孩們來到位於華沙的小公寓，並與她擁抱和哭泣的過程。她們終於提出了一直困擾她們的一個問題：是什麼讓她如此英勇？

「我所做的並不特別，」她告訴她們，「我只是試著做對的事。」這位女士甚至承認，她現在仍然會做噩夢，想知道自己還能再多做些什麼。

女孩們編的這齣戲劇仍在數百所學校和組織裡上演。康納德先生的座右銘：「改變一個人，就能改變全世界」現在不僅為女孩們所理解，也為數百名看過表演的兒童所理解。伊雷娜．森德勒於二〇〇七年獲得諾貝爾和平獎提名，並於二〇〇八年去世，享年九十八歲，她的正直精神永存人世。

伊雷娜．森德勒是如何發展出如此不可動搖的道德使命呢？森德勒本人給出了一個簡單的答案，她說：「我就是這樣長大的。」

伊雷娜在華沙郊外一個猶太小鎮長大，她的父母信仰天主教，她是獨生女。她的父母教她尊重所有人，不分宗教、社會地位或國籍。她的父親是一位以仁慈著稱的醫生，為包括猶太人在內的窮人免費治病，並總是告訴女兒：「如果妳看到有人溺水，不管妳會不會游泳，都必須跳下去救他們。」伊雷娜從小就經常在父親身邊觀看和聆聽他的榜樣。

年幼的孩子可以很早就學會正直，而伊雷娜學得很好。

我們希望孩子成為好人，做正確的事，但是哪些課程可以幫助他們培養強大的道德指南，讓他們知道自己的立場，忠於自己的信仰，並為正確的事情發聲？我們如何激勵孩子意識到他們可以改變世界？正如伊雷娜的故事所顯示的那樣，**通往誠信的道路始於家庭**——並可能對我們周圍的世界產生連鎖反應，影響往後世世代代的子孫。

什麼是正直？

正直不是由DNA（或平均分數「GPA」）組成，而是由習得的信念、能力、態度和技能所構成，這些**信念**、**能力**、**態度和技能創造了一個道德指南**，**孩子們可用它來幫助自己明辨是非**、**關心時事**，**並做對的事**。即使我們沒有在孩子身旁指引他們走上正軌，這種性格力量能為孩子設定界線，提供他們抵抗誘惑的力量，以及如何正確行事的指導。孩子有能力明辨是非，他們和我們才都能安心。

正直的孩子對自己誠實，也對他人誠實，而且堅持、負責、勇敢和有韌性——這正是我們在這個冷酷無情、以我為先的世界中需要的人。然而，全國性的調查顯示，這種性格力量正在急劇下降。

- 超過一半的青少年承認自己曾考試作弊；百分之五十七的人同意「成功的人為了贏得勝利可以不擇手段，即使這涉及作弊。」
- 一項針對四萬三千名青少年的全國調查發現，偷竊和撒謊的情況猖獗；百分之八十的孩子承認曾在重要的事情上向父母撒謊。
- 百分之八十二的成年人認為，今日的孩子比過去幾代人更加以自我為中心。
- 校園霸凌在三年內增加了百分之三十五；四分之一的青少年認為在生氣時威脅或打人是可以被接受的；百分之三十一的人認為肢體暴力是校園內的一個大問題。
- 百分之七十的青少年表示，他們注意到霸凌、仇恨和煽動種族衝突的訊息增加中。

儘管有這些令人不安的發現，還是有百分之九十二的孩子對自己的道德標準和行為感到「非常滿意」；百分之七十七的人甚至說：「在做正確的事方面，我比我認識的大多數人都好。」但關鍵是：孩子不是透過潛移默化而成為正直的人，我們必須有意識地教導誠信，而父母永遠是孩子第一位和最好的道德導師。

為什麼正直很難教？

「只要有一個人發布不好的東西，就會造成不可逆的傷害。我們要學會勇敢去做我們認為正確的事，並挺身對抗殘酷，但這只有在我們認為自己是好人的情況下才會去做。」

——南卡羅萊納州默特爾比奇，十三歲的史蒂芬妮

無論年齡或居住地區為何，不道德的新聞和公眾人物的可憎行徑正在影響孩子的道德發展。富豪、名人和權勢人物的醜聞成為每日頭條新聞。職業教練竊取對手的戰術，政治選舉更是醜態百出，社群媒體已然成為公眾嗆聲的平台——難怪我們的道德倫理課沒有及格。

一個小學生：「『正直』只是學校海報上的標語。沒有人告訴你如何做個正直的人。」

一個高中生：「我們學校有榮譽準則，但為什麼我應該是那個唯一遵守的人？」

一位家長：「孩子們的行程排得滿滿的，你期待我們找時間跟他談正直？」

一位老師：「我們想在家長會上談性格力量，但父母只想聽到我們如何幫助孩子提升表現和考試成績。」

一位校長：「我會讚美表現出良好品格的學生，但家長告訴我，這會占用上課時間，無助於他們的孩子進入常春藤盟校。」

在我們注重分數的文化中，「正直」課程在許多教養議程中都很罕見。以下是為什麼「道德入門課」必須成為教養核心的幾點原因。

成年人表現違反道德的行為

暫且不提孩子：四分之三的美國人認為，成年人的道德感不如從前——頭條新聞呼應此一結論。二〇一九年，聯邦檢察官指控三十三名家長涉嫌不道德行為，包括賄賂大學管理人員、偽造孩子的考試成績、偽造運動紀錄、捏造傳記、偽造殘疾，以及花錢請人參加孩子的ＳＡＴ考試。

在讓孩子被夢想中的大學錄取方面，似乎可以不擇手段，但為了父母炫耀孩子的權利而採取不道德的行為，是要付出昂貴代價的。那些拚命努力卻因為同學的父母不誠實而失去他們夢寐以求、得來不易的錄取名額的誠實孩子怎麼辦？孩子們正在觀察並從不道德的成人行為中學習——他們的辯解很有說服力。

一位曼哈頓的青少年告訴我：「如果你不作弊，而其他人都作弊，那麼你在學校的排名就不會高。因為我很誠實，我反倒成了失敗者。」

一位來自謝爾曼奧克斯的十七歲男孩說：「我自己撰寫我的大學推甄論文，其他父母則是雇人為他們的孩子寫論文——他們都被頂尖學校錄取了，我卻沒有。做正確的事有什麼意義呢？」

教導道德行為最好的方法之一是透過榜樣，但這卻讓許多孩子處於嚴重的劣勢——太多的父母、領袖、神職人員、教練、球探和名人都是恥辱殿堂的成員。

我們沒有談論正直的語言

研究人員追蹤了過去幾十年出版的超過五百二十萬本書籍中字詞的使用情況，發現我們現在幾乎沒有在談、寫或讀有關「品性」的內容。「良心」、「道德」、「品格」、「美德」、「誠實」、「仁慈」、「勇氣」和「榮譽」等詞語正在減少；與「關懷」和「關心他人」相關的詞語減少最多。

當我們真的坐下來和孩子談論品性時，我們不一定了解它的意義。《成為更好的你》（*The Road to Character*）一書的作者大衛．布魯克斯（David Brooks）指出，「品格」這個詞原本具有諸如「無私」、「慷慨」、「自我犧牲」和其他有時可能會降低個人世俗成就的特質；今日，這個詞則是用來描述可使個人更有可能達到世俗成就的特質。

我們以錯誤的方式管教孩子

今天，許多父母在兩種截然相反的養育方式之間搖擺不定：一個是非常嚴格的「專制」教養方式（「因為我這麼說」），另一個極端是非常寬鬆的「放任」教養方式（「隨便什麼都行」）。但科學研究顯示，專制或放任的教養方式都不可能幫助孩子培養正直的品格。

相反地，我們應該瞄準科學所謂「權威」的教養方式，其特點是溫暖、合理的要求和熱烈的回應：「你知道我們的規則——我知道你可以做得更好。」權威風格更有可能促進孩子的道德成長，因為它設定了一致的家庭規範和嚴格的限制，但它也鼓勵公開討論來解釋——有正當理由時，還可以修改——規則。這些準則幫助孩子發展強大的道德自我，並意識到他們是自己的道德代理人——這兩者都是韌性的關鍵特質。

但今天很多父母都犯了一個錯誤：權威的教養方式並不一定等同於我們許多人認為必須採取的那種高強度的教養方式。高強度的父母在任何時候都非常關心他們的孩子——無論是讓他們參加課外活動，還是在家裡進行自己的遊戲，或是向老師和專業人士強調孩子個人的需求。當然，這些都是好事，但要適度。

如果我們不退後一步，讓我們的孩子自由地做出自己的道德決定——是的，有時可能會失敗——他們的品格成長和道德成長永遠沒有機會自行發展。這就是為何我們會養育出缺乏道德指南並為了個人利益不擇手段的孩子。我們都聽說過「直升機父母」，但這些父母已經升級到「黑鷹模式」。

為了培養正直，孩子們必須在行動中看到它，認識到它的重要性，並有機會展示它。只有這樣，他們才會明白，**正直是成功的真正源泉，可以讓你登上頂峰並停留在那裡**。

如何教孩子正直？

儘管文化氛圍在改變，我們不要太快舉白旗投降：這種性格力量是可以教的。接下來的內容將提供如何灌輸孩子道德意識、道德認同和道德思維的教導方式。這些能力會幫助孩子培養正直的品格，賦予他們性格力量，讓他們以正直的態度思考、感受和行動，展現他們個人最好的一面，並持續地茁壯成長。

為孩子樹立道德意識的榜樣

我正在和佛羅里達州的幾位老師談論這個話題，他們都提到了最近從他們學校畢業的同一個學生：米婭。她「總是做正確的事。」她有「一個強大的道德指南。」「她為任何受到不公平對待的人挺身而出。」他們都想知道：米婭是如何養成這種正直的性格——他們該怎麼讓其他孩子仿效？

「妳應該採訪她。」他們說。於是我邀請這位年輕女子吃午餐，問她老師們都想問的問題：「妳是如何養成這樣的性格？」

她笑著說：「我就是這樣長大的。」在我的敦促下，米婭分享了她父母如何培養她性格的過程。這對我們所有人來說都值得學習。

「我的爸爸媽媽經常在談論品格，並期待我展現；我永遠不會忘記六歲時的一次家庭會議。當時廚房地板上鋪滿了圖表紙和麥克筆。爸爸告訴我和我的兄弟們，我們將決定我們家庭的主張。我們一起腦力激盪，媽媽負責把它們寫下來，例如善良、關懷、信任、慷慨、尊重。然後爸爸說，我們必須選擇一個最能描述我們希望被記住的特質。我們選擇了『誠實』；我們的姓是鄧恩，所以『誠實的鄧恩』成了我們的家庭座右銘。」

我問她是怎麼記住這句座右銘的，米婭笑了。「不可能不記住！我爸媽一天要說上五十次。當爸爸去上班時，他會說：『記住，做一個誠實的鄧恩！』當媽媽送我們去學校時，『記住，我們是誠實的鄧恩。』我們這些誠實的鄧恩在晚上會聚在一起。他們說了這麼多次的座右銘，因此我們就變成了這樣。」

「我最近結婚了，」她補充道，「就在結婚儀式開始前，媽媽召集我們一起參加最後一次『誠實的鄧恩』聚會。然後爸爸陪我走過紅毯，我忍住眼淚。我知道我們永遠不會再住在一起，但我永遠是一個誠實的鄧恩，並會將他們的價值觀永遠銘記在心裡。」

「我的父母說了這麼多次之後，我們就成為了它」是向我們的孩子灌輸道德意識的最佳方式。**正直不是從一次講座中體現出來的，而是從反覆的討論、強調、解釋、示範、期待和強化中體現出來的**。這裡有一些簡單的課程可以幫助孩子們理解什麼是正直，以及你為什麼重視它，這樣他們能「成為」正直的人。這個方法可以用英文TEACH（教）這五個英文字母來說明。

T——**校準你的試金石**（Target your touchstones）

反思你認為最重要的美德，以及你希望在孩子身上培養並創造的家庭道德指南。與你的另一半討論你的選擇。試著找出一些你們都同意的，然後在你的日常行事曆中寫上你的選擇作為提醒，讓你記得要重視它，就像安排孩子其他行程一樣。

E——示範品格（Exemplify character）

示範是提升孩子正直感最好的方法之一。首先評估一下你的「道德談話」：

- 我的孩子會向他人如何描述我的性格？
- 這是我想要被描述的方式嗎？
- 如果我的孩子今天只看我的行為，他會發現什麼？

接著，思考如何在你的行為中調整你選擇的道德試金石。孩子們都在看！

A——強調座右銘（Accentuate with a motto）

道德格言幫助孩子們定義他們作為人的身分，所以你們可以像鄧恩一家那樣創造一個家庭座右銘。召開家庭會議並問大家：「我們想成為什麼樣的家庭？」「你希望別人如何描述我們？」「我們希望如何被記住？」一起腦力激盪對你們全家來說最重要的美德，然後選擇一兩個你們都同意的美德，把它變成一個簡短、朗朗上口的短句。反覆說這句座右銘，直到你的孩子「成為它」。

C——指出美德的表現（Catch it）

透過「指出」他們遵守美德的表現，來幫助你的孩子理解品格——然後為此表揚他們。你可以使用兩個步驟：

- 辨認美德行為。
- 描述孩子做了什麼值得表揚的事。

「說實話，告訴爸爸你弄丟了他的筆，這需要勇氣。」「我喜歡你等待奶奶說完話所表現的那份恭敬。」「你做完家事才出門，充分表現出責任感。」

H——加以強調（Highlight it）

每天找一些時間來加強箴言，直到孩子能將它內化成自己的。

- 發生衝突時：（「我們正在努力學習自我控制，所以在和你哥哥說話之前，先深呼吸。」）
- 開車時：（「那個司機停車讓我上去的舉動，不是很體貼嗎？」）

幫助孩子發展自己的道德認同

向孩子表達我們的期望，是培養正直感的重要關鍵。但同樣重要的是，給他們空間來發展他們自己的道德認同，與我們的相互呼應並各自獨立——即使我們不在身邊，他們也能繼續保有和維持的道德認同。

我永遠不會忘記我兒子的五歲生日。他的一個朋友拉開嗓門大喊：「你媽媽在哪裡？我要找你媽媽！」我以為發生什麼大事，趕緊告訴這位名叫內特的朋友我就是媽媽，並問他需要什麼。

「我想知道你們的家規，」內特說，「我媽說你們家的可能和我們家的不一樣；我不想惹麻煩。那麼，你們的規矩是什麼呢？」

我一時被問得措手不及，於是我請他說一下他家的規矩。

「我媽媽說『對人好』是我們家最重要的規矩，」他說，「我進門時已經對凱文說了一句好話。即使你們家的規矩不同，我媽媽提醒我不管如何一定要使用『黃金法則』。我要用我希望別人對待我的方式去對待別人——真的要很好。」

我向內特保證，他在聚會上會表現得很好，因為我們的家規幾乎是一樣的。他如釋重負地笑了笑，跑去玩了。我在心裡對自己說一定要找他的媽媽一起吃個午餐，屆時一定會告訴她，她在幫助她的孩子了解，儘管有些人有不同的規則，但「黃金法則」始終適用且做得多麼成功。內特在五歲時便學習了道德認同——亦即孩子對自己作為一個好人的形象認知。

史丹佛大學青少年發展研究教授威廉．戴蒙說，第二種正直力是以數百種微小的方式在緩慢發展的，例如當我們的孩子在觀察他人、反思經歷、聽取他人的回饋，以及來自家庭、同儕、學校、宗教機構和大眾媒體的回饋時。當孩子們開始分析自己和他人，並開始定義「他們是誰」時，其道德自我形象便開始形成。

幼童的自我識別通常是與動作相關的技能，同時涉及他們的興趣：「我喜歡足球。」「我打籃球。」「我是一個很愛讀書的人。」但隨著年齡的增長，孩子們開始運用道德性的自我描述：「我很善良。」「我有耐心。」「我是一個誠實的人。」內在定義很重要，因為道德認同牽動著行為和態度，而它的建立總是由內而外。簡而言之，孩子們會依他們自己認為的樣子行事。以下是塑造孩子道德自我的課程。

孩子不是生來就明白是非，這就是為什麼我們必須不斷地闡釋美德，直到它們內化為我們的訊息。一種方法是使用日常紀律來「糾正錯誤」，並讓孩子切記道德教訓。

讓我們假設一個場景：你的孩子生氣地從他朋友手中奪走遙控器，而他的朋友正哭得稀里嘩啦。以下是如何使用道德紀律四個R的方式。

R1——冷靜回應（Respond Calmly）

幫助你的孩子思考他的行為。「你為什麼要這樣從山姆手中奪走他的遙控器？現在該輪到他了。」

R2——回顧行為錯誤的原因（Review）

對孩子說：「不分享是一種不友善的行為。」「為什麼我們的座右銘是『樂於助人，而不是傷人呢？』」或「你做錯了什麼？」關鍵是：不要只是告訴孩子他的行為是錯誤的；幫助他理解為什麼。

R3——反思行為的影響（Reflect）

問孩子：「當你搶走遙控器時，你看到山姆有多難過嗎？如果他從你手裡把遙控器搶過來，你會有什麼感覺？我對你的行為感到失望，因為我知道你是一個善良的人。」當你的孩子對自己做錯事無法釋懷時，就表示他正在發展道德認同。

R4——糾正錯誤（Right the Wrong）

最後，幫助你的孩子弄清楚如何改進，這樣他就不會重複同樣的行為。「你如何幫助山姆感覺好一點？」「下次你會怎麼做？」或「讓我知道你的計畫，因為我希望你善良，但那不像你。」這最後的彌補步驟向孩子傳達了你知道他有能力糾正錯誤，而且必須糾正，因為這樣的行為不符合他的道德認同和你們家庭的道德信仰。

教導孩子如何表達意見

孩子們必須學會思考、提問和回答問題，藉此激發他們的道德觀。但美國印第安納州聖母大學的社會學家克里斯汀．史密斯（Christian Smith）一項為期十年的研究發現，大多數的高中畢業生都缺乏足夠的道德推理能力，甚至無法細想日常生活中的道德問題。講座、考試和背誦並不能幫助孩子成為深刻的道德思想家，但希臘哲學家蘇格拉底的古老教義提供充滿希望的答案，這就是許多教育工作者接受希臘哲學課程的原因。

我在加州河濱市看到一位中學英文老師使用蘇格拉底的課程模式進行教學。她的規則很明確：「尊重他人，說話清晰，至少參與五次，並準備好進行學術對話。」七年級的學生坐在兩個同心圓上，以便於討論。過去討論的主題都與道德議題相關。（「什麼是正常運作的社會？」「個人在社會中的責任是什麼？」「決策如何影響未來？」）這些問題來自《小教父》一書。「偏見是學來的嗎？」「人為什麼會排斥別人？」「人要如何才能更具包容性？」在整個上課的過程中，我看到十二歲的孩子們反思、討論和捍衛有關種族主義和包容性的道德問題。

蘇格拉底式的哲學課程需要成年人後退一步，騰出空間讓孩子自己學會思考，並提出正確的問題來發展道德推理，這就是這些孩子正在做的事情。事實上，他們的老師讓學生自己進行對話，而他們很珍惜這樣的機會。「大多數成年人不讓孩子分享他們的觀點，但如果我們不練習，我們將如何學會表達？」一位女孩告訴我。「這有助於孩子成為更好的人。」這個過程具有賦能的效果，因為孩子們意識到他們的觀點很重要，會得到傾聽，並且有機會表達出來。

使用下列三個A來幫助你的孩子理解正直，並培養道德推理能力。這個練習的目標是幫助你的孩子找到自己的聲音並發展意見，這樣他也可以成為一名道德哲學家，並自信地表達自己的觀點。

A1——允許意見分歧（Allow disagreement）

孩子們學習暢所欲言和辯論道德原則的最佳場所就是在家裡，那麼，為何不從家裡開始練習接受他人不同的意見呢？制定明確的規則：每個人都有機會並擁有一樣多的說話時間、傾聽每個人的完整想法、不允許貶低他人。辯論的主題範疇可以從家庭問題（零用錢、宵禁和家務）到世界問題（貧窮、欺凌和移民）。一些家庭會準備一個盒子來收集辯論的主題。如果你的孩子有不同的意見或很急迫的問題，請讓他以尊重的態度分享他的觀點。關鍵在於：你不必同意，但你必須試著去理解對方的觀點。如果你不同意，請以尊重的態度陳述你的意見，並提供強有力的「為什麼」來支持你的意見。

A2——提問（Ask questions）

羅格斯大學社會情感和性格發展實驗室主任莫里斯．埃利亞斯（Maurice Elias）建議，可善用提示來幫助孩子思考道德問題，並捍衛他們的觀點。以下是一些提示的例子：

- 你崇拜誰？列出這個人三項令人欽佩的特質。
- 描述一件事或某個情境，以及你從中吸取的教訓。
- 你重視朋友／老師／父母的哪三種特質？
- 在幫助你建立價值觀方面，誰是你生命中最重要的人？
- 等到你自己有孩子了，你會希望他們擁有哪三種重要的價值觀？
- 你認為自己生活中必須遵守的最重要的規則是什麼？
- 如果我們生活在一個完美的世界裡，人們的行為會與現在有何不同？
- 對年幼的孩子可以使用書籍和現實生活中的例子：「（角色的名字）真的是罪魁禍首嗎？」「你喜歡他什麼？」「你在自己身上看到任何他擁有的優點嗎？」

A3——堅持你的信念（Assert your beliefs）

孩子們也需要得到我們的許可再表達意見，並了解到我們希望他們做出正確的事情。

我們必須讓孩子知道，做個正直的人並不容易，堅持道德信念很難，有時同儕壓力會很大。你們可以一起練習，直到你覺得孩子可以在沒有指導的情況下堅持信念。

正直如何成為孩子的超能力

「他們無法射殺我的夢想，無法扼殺我的信仰，也無法阻止我希望看到每個女孩和每個男孩都有機會接受教育的社會運動。」

——馬拉拉・優薩福扎伊（Malala Yousafzai）

馬拉拉形容自己是「一個跟一般人一樣的女孩」。她喜歡杯子蛋糕和披薩，喜歡拗手指，喜歡粉紅色，喜歡和最要好的朋友分享祕密，喜歡閱讀《飢餓遊戲》和珍・奧斯丁的小說，但她的童年卻是獨一無二的。

馬拉拉在巴基斯坦的斯瓦特河谷長大，那裡是世界上最危險的地方之一，對女孩來說尤其如此。當塔利班控制當地並宣布禁止女孩接受教育時，馬拉拉拒絕保持沉默，因為她認為教育是一項人權。十五歲時，她在校車上被恐怖組織開槍擊中頭部。她奇蹟似地康復，繼續為女童教育奮鬥，並成為最年輕的諾貝爾和平獎得主。但這位年輕女子是如何擁有如此強大的道德使命感和韌性呢？她說這是她兒時從父母那裡學到的道德課。

薩繆爾・P・奧利納（Samuel P. Oliner）和珀爾・M・奧利納（Pearl M. Oliner）針對大屠殺期間對猶太人進行營救的人做了最完整的研究，他們發現「利他主義者」的培養方式有著驚人的相似之處。這些人的父母多能與孩子建立親密、溫暖和支持的關係，十分強調善良的德性，示範關懷他人的行為，期望孩子能將此種價值觀應用在所有人身上，並使用道德推理來進行教養。這與馬拉拉在成長過程中被教導的方式非常相似。

鄰居們形容馬拉拉的家庭是「甜蜜、快樂和歡笑」，她的父母示範並期待孩子對人善良。「我們絕不能忘記分享我們所擁有的。」她的母親會提醒女兒。她在一個十分注重道德價值觀的氛圍中長大，「信譽」是最重要的。她撒過幾次謊，而每一次父母都要求她對此負責並進行彌補。她再也沒有撒過謊。

馬拉拉的父親向她講述了聖雄甘地和亞伯拉罕．林肯等偉大人物的故事。他在當地開辦了一所專門給年輕女孩就讀的學校，並且是女孩受教權的社會運動者。他還鼓勵女兒坐下來聽他和朋友之間針對政治問題的討論，這對於加深和鞏固她的價值觀影響深遠。父親成了馬拉拉的榜樣。「他啟發了我。」她說。

馬拉拉的父母也尊重她的思想自由，這給了她自信。「人們問我，是什麼讓馬拉拉如此大膽、勇敢、直言不諱、沉著冷靜，」她的父親曾經說過，「我告訴他們，『不要問我做了什麼，而是問我沒做什麼。我沒有剪掉她的翅膀，僅此而已。』」

人們常常驚訝於馬拉拉強大的道德信念，但沒有意識到，她從小就在培養和實踐正直。在馬拉拉十六歲於聯合國發表演說時，她早已經在實踐自己的道德信仰，沒有人——包括塔利班——可以阻止她。父母正確的教養觀點和身體力行的經驗，能為孩子培養出強大的正直感：馬拉拉同時擁有兩者。

適齡教導孩子「正直」的做法

「我們永遠不會因為只是當個好人而受到稱讚。所有一切都與考試和成績有關。我想，關於我們的人性並不重要。」

——聖地牙哥，十一歲的奧利維亞

聖安東尼奧的劍橋小學有一座位於大橡樹下的美麗岩石花園。生活輔導員戴安娜・卡西恩告訴我，學校的目標是幫助每個學生「在學業上表現出色，並成為一個自信、富有同情心、性格無可挑剔的公民」。但老師們擔心，父母親像現在大多數人一樣，只關注孩子的學業成績，不怎麼看重品格的培養。所以他們給父母功課做：「請和你的孩子談談他們關鍵的性格力量，以及你為何崇尚這種性格力量，並在這張表格上寫下你的答案。」

第二天，學生們興高采烈地把作業交回來：「我媽媽喜歡我有顆善良的心！」「我的父母告訴我，他們很高興我有責任感。」「我爸爸很欣賞我的誠實！」然後每個孩子把自己的性格力量寫在一塊石頭上，並把它放在花園裡。那一天，無數孩子自豪地指著他們的石頭：「我的石頭寫著『善解人意』！」一個男孩說，「這是我爸爸告訴我的！」

我很懷疑，如果沒有這個指定的功課，父母會不會讓孩子認識到他們的性格力量。我們的孩子需要能夠發展他們「人性方面」的課程。

依年齡階段讓孩子學會正直

以下英文字母表示每項活動適合的年齡：Y＝幼兒、學步孩童和學齡前兒童；S＝學齡兒童；T＝八至十歲的孩子及以上；A＝所有年齡。

認同正直的重要性⬇S、T

當你的孩子表現出道德行為時，請加以表揚，讓他明白你對它的重視。指出正直的行為，然後描述該行為，好讓你的孩子知道他做了什麼值得認可的事情，這樣他就更有可能重複這項行為。使用「因為」的句型，讓你的表揚更加具體。「因為你拒絕亂傳那些八卦，這表現出你正直的一面。」「你表現出正直，因為你遵守諾言，儘管你必須放棄參加睡衣派對的機會，也要陪朋友一起去。」「因為你在每個人都作弊的情況下，秉持誠實的態度，這就是正直。**正直是做正確的事，即使它不受歡迎。**」

遵守「兩項黃金法則」⬇Y、S

這裡有個關鍵的訊息是，幫助孩子認識到，正直的人會公平，並以自己希望被對待的方式來對待每個人。住在棕櫚泉市的一位媽媽告訴我，她希望她的女兒們學習「黃金法則」，所以她鼓勵孩子們每天實踐所謂的「兩項黃金法則」（「每天為別人做兩件你希望別人也能對你做的事情」）。他們腦力激盪出一些簡單的「黃金點子」（比如開門、微笑、邀請某人一起玩）。然後，他們每天晚上分享他們所做的事情。媽媽告訴我，

「他們練習得越多，就越覺得自己是有品格的人。接著，我們透過腦力激盪來提高事情的難度——一些需要勇氣，但並不總是受歡迎的『黃金法則』：比如為受到不公平對待的人發聲、請被人排擠的同學一起吃午飯，或者安慰被欺負的同伴。看著孩子們『正直感』的成長，令我感到很高興。」與你的孩子一起試試這個做法。

和孩子進行「如果是這樣的話」的對話 ⬇ S、T

以「如果是這樣的話」，針對他們任何違反道德行為的事情進行討論，藉此糾正錯誤。如果你的孩子沒有詢問過，就從朋友那裡「借」了東西，問他們：「如果這發生在你身上，你會怎麼樣？如果有人在你不知情的情況下，從你的背包裡拿了東西，你會有什麼感覺？」「如果每個人都作弊（撒謊、網路霸凌或剽竊）怎麼辦？你能做些什麼來加強你的正直感？」繼續提出「假設」問題，直到孩子明白誠信並不是那麼容易，但卻是讓別人信任你的必要條件。這樣他們將更有可能做正確的事，並對自己的行為負責——即使沒有人在看。

製作一個「英雄盒」⬇ S、T

諾姆・康納德在一個盒子裡裝滿許多鼓舞人心的人物故事，並因此改變了學生的生活。製作一個「家庭英雄盒」並討論故事中的主角性格，藉此幫助孩子理解何謂「正直」。「誰帶給你啟發？」「你最欣賞哪一種美德？」「它對別人有什麼幫助？」你可以上網查看「長頸鹿英雄計畫」（giraffe.org），閱讀丹尼斯・德納伯格（Dennis

Denenberg）的《每個孩子都應該遇見的五十位美國英雄》（*50 American Heroes Every Kid Should Meet*，暫譯）或勞倫斯．里德（Lawrence Reed）的《真正的英雄》（*Real Heroes*，暫譯）。你也可以為孩子介紹本章提及的伊雷娜．森德勒、休．湯普森（Hugh Thompson，參閱第一九八頁）和馬拉拉．優薩福扎伊的故事，以及《我是馬拉拉：一位因爭取教育而被槍殺的女孩》一書。

讓人物楷模進入孩子的生活中 ➡ Y、S

四分之一的青少年承認，名人對他們的影響比他們真正認識的人還多，「蓋洛普青年調查」（Gallup Youth Survey）發現，大多數美國青少年表示，他們沒有英雄楷模。你可以介紹幫助孩子理解正直是什麼的人物，包括：亞伯拉罕．林肯、艾米琳．潘克斯特[2]、聖雄甘地、羅莎．帕克斯[3]、約翰．路易斯[4]、哈莉特．塔布曼[5]，以及孩子生活中會出現的人物，如喬阿姨或住在隔壁的消防員叔叔。你可以強調，保持正直和做正確的事無論如何都需要勇氣，並且不計代價。

2 艾米琳．潘克斯特（Emmeline Pankhurst，1858～1928），英國政治家，帶領英國女性贏得投票權。

3 羅莎．帕克斯（Rosa Parks，1913～2005），美國黑人民權運動者，一九五五年在公車上因拒絕讓座給白人而遭逮捕，引發聯合抵制蒙哥馬利公車運動，以公民不服從來對抗當年的種族隔離法案，後成為國際反種族隔離的代表性人物。

4 約翰．路易斯（John Lewis，1940～2020），美國的政治人物和民權領袖，致力於槍枝管制改革法案，爭取選舉權和種族平等。

5 哈莉特．塔布曼（Harriet Tubman，1822～1913），出生時為一名奴隸，長大後得以逃脫，後致力於廢奴的政治運動，晚年更積極爭取婦女選舉權。

希普利學校舉辦了「英雄日活動」，年輕的學生可以用紙板製作他們心目中英雄人物的真人大小立牌。（我永遠不會忘記一位四年級學生向我介紹他的英雄——馬丁．路德．金恩[6]博士，並分享他欽佩他的地方。）莎莉．松吉老師讓二年級學生打扮成他們心目中的英雄。（我兒子打扮成德懷特．大衛．艾森豪總統[7]。）

使用美德箴言 ⬇ A

箴言可以幫助孩子理解性格力量。找到一個符合你們家庭價值觀的關於「正直」的箴言。「誠實是最好的政策。」「說實話。」「信守諾言。」「言行一致」或「說話要算數」。然後在適當的情境中不斷重複和解釋這一句箴言，直到孩子在沒有你的情況下實踐它。我們家的座右銘是：「坐而言不如起而行」。我成年的兒子現在仍然會在我們聊天結束時，說「我知道，媽媽，要『行動』！」。

閱讀有關「正直」的書籍 ⬇ A

讀書能幫助孩子認識到，正直的人如何為社會做出貢獻。

＊年幼的孩子：雪莉．J．邁納斯（Cheri J. Meiners）的《挺身而出：正義之書》（*Stand Tall*，暫譯）；B．G．亨內西（B. G. Hennessy）的《狼來了》（*The Boy Who Cried Wolf*，暫譯）；安．特納（Ann Turner）的《我的名字是真理》（*My Name Is Truth*，暫譯）；伊琳．庫珀（Ilene Cooper）的《黃金法則》（*The Golden Rule*，暫

譯）；蘇斯博士（Dr. Seuss）的《荷頓奇遇記》（*Horton Hears a Who!*，暫譯）；強．穆特（Jon J. Muth）的《尼可萊的三個問題》（*The Three Questions*）。

＊年長一點的孩子和青少年：艾薇（Avi）的《真相至上》（*Nothing but the Truth*，暫譯）；安琪．湯馬斯（Angie Thomas）的《致所有逝去的聲音》（*The Hate U Give*）；J．K．羅琳的《哈利波特（4）：火盃的考驗》（*Harry Potter and The Goblet of Fire*）。

＊適合全家人閱讀：威廉．J．班奈特（William J. Bennett）的《孩子的美德書》（*The Children's Book of Virtues*），以及邁克爾．古里安（Michael Gurian）的《我兒子需要什麼故事？》（*What Stories Does My Son Need?*，暫譯）。

建立榮譽感 ⬇ S、T

台北美國學校（The Taipei American School）是台灣一所學術聲譽卓越的學校，他們的學生榮譽委員會在台上呼籲同儕簽署「榮譽守則」。他們知道要成功建立學術倫理需要所有人持續投入，因此他們辯證學術誠信的重要性；他們的同儕都簽署了，我心裡不禁為他們歡呼。研究顯示，對誠信工作做出嚴肅承諾，可以維護「榮譽守則」。在你的家

6 馬丁．路德．金恩（Martin Luther King, Jr.，1929～1968），是一位牧師、社會運動者，也是美國民權運動中最重要的領袖人物，主張以非暴力的方式爭取非裔美國人的基本權利。

7 德懷特．大衛．艾森豪（Dwight D. Eisenhower，1890～1969），美國第三十四任總統，是一位軍事領袖，也是在任期間唯一訪問過台灣的總統。

庭、運動隊伍、社團、學校或社區中設置「榮譽守則」。黛布・布朗老師要求學生在每份作業上簽名，以證明它是自己誠實完成的，也因此減少了作弊行為。

找出「孩子關心的事」⬇S、T

很多時候，孩子選擇參與的服務項目，是依據它是否對大學申請有幫助來作選擇。不要被大學推甄的狂熱沖昏頭！服務學習有助於培養孩子的正直感，但這種體驗必須適合孩子的發展、有意義，並符合孩子的興趣。找一個符合孩子喜好的服務項目，比方說在當地的慈善廚房做義工，在國際特殊奧林匹克組織裡幫忙，或到收容所和孩子玩「糖果樂園」。事實上，孩子從事的助人行為若能與他們的道德信念相符，通常最能引發他們參與的興趣。

打造「建立誠信」的支持網絡⬇A

將你們家庭的道德守則與祖父母、親戚和其他深深關心你孩子的人分享。尋找示範正直行為的教練、老師、球探和社團領袖。組織家長小組討論如何在教養中教導孩子正直，或一起閱讀威廉・戴蒙的《道德的孩子》（*The Moral Child*，暫譯）；湯瑪斯・李寇納（Thomas Lickona）的《養出好品格的孩子》（*Raising Good Children*，暫譯）；以及我所撰寫的《建立道德智慧》（*Building Moral Intelligence*，暫譯）或本書。與孩子朋友的父母保持聯繫，並一起參與服務計畫。越多孩子聽到關於品格的相同訊息，並被正直的人所環繞，他們就越可能成為一個有品格的人。

本章5大重點

1. 孩子的道德發展是一個持續的過程，將貫穿他們的一生。
2. 父母在幫助孩子養成道德規範以指導其行為方面，發揮著重要作用。
3. 父母必須培養、影響、示範和教導孩子正直；記得善用你的時間！
4. 孩子們必須重複聽到關於品格重要性的訊息，持續向他們解釋為什麼它很重要。
5. 孩子的道德發展不會在真空中學習得來，而是會受到父母、鄰居、同儕、學校和社群團體的影響。想辦法為孩子創造正直文化。

One Last Lesson
最後一課

一九六八年三月十六日清晨，一名二十四歲的陸軍准尉在駕駛直升機時，發現下面散落著越南平民的屍體。他意識到美軍在上級威廉．凱利（William Calley）中尉的命令下，開槍射擊手無寸鐵的男人、女人和兒童。這位年輕的飛行員那一瞬間面臨著一個道德決定：遵守指揮官的指示，或是違抗軍威以幫助平民，同時知道這意味著自己可能會接受軍事法庭的制裁。

休．湯普森選擇做他認為正確的事情。他立即通報了大屠殺，並透過無線電要求後援。在接下來的幾個小時裡，他飛入火線，幫助疏散平民，並用身體保護村民。當上級命令他撤退時，湯普森拒絕並繼續為傷員提供醫療支持。他的英勇作為促成了美萊村（My Lai）的停火協定，同時制止了暴行。

湯普森從哪裡得到這種非凡的品格？「我認為是我的父母，他們教我分辨是非，」他說，「他們總是教我要依循『黃金法則』生活：『希望別人怎樣待你，你也要那樣待人。』」

伊雷娜．森德勒、馬拉拉和休．湯普森是三個非常不同的人，他們都有著非凡的事蹟，他們都將自己的正直歸功於他們的成長過程，所以當面臨抉擇時，他們別無選擇，只能做正確的事。

父母不會偶然地養出有道德感的孩子；他們的努力是有目標且一貫的。他們每天利用時間來教導孩子關於正直的課程，因此他們的孩子能身體力行家人共同的信仰，並藉此茁壯成長。

Chapter 5

好奇心

跳脫框架、大膽思考！
勇敢探索新奇、具挑戰性和不確定的事

「成功者」是懂得跳出框架思考的人。

三歲的山姆・霍頓（Sam Houghton）發明了「雙頭掃把」，他將兩把掃把用一條大鬆緊帶綁在一起，這樣他就能更快地掃好落葉，而他也因此成為全世界最年輕的擁有專利的人。

十三歲的艾莉莎・查維茲（Alissa Chavez）對學步兒童被忘在悶熱的車內而致死的事件感到不安，於是她製作了一種配備感應器的「兒童汽車座椅」，如果他們的寶寶還被留在車裡，感應器會將訊號傳送到父母的手機上，向他們發出警報。

茹雅・卡魯曼奇（Riya Karumanchi）十四歲時遇到一位拄著一根白拐杖但仍寸步難行的女人。這位沉迷於科技的加拿大青少女於是設計出一種名為「智能拐杖」的裝備，在遇到危險情況時以震動的方式提醒使用者。「我最初的想法是，怎麼會這樣？怎麼沒人做這件事？」

任何年齡的孩子都可能成為一名創新者。我們面對最大的問題是，如何在一個鼓勵從眾、執著考試和安全意識高漲的時代（尤其在一場疫情大流行之後），培養孩子的創意天賦。我在世界上最具創意的其中一個實驗室找到一些絕佳的辦法。

如果你在電子書閱讀器上讀過書，用樂高Mindstorms與孩子一起製作機器人，向Siri[1]問問題，或乘坐過裝有兒童安全氣囊的車輛，那麼，你便體驗過位於麻薩諸塞州劍橋市的「麻省理工學院媒體實驗室」所發明的非凡科技。我花了一天時間觀察這群極富創造力的天才們，並發現他們的成功奠基於四個原則：**同儕**、**熱情**、**任務和遊戲**。我們可以使用這些相同的原則，來激發孩子從蹣跚學步到青少年階段的好奇心和韌性。

同儕

麻省理工學院實驗室座落在一棟獨特的沒有牆壁的六層玻璃建築中：只有開放空間，所有研究人員都可以從不同的位置相互觀察。你所看到和聽到的是源源不斷的想法，這些想法催生了世界上一些最獨創的發明，比如自動駕駛車、在沙漠中種植作物、將人腦連接到互聯網等。但你在這裡立刻會注意到的是「智力的多樣性」：電腦科學家、音樂家、神經生物學家、設計師、藝術家、生物醫學工程師和建築師，一起致力跨越學術界線，共同尋找人類集體問題的解決方案。

當人們（無論年齡大小）合作，並以彼此建立的工作為基礎時，好奇心就會蓬勃發展。我們經常將孩子們的學習限定在固定科目上，並在高壓的考試環境下讓他們相互競爭。**如果我們希望孩子對多樣性保持開放的態度，他們就必須接受不同的意見並學會合作。**

來自巴頓魯治十五歲的香農告訴我，「孩子們彼此之間不太了解，因為我們總是在做各自的工作。我們應該進行更多『團隊建立』的活動，讓我們有更多時間發揮創造力、追隨我們的熱情並享受樂趣。」當同儕相互學習時，贏過對方的需要就會減少，因為孩子的學習會強化而不是壓抑彼此的表現。

1 Siri（Speech Interpretation and Recognition Interface），語音解析及辨識介面，使用者可以自然的對話與手機互動，進行資料搜尋。

熱情

著名心理學家米哈里．契克森米哈伊發現，當有創造力的人對任務充滿熱情時，他們會體驗到一種全神貫注和喜悅的狀態，他稱之為「**心流**」。「你知道你需要做的事情是有可能做到的，即使它很困難，」契克森米哈伊解釋道，「**你忘記了自己，你覺得自己是更大事物的一部分……你正在做的事情本身就值得去做**。」

在每個實驗室中，我都看到了高度專注、興奮和渴望完成艱鉅任務的成年人。我看到任務中斷、失敗，或顯然沒有按照計畫進行，但這些失敗並沒有阻止他們：設計實驗的人收拾殘局，改變路線，然後繼續前進。他們充滿活力和渴望——即使面對挫折——因為他們被熱情所驅使。這種加強表現的公式也適用在孩子身上。

看著你的孩子，當他們全神貫注、不想停下來的時候：他們正處於好奇心所驅動的「心流狀態」。四萬多名美國高中生中有百分之八十二表示，他們會「享受在學校發揮創造力的機會」，並承認當活動對他們的生活有意義時，他們最為投入。他們沒有獲得這些機會來表達想像力，並在這個成績優先的學習環境中探索興趣。**我們的工作是找到孩子的熱情所在，並加以培養**。

桑迪胡克小學校園槍擊案，啟發了班傑明班納克普通高中的機器人俱樂部尋找方法去解決他們發現的問題：「我們想知道如何阻止入侵者進入我們的學校。」高三學生德昂特．安特羅姆說。青少年們創造了一種經濟實惠的緊急金屬門鎖原型，將之命名為「死停」（DeadStop），可以輕鬆地鎖在門上，並在發生校園槍擊時阻止槍手進入教室。他們的創意方案，是出於想幫助他人和防止類似悲劇在其他學校以同樣方式上演的需要。「我們這樣做是為了其他人，」高三學生安傑里耶夫・哈維說，「而不是為了放在我們『大學』申請的履歷上。」這些學生獲得「勒梅爾森——麻省理工學院學生獎」（Lemelson-MIT Student Prize）一萬美元的資助，以進一步開發這項發明，並獲得一家律師事務所無償協助他們申請專利。他們的發明現在一個售價十五美元。以幫助人類的熱情所驅動的創新，可以在任何年齡產生深遠的結果。

任務

你是否注意到，孩子在參與自己關心的任務時會顯得更有活力？這是因為當孩子們在修補、分享、建造、繪畫、構想、玩耍、發展，或做我稱之為「進行」的事情時，好奇心就會被引發出來。**積極參與會增加好奇心；被動則會減少它**。任務激發了好奇心；工作表則會扼殺它。這就是為什麼「進行」是實驗室的關鍵部分。

我在麻省理工學院到處都看得到學生們興奮地一起進行任務——無論是開發概念、設計原型、改進產品，還是激盪想法。他們的成品都非常出色：Amazon Kindle、Clocky、Guitar Hero、Symphony Painter、Audio Spotlight 和 XO 筆記型電腦，在此僅舉幾例。

他們堪稱典範的開創精神，來自人們熟知的麻省理工學院的一條規則：**每個人都鼓勵彼此冒險**。事實上，沒有「錯誤」的答案或「瘋狂」的想法：跳脫框架的思維受到鼓勵。**挑戰和挫折被認為是重新思考和探索選項的機會**。「偉大的想法並非來自於安全行事，」

前「麻省理工學院媒體實驗室」主任法蘭克．摩斯（Frank Moss）解釋說，「相反地，它們來自於以一種其他人從沒有過的方式思考事物。」這就是為什麼「那做不到」或「它行不通」不存在於麻省理工學院學生的字典裡。

遺憾的是，我們的孩子們總是打安全牌，因為他們擔心他們獨創的想法或錯誤的答案，可能會損害他們上大學的機會。佛羅里達州的一位科學老師告訴我，他在他的電子白板上寫道：「在這堂課中，失敗不是一種選擇，而是一種要求」。學生們讀了之後，個個都傻眼了。「我花了三個月的時間說服他們，」他說，「他們現在才剛開始冒險，他們的獨創性也逐漸在提升。我還必須修改課程進行方式，好讓孩子們組隊來進行任務。他們不斷地對彼此複誦，『犯錯是可以的。』」**當鼓勵學生跳出框架思考、承擔創造性風險、展開任務，並明白失敗是一種選擇時，好奇心就會蓬勃發展。**

遊戲

我在麻省理工學院裡最喜歡的實驗室是「終身幼兒園」，在這裡，大學生和研究生以幼兒園時期的遊戲精神工作。櫃檯、桌子和地板上布滿了鐵錘、釘子、紙板、金屬、3D印表機、螺栓、塑膠板和白板，以便於研究人員帶著孩子般的探索熱情進行創作。從地板到天花板的架子上擺滿了樂高積木——每個大人都在玩。電腦和量角器這些典型的設備器材被有觸感、有形狀的玩具所取代！它看起來幾乎更像是休閒娛樂室而不是高科技研究設施。

但與此同時，他們在交談、合作、修改、創造、質疑和創新產品，以改善人類的生活。「如果我們真的希望孩子能發展成為一名創造性的思考者，」「終身幼兒園」主任米切爾・雷斯尼克（Mitchel Resnick）說，「我們需要讓學校的其他時間——事實上，生活的其他時間——更像幼兒園。」

想像一下，我們缺乏遊戲、沉迷於數位世界、壓力過大、心靈空虛的孩子們，會多麼喜歡使用基於麻省理工學院這四項原則所設計的教室。孩子們告訴我，被動地坐在書桌前、聽演講和費時地用紙筆做作業是多麼困難的事。一位八歲的孩子將她的教室描述為「工作表工廠」。許多教育者認知到孩子的好奇心不足，並在教學中加入這四個原則：同儕、熱情、任務和遊戲，但他們卻也發現一個令人驚訝的障礙：他們的學生。

休斯頓中學的一位老師實施了「天才一小時」（Genius Hour）。學生可以選擇一個能激起他們好奇心的問題，然後在數週或一年內尋找問題的答案。我看了他對這個活動的介紹。「我知道你對事情很好奇，」他說，「每週我都會給你一個小時的時間，來了解你所熱愛和好奇的事情！你好奇什麼？」

孩子們互相看了看，然後又看向老師。教室裡一片安靜。

「打起精神！」他說，「這是你尋找答案並發揮創造力的機會！」更多的沉默。然後一個勇敢的孩子舉起手，說出了學生們可能有的想法。「從來沒有人要求我們『好奇』，」他說，「我們可能需要一些時間思考。」

老師和我對視一眼，意識到一個可悲的事實：這種「性格力量」在孩子們行程滿檔和以考試為主的生活中，排序是如此之低，以至於孩子們感到自己需要得到許可才能表現好奇心。

麻省理工學院有一套培養好奇心的方法，前瞻性的組織證實，好奇心對我們的未來至關重要；而科學研究也發現，它可以幫助孩子更有韌性，並過上更有意義的生活。現在是大人放手讓孩子探索、大膽思考和對世界好奇的時候了。

什麼是好奇心？

「我們被迫成長得太快，我們很累。我們需要更多時間來玩耍和成為一個孩子。」

——謝爾曼奧克斯，十一歲的伊莎貝拉

你的兒子讀了一本書，發現了一個新事實；你的女兒參觀博物館，並對她從未聽說過的概念著迷。突然間，他們想知道更多！好奇心是「**對探索新奇、具有挑戰性和不確定性事件的認可、追求和強烈渴望**。」你只要觀察學步兒童探索新環境，就會看到這種性格力量的展現。

我兩歲的孫子的好奇心是任誰都阻擋不了。你遞給他一個木碗和一支塑膠勺子，滾石樂團就多了一個勁敵；給他粉筆和畫架，就如同畢卡索再現；如果他看到一隻蝴蝶，他的世界就會暫停下來。當然，我一定帶有偏見，但事實是，所有學步兒童都是有創造力的天才，對學習和發現有著無窮無盡的渴望，想盡情地實驗和嘗試。他們渴求探索的心靈仍受到一種開展的驚奇感所引導，未被「不行、不能、不要」或對成績、分數和填充履歷的擔憂所汙染。你所需要做的是，幫助孩子釋放他們的好奇心，因為這會帶來深遠的好處。

- 「世界經濟論壇」預測，好奇心、解決複雜問題和批判性思維，將是我們孩子未來最重要的技能。
- 在最近的一項皮尤研究調查中，有百分之九十的受訪者認為，創造力、協作和抽象思維對於不斷變化的就業市場是非常關鍵的能力。
- 領先的世界組織和大學（包括ＩＢＭ、哈佛和彭博）將這種性格力量稱為二十一世紀不可或缺的技能。

好奇心有助於孩子對各種可能性抱持開放的態度，並激勵他們自主學習——無論是在課堂內外。好奇心強的學生比好奇心弱的同儕在學業上更為成功。事實上，一項涉及五萬多名學生的兩百項研究的抽樣分析發現，在決定孩子的表現方面，**好奇心與智力在學業表現上一樣重要**。

這種性格力量也能激發孩子們以新的方式思考、探索、激發其興趣和創造力；它讓孩子渴望獲得新的資訊，探索新的視野，追逐自己的夢想；它刺激孩子去尋找解決方案、探索不同的想法，鼓勵他們追隨自己的熱情，並用「我還能發現什麼？」的心態來迎接每一天。這就是為什麼在好奇心方面得分較高的孩子有更好的心理健康狀態：他們感到滿足並且不那麼疲憊，因為他們正在發揮自己的優勢並追隨自己的志向。

好消息是：好奇心也有乘數效應。如果你將好奇心與本書中討論的任何性格力量結合起來，就成為一個更有效的成功公式。簡而言之：**好奇心會放大孩子的才能、優勢、表現和潛力**。

- 好奇心＋自信→增進承擔健康風險和對探索新事物的開放性。
- 好奇心＋同理心→開展並加強人際關係。
- 好奇心＋毅力→加深學習的效果。
- 好奇心＋正直→可以發起一場社會運動。

好奇心讓孩子的生活變得有趣，並使其學習到必要的技能，讓他們在充滿挑戰的世界中茁壯成長。當孩子們遇到阻礙時，這種特質會幫助他們思考解決問題的方法，並找到「振作起來，重新開始」的新方法。這就是我們必須在空虛的孩子身上培養這種至關重要的性格力量的原因。

為什麼好奇心很難教？

畢卡索說得最好：「每個孩子都是藝術家。問題在於，他長大後如何繼續保持藝術家的態度。」雖然好奇心是可以學習的，但它很容易被遺忘。幫助今天的孩子保持他們渴望求知的頭腦，是當今全球教育的首要任務——我們正在培養的下一代孩子缺乏好奇心，確實是一個迫在眉睫的危機。

喬治．蘭德（George Land）與美國國家航空暨太空總署（NASA）的研究人員一起追蹤了一千六百名幼童的創造潛力。百分之九十八的四歲和五歲兒童的得分達到了具創意天才的水準。五年後，同一群孩子之中只有百分之三十達到這個水準；在十五歲時，只有百分之十二的人仍然是創意天才；到了三十一歲時，創意天才的比例下降到只有百分之二！其他研究也證實，我們孩子的創造力正處於自由落體急速下降的狀態。

威廉瑪麗學院教育學教授金慶熙（Kyung Hee Kim）分析了數十年來成千上萬的兒童和成人的創造力得分，發現創造力在一九九〇年之前穩定上升，然後便開始下降——下降趨勢從沒改變過。「下降得非常顯著，」金說，但「在美國，則以幼兒園到六年級的孩子的分數下降得最為嚴重。」

好奇心減弱的原因有很多，包括某些讓孩子的好奇心受到束縛的教養方式。幸運的是，科學向我們展示可以培養這種至關重要的性格力量的正確課程。

我們過於依賴外部獎勵

「如果我這樣做，我會得到什麼？」「你會給我多少錢？」「如果沒有十塊（美金），我才不做。」

如果你從孩子那裡聽過上述的任何一句話，就表示他們正在遭受一種被稱為「獎勵上癮症」的大流行病，其症狀是期待自己出色的表現能夠獲得「星星」、「貼紙」或「金錢」的獎勵。但研究證明，有形的獎勵會降低孩子的創造力和解決問題的能力，而且這樣做對學齡兒童的危害甚至大於大學生。

- 以前喜歡繪畫的學齡前兒童如果期望得到「金印章」和「彩帶」的獎勵，他們繪畫的動力就會降低許多。評委們甚至認為，這些因為獎勵的誘因而畫出來的畫，顯然不那麼美了。
- 與獲得更多中性評語的學生相比，因創意作品而受到表揚的五、六年級學生，其作品的品質顯著較低。
- 對六年級學生以打分數而不是單純鼓勵他們專注於作業，這些孩子在表現、創造力和對眼前任務的興趣皆有所下降。

《用獎賞來處罰》（*Punished by Rewards*，暫譯）一書的作者艾菲．柯恩（Alfie Kohn）分析了數百項研究並得出結論，用獎勵來吸引孩子最終弊大於利，尤其是在他們的好奇心方面。

「獎勵能激勵人嗎？絕對是，」柯恩說，「他們激勵人們去獲得獎勵。」但好奇心需要由內部驅動，因此你可以試著推行「**不是每件小事都會得到獎勵**」的政策，然後期望孩子在沒有這些誘因的情況下做到最好。

父母太愛微管理

我們說我們沒有，但科學證明，我們會根據孩子的出生順序而有不同的對待方式，這就是為什麼最小的孩子更有可能成為最有創造力的人。針對全美一萬一千名青少年所進行的「青年縱向調查分析」（National Longitudinal Survey of Youth）發現，我們對最年幼的孩子的要求遠不那麼嚴格——我們放鬆了一點，不再那麼喜歡做直升機父母，也沒有像對待最年長的孩子一樣制定那麼多規則。因此，我們最小的孩子（查爾斯．達爾文、哈莉特．塔布曼[2]、哥白尼和莫扎特等都是幼子）的個性變得更悠哉，更願意接受不同的觀點，也更有創造力。此外，最小的孩子也更敢於冒險，想法更新穎，並且更有可能質疑權威：這一切都是好奇的特質。

研究還發現，不那麼緊迫盯人的教養方式會培養出更有創造力的孩子。研究人員將被教師評為具有創造力的孩子與那些被認為不具高度創造力的孩子進行比較，他們發現，與沒有優異創造力的孩子的父母相比，具有高度創造力的孩子的父母，其所制定的規則較少，也沒有嚴格的時間表和行程安排。

雖然我們應該讓孩子學會負責，但也需要退後一步，少一點「微管理」：**太多的限制會阻礙好奇心**。確立你「不可談判的規定」（通常關於人身安全和道德準則），然後慢慢放掉那些多餘的規則，讓孩子自由探索，學習自給自足，減少空虛感，生活過得更充實。

2 哈莉特．塔布曼（Harriet Tubman，1822～1913），協助許多黑人奴隸逃亡，是美國一位傑出的廢奴主義者和政治活動家。

我們已經沒時間「修補」了

在最近一次三小時的飛行中，我的娛樂節目是看著一名學齡前兒童和他準備萬全的母親——坐在我旁邊。媽媽的「飛行隨身包」包括練習簿、手工藝活動箱、記憶卡和數位玩具。從他們繫好安全帶一直到降落，她的孩子無時無刻不在從事活動——而且每項活動都是由媽媽指導的。雖然我們的用意良善，但在孩子的日程中，每時每刻都安排由成人主導的活動，會危害孩子的好奇心和蓬勃發展的潛力。**當孩子們獨處、不受指導，任由自己的思緒遊走的時候，通常才能產生最深刻、最獨特，且最有創意的見解。「獨處時刻」也是孩子們可以獲得新鮮想法、發揮創意或純粹釋放壓力的時候。**好奇心無法被催促或有時間限制，它需要大量的嘗試和犯錯的機會。

孩子們快節奏的生活沒讓他們留下安靜思考的時間，更不用說看雲了。事實上，百分之七的美國學校已不再提供幼童每天的課間休息時間，而是犧牲孩子到操場上玩單槓的時間，以換取更多準備考試的時間。但這不僅僅是學校作業，還有我們為孩子報名參加的一堆課外活動（全以讓孩子有健全發展之名來進行），卻反而使孩子感到挫折與精疲力竭——所有這些善意的安排進一步減少了孩子們修補的機會。如果有任何空閒時間，孩子們都承認他們會把時間花在3C產品上，這並不是激發好奇心最好的方式。

查看一下孩子的日程安排：是否有開放的暫停時間，讓孩子的思緒可以四處遊蕩？只要每週減少一項活動，就能騰出時間讓孩子們釋放好奇心。

如何教孩子好奇心？

讓孩子為不確定的二十一世紀做好準備，幫助他們茁壯成長，我們必須培養他們的好奇心。好消息是，這種性格力量不是與生俱來的，而是可以後天培養的。你可以利用以下這些有科學根據的課程來傳授三種能力，培養更強大、適應世界，並感到滿足的孩子：好奇的心態、創造性的解決問題能力和擴散性思維。

培養好奇的心態

如果父母能幫助孩子培養對事物感到好奇的開放心態，以及想像、創造和發想點子的能力，將會對孩子的性格和未來的成功產生重大影響。奧維爾．萊特（Orville Wright，與他的兄弟威爾伯一起創造了航空史）說：「對我們最有利的事情是，在一個總是鼓勵求知欲的家庭中長大。」史蒂夫．賈伯斯的父親在車庫裡設立了一個工作室，為他的兒子提供了修修補補的空間。史蒂芬．史匹柏說，他十六歲時，生活徹底地改變了，因為父親給了他一台相機。麥特．戴蒙的媽媽說，他「多年來每天都玩幾個小時的假想遊戲，編故事，扮演角色，並以很有創意的方式，重新塑造這些角色的經歷。」

我讓孩子們描述最有可能滿足他們渴望求知的頭腦，並能激發他們好奇心的體驗類型。從玩沙坑到參加舞會的年紀，他們都不約而同地提到具有開放性、主動性、以孩子為導向，換句話說，或多或少帶有獨特性的體驗活動。

「科學實驗，因為我們可以想辦法解決問題。昨天我們把葡萄乾放在冒泡的水中，它們居然會跳舞，但放在飲用水中卻會沉下去。然後我們會試著猜猜原因！」

——蘭喬米拉奇，七歲的約翰尼

「我們的媒體實驗室！我們可以針對我們熱衷的主題設計自己的網站。我正在創作一個關於瀕危動物的網站。」

——堪薩斯城，十一歲的吉安娜

「歷史！我們的老師讓我們假裝自己身處在課文中的某段歷史。我們閉上眼睛想像自己在馬納沙斯戰役（Battle of Bull Run）中的樣子，想像我們的模樣、穿著、行為和感受。她讓歷史栩栩如生！」

——達拉斯，十六歲的薩莉

這樣的機會，可以幫助孩子們相信他們的創造能力並保有自身的好奇心。以下這七種方式都經過驗證，是我們可以在家庭和學校中使用的「好奇心培養法」。

C——**由孩童主導**（Child-driven）：活動必須能激起孩子的興趣或熱情。

U——**非大人管理**（Unmanaged）：由孩子，而不是成人，來進行計畫、組織或指導的學習。

R——**風險**（Risky）：要達成的任務帶有一點不確定性，有點超出孩子的舒適區。

I——**發自內心的**（Intrinsic）：這項活動是由孩子發自內心想參與的，而不是由獎勵所驅動的。

O——**開放式結局**（Open ended）：結局未知，而且不止一種答案或可能性。

U——**不常見**（Unusual）：任務很新穎，讓孩子有機會探索或體驗未知的事物。

S——**孤獨**（Solitude）：讓孩子有時間沉思、做白日夢、整理思緒或恢復元氣的活動。

然而，想向孩子灌輸好奇心是一回事，了解如何將這些課程融入日常生活則是另一回事。在疫情肆虐這個不可預測、時時刻刻都得注意安全的世界中，這些教訓更顯得重要。在此提供一些具體做法，來幫助你刺激孩子產生好奇心，並教他或她如何以好奇的心態面對生活。

提供發揮創意的時刻

查看上述七個「好奇心培養法」，並評估哪些是你孩子日常體驗的部分。孩子欠缺了哪些體驗？你能做些什麼來激發孩子的好奇心？你會如何開始？

使用開放式玩具、小工具和遊戲

有創造力的孩子，在可以盡情發揮想像力而不必擔心「正確」答案的經歷中茁壯成長。提供非結構化的、開放式的物品，讓你的孩子自由發揮，如記號筆、手指畫顏料、方糖、紗線、冰棒棍、紙管和封口膠帶等，以創造建築結構。（我的兒子們喜歡在廚房流理台上，用速溶布丁做手指畫。）你可以在冰箱裡放一大塊自製的「培樂多」（塑形黏土）；提供孩子手電筒和床單，方便他們用來圍在椅子上建造堡壘、城堡和洞穴；提供迴紋針和洗管器，挑戰你的孩子，看看他們可以想出多少種新穎的方式；你也可以引入泥、沙和水，來提升年幼孩子的創造力。

問：「我想知道……？」

用語言表達我們的好奇心，可以引發孩子們好奇。因此，首先向你的孩子大聲說出你的疑問：「我想知道為什麼湖會結冰？」「我想知道如果蜜蜂滅絕會發生什麼？」「我想知道為什麼天空是藍色的？」然後鼓勵你的孩子分享他們好奇的事，並利用下一個技巧幫助他們自我挑戰尋找答案，以保持好奇心。

擴展好奇心

與其說「那行不通」，不如試著說：「讓我們看看會發生什麼！」與其給出答案，不如問：「你怎麼看？」「你怎麼知道？」或「你怎麼找答案？」當你們讀一本書、看一部電影，或只是和某個陌生人擦肩而過時，用「我想知道」的問題來示範好奇心。「我想知道他在做什麼？」「我想知道她要去哪裡？」「我想知道他們為什麼要這麼做？」「我想知道接下來會發生什麼？」

創造一個讓孩子自由填空的空間

好奇心在任何年齡都能透過有趣、積極、動手、付諸行動的體驗而茁壯成長，因此創造一個如同麻省理工學院或史蒂夫·賈伯斯的車庫一樣的「自由填空區」，讓你的孩子和他們的朋友可以在其中盡情發揮想像力。

洛杉磯一所中學的兩個十二歲的孩子告訴我，他們一天中最喜歡的部分，是放學後的「修補匠俱樂部」。女孩們給我看她們堆滿了壞掉的手機、鍵盤、電腦、音響和收音機的桌子，可以任由她們拆解、重組和修補。「我們可以把東西拆開並弄清楚它們的結構，」一位女孩解釋說，「這就是我們學習創新的方式。」收集電線、鉤子、磁鐵、錘子、釘子、槓桿（以及其他任何東西）；舊相機、電腦、手機、DVD播放器，以及可供孩子們拆卸和組裝的小玩意兒。此外，請查看你所在社區的創新實驗室、兒童探索博物館或創客空間[3]。

允許獨處

有創造力的孩子需要時間做白日夢、玩耍和想像。特別留意孩子在週末或放學後的行程安排，並騰出沒有任何數位產品干擾的時間。你需要幫助孩子學會享受和自己獨處。你可以將以下物品放在一個籃子裡，然後逐步地介紹它們，看看孩子的興趣所在。

3 人們聚在一起，開發創意專案、舉辦活動，一起玩樂、探索和學習的地方。

- 「達文西」盒：膠水、紙巾卷、冰棒棍、迴紋針、錫箔紙
- 「法蘭克・洛伊・懷特」盒：錘子、釘子、木頭、槓桿、捲尺、砂紙
- 「芙烈達・卡蘿」盒：紙、蠟筆、鉛筆、顏料、畫筆、畫布、彩色記號筆
- 「梅莉・史翠普」盒：帽子、圍巾、舊襯衫、破床單、斗篷浴巾
- 「露意莎・梅・柯特」盒：紙、鉛筆、筆記本或日記
- 「泰勒絲」盒：發聲物品，包括紙管、蠟紙、橡皮筋、碗、木勺、樂器

腦力激盪，創造性地解決問題

解決問題會激發好奇心，產生想法，發展擴散性思維能力，克服挑戰，並增強韌性，甚至連學齡前兒童也能學會解決問題。備受尊崇的心理學家喬治・斯皮瓦克（George Spivack）和米娜・舒爾（Myrna Shure）發現，當幼兒學習這項技能時，他們比較不會在不順心時衝動，更懂得關懷別人，不會麻木不仁，更知道如何結交朋友，並在學業成績上表現得更好。你可以利用許多有趣的方法來教導這項二十一世紀不可或缺的技能；而我從孩子們那裡學到了最好的教訓。

「創意思維活動」（Odyssey of the Mind）是一個針對幼兒園到大學的國際創意問題解決計畫。我曾指導過三個小學團隊，我相信這個過程是讓孩子們的創造力源源不斷的最佳方式之一。孩子們在最多七名成員的團隊中，會花上幾年的時間共同解決一個問題（「從發明工廠機器到為《白鯨記》寫新的篇章」）。然後——在沒有成人幫助的情

況下——孩子們創作他們的劇本、布景、服裝、道具，對著成人評審展現他們的解決方案。獲勝的標準是：創造力！

我的職責是幫助孩子們學會合作，跳出框架思考，利用彼此的優勢（理想的團隊擁有具不同優勢的成員，如音樂、藝術、科學、設計、戲劇和寫作），並確定他們要解決的問題。有一年，一位成員告訴團隊他擔心樹木：「它們正瀕臨滅絕！」他大聲疾呼。這讓這群五年級的學生很生氣，並決定他們的目標將與解決「樹木問題」有關。我教他們如何進行腦力激盪，然後在他們創作劇本時退居一旁。當我看到他們的冒險精神、解決問題的能力和創造能力如何在這個過程中增長時，我感到非常驚訝——我看到了「麻省理工學院媒體實驗室」的四項原則（同儕、熱情、任務、遊戲）的展現。

他們最後的表演證明了孩子們的創造力。「蘋果種子強尼」（Johnny Appleseed）（由一名名叫莎拉的團隊成員擔任）介紹了樹木的問題；兩名男孩（都叫做亞當）穿越時空（以穿過一張有洞的床單的方式來表現）描述沒有樹木的未來；三名「護林員」（莫森、烏瓦爾和馬里察）提供減少危害的創意方法；然後團隊成員之一的拜倫．威廉姆斯唱了一首他用〈四海一家〉（We Are the World）的曲調所填寫的歌作為結束。

「現在是時候唱我們的『樹歌』了。
還有很多很多話要說，所以讓我們開始唱歌吧。
這是我們正在做出的選擇；我們正在拯救自己的生命。
所以，為我們的世界留下我們的樹木吧。」

拜倫用他激勵人心的歌詞和渾厚的嗓音震撼了觀眾。七名不同專長的五年級學生對他們共同的熱情釋放了好奇心，並取得了豐碩的成果。那年這個團隊在全州的比賽中排名第三；比賽教會了他們重要的人生課程，但我卻花了兩年才完全體會到他們的價值。

我剛給家鄉的老師們做了一個主題演講，一名年輕人拿著一張照片站在舞台階的底部等著。我立刻認出了他：我五年級的「創意思維活動」團隊成員！這名年輕男子笑了笑，指了指照片中打扮成一棵樹的男孩，然後又指一指他自己。啊，是拜倫！他教了幾年音樂，現在是一名三年級的老師；他來聽我的演講，是想告訴我那次經歷的價值。「『創意思維活動』幫助我們發現了我們的創造力，」他告訴我，「它讓我們有機會學習如何一起努力，來解決我們非常關心的問題。這正是今日的孩子們所需要的。」

有時教養課程需要時間理解。作為他們的教練，我現在才意識到，他們的創意之所以成長的一個重要原因，是因為他們反覆進行腦力激盪：這是所有孩子現在和以後想要茁壯成長都會需要的技能。

腦力激盪可以激發孩子們的創造力，讓他們更能應對挑戰，從逆境中恢復過來，並且是可教的技能。

首先，你可以向孩子解釋什麼是腦力激盪：「每個問題都有解決方案。擺脫困境的訣竅是『集思廣益』或『刺激你的大腦』來尋求解決方案。」接著，分享五個腦力激盪的規則。首字母縮略詞 SPARK 中的每個字母代表一個規則。把SPARK 規則放在可見之處，幫助孩子記住它們，直到他們能在沒有視覺提醒或大人指導的情況下加以應用。

S——**說出問題**（Say the problem）：向自己或他人澄清需要解決的問題。

P——**只有正面**（Positives only）：設置不評價區。貶低和批評會扼殺好奇心。

A——**增添想法以創造更多選項**（Add on to create more options）：可以引用別人的觀點；每個想法都很重要。

R——**接連丟出想法**（Rapid-fire）：說出能想到的第一件事；快節奏能激發創造力。

K——**繼續腦力激盪直到沒有更多想法，或你設定的腦力激盪時間到了**（Keep storming until there are no more ideas or the time limit you set to brainstorm expires）：選擇你和組員可以同意的內容。

接著，就是與你的孩子或全家一起使用適齡的問題來練習 SPARK。例如：「我們應該給我們的小狗取什麼名字？」「為什麼說謊是錯的？」「學校如何才能更適合孩子？」你的孩子可以使用這些規則來解決自己的問題，或與他人一起使用，以便學習協作式的腦力激盪。那麼，從這一刻起，任何時候你的孩子遇到一個難題，不要試著去解決它；相反地，釋放他的創造力：「刺激你的想法，想想你能做些什麼來解決它！我知道你可以的。」

承擔創造性風險

我在波士頓一所高檔的菁英學校觀看進階先修的歷史課。老師很有吸引力——精通他的學科，關心他的學生。這堂課的主題是關於大屠殺，他想讓孩子們深入思考，所以他提出了課文之外發人深省的問題。

「為什麼面對這段歷史的殘酷性很重要？」

「人的尊嚴是什麼意思？」

「有什麼創意方法可以確保永遠不會忘記大屠殺？」

他那些聰明、受過良好教育的孩子知道這些內容，但我看到他們態度遲疑。很少有人舉手，而那些舉手的人也只是發表了一些試探性的簡短評論，沒有表達任何求知欲或原創想法。取得老師的認可並獲得高分，勝過冒險以不同的方式思考。一位學生後來解釋說，「我不想說一些可能會危及我成績的事情。」他們的行為表現出一種令人不安的新趨勢。

許多教師擔心學生「思想謹慎」，不願偏離現狀。對成績的執著和希望履歷亮眼是部分原因。孩子們在考試、累積功績、榮譽和收集金星獎章上投入太多精力，以至於他們認為分享可能會降低成績或影響其大學入學的原創想法，都是不值得的。

大學教師也注意到這個令人不安的變化。前耶魯大學教授威廉·德雷西維茲（William Deresiewicz）稱今天的大學生為「優秀的綿羊」。他認為，我們的教育體制「培養出聰明、有才華、有動力的學生；是的，但同時卻也焦慮、膽怯和迷惘，缺乏求知欲和目標感。」這樣的孩子無法茁壯成長、感到充實，或準備好生活在一個不確定、競爭激烈的世界中。

聖地牙哥州立大學心理學家、代際差異研究權威珍・特溫格看到了另一個令人不安的趨勢。大學生還執著於「情感安全」，不想接觸「冒犯性」的想法，甚至不希望與不同意這些想法的人接觸。到二〇一七年，一項民意調查發現，近百分之六十的大學生表示，「成為校園社群的一員很重要，我不會接觸到不寬容和冒犯性的想法。」如果在校園裡邀請有爭議的演講者，學生會覺得他們應該被允許擁有「安全空間」，不會受到貶損或攻擊性的觀點。（一些大學設立了「安全室」，裡面裝滿了餅乾、泡泡、「培樂多」、和緩的音樂和小狗嬉戲的影片。）學生還要求保護免受可能在課堂上引起不適的話語和科目的影響；他們希望大學教授能警告他們注意情緒化的想法——比如《分崩離析》（*Things Fall Apart*）中的種族暴力，和《大亨小傳》（*The Great Gatsby*）中的身體虐待。請記住，這些發現是在需要採取極端措施——消毒酒精、口罩、社交距離、洗手——來保護每個人健康的冠狀病毒爆發之前。大流行對兒童的影響仍是一個很大的未知數，但對復原力的研究表明，危機只會放大先前存在的條件。孩子們對情緒和身體安全的擔憂肯定會更高。

過度保護有害孩子的好奇心和發展——它會增加孩子的脆弱、依賴、壓力和風險厭惡，降低復原力，扼殺創造力，並擴大空虛感。**讓孩子們為二十一世紀做好準備的一部分，是幫助他們適應不同的觀點；**畢竟，這就是好奇心增長、同理心增強、公民參與和自主形成的方式。因此，我們必須停止試圖讓孩子們遠離每一種可以想像到的不適，我們應該從孩子們還小的時候開始——而不是上大學或在宿舍裡才開始。但是我們怎麼告訴孩子有時冒險——甚至失敗——是可以的？

允許離題

好奇的孩子對他們最初的想法充滿熱情，並願意為它辯護，但必須得到大人的支持，這樣他們才能偏離常規思考。你是否向你的孩子傳達了這種支持？你的孩子知道你欣賞創意嗎？你有沒有跟他們說過，失敗是生活的一部分？你是否能放手，不要總是保護或拯救孩子免於錯誤或挑戰？如果我們想培養適應世界、充滿好奇心、茁壯成長且不會感到空虛的孩子，我們需要給他們空間來承擔創造性風險、擁抱原創性，並培養跳脫框架的思維方式。

擴展舒適區

規避風險的孩子需要在他們的舒適區之外冒險，直到他們能安心地分享原創想法。首先鼓勵你的孩子承擔低風險：「明天舉手一次。」「先寫下你的想法，這樣你才有勇氣跟全班分享。」「下課後告訴老師你的想法。」然後逐漸擴展他的信心，直到他可以獨自承擔創造性的風險。

召開家庭會議

定期的家庭會議可以幫助孩子們學會說話、解決問題和學習擴散性思維。話題可以是無窮無盡的：宵禁、家務、手足之爭、家庭作業及現實世界的事情。孩子們還可以練習本章提到的技能。鼓勵你的孩子發表意見，但不要妄加判斷，這樣孩子才能學會獨立說話。一定要制定規則，好讓孩子們在分享不同觀點時感到安心。

- 每個成員的意見都是平等的，每個人都有發表意見的權利。你可能不同意某個觀點，但必須冷靜和尊重地表達你的意見。
- 安排定期會議：理想情況下，每週一次，持續二十到三十分鐘。
- 確立做決定的方式（多數決或全數同意）。
- 輪流擔任不同角色，每週為每位成員分配不同的職位：主席、議員、祕書、計時員和鼓勵的啦啦隊。

鼓勵不同的爭議

我聽了芝加哥大學校長羅伯・齊默（Robert Zimmer）最近談到，必須讓學生為他們將在世界上面臨的複雜情況做更好的準備。他堅持認為，**今天的孩子必須學會挑戰自己和他人的假設，並有效地辯護自己的立場**。他後來在國會聽證會上說：「如果我們提供的教育沒有讓學生有機會獲得這些能力，那麼他們在進入職場後，將會面臨複雜且不確定的世界，而他們卻尚未學會如何做出明智的決定。」我完全同意，辯論是讓孩子們適應不同觀點的好途徑；它還可以幫助孩子練習表明他們的觀點、辨識假新聞，並找出與反對者之間爭論的差距。

✱**改變與年幼孩子的討論主題**：主題可以是「我們全家下次應該一起朗讀什麼？」「我們晚餐應該吃什麼？」「養哪一種寵物更好：貓還是狗？」佛羅里達州的一位父親與他六歲的雙胞胎孩子進行了有趣的辯論，其中一條規則是：「任何答案都可以，但你必須給出一個理由。」他兒子對最佳寵物問題的回答是：「狗是最好的，因為牠們可以汪汪來保護你。」（告訴孩子們在回答中說「因為」，提醒他們給出一個理由。）

✱**教導年長的孩子有效的爭辯**：觀看諸如《激辯風雲》（*The Great Debaters*）、《一飛沖天》（*Rocket Science*）、《演講辯論社》（*Speech & Debate*）等電影，以及「智力平方辯論」（Intelligence Squared Debates，暫譯，在電視、播客和YouTube上）和總統辯論，看看有創意的（和差勁的）辯論者如何進行辯論，並幫助青少年學習擴散性思維技能。學校經常為年長的孩子開設辯論社團。請記得戴斯蒙·屠圖[4]的建議：「不要提高你的音量，而是改進你的論點。」

鼓勵建設性的論點

大多數孩子試圖避免與他人表達不同的意見，但建設性的爭論可以幫助他們思考不同的意見，學會獨立，並提高好奇心。它還可以幫助孩子減少「風險厭惡」，更願意表達原創想法，並且更愉快地聽取不同的意見。「如果沒有人爭論，你就不可能放棄舊的做事方式，更不用說嘗試新的了。」《反叛，改變世界的力量》（*Originals*）的作者亞當·格蘭特（Adam Grant）說。格蘭特還說，儘管大多數有創意的人都是在充滿（健康的）爭論的家庭裡長大，但卻很少有父母會教導孩子如何進行有建設性的爭論。因此，使用首字母縮略詞ARE的方法，來教年長一點的孩子透過三個步驟進行建設性的辯論。

A——**主張**（Assert）：言簡意賅，用事實分享你的主要觀點。「我認為……」或「我讀過……聽到……相信……」十歲的山姆主張：「我認為我應該拿到更多的零用錢……」

R——**理由**（Reason）：接下來，用一個有效或經過證明的理由來支持你的主張：論證中的「因為」部分。山姆的理由：「……因為我大了一歲……」

E——**證據**（Evidence）：最後，為你的理由提供證據，即論證中的「例子」部分。山姆的證據：「……我拿同樣的錢，卻做兩倍的工作。」

培養擴散性思維需要練習。因此，透過家庭討論和辯論，幫助你的孩子學習ARE。你們可以進行的主題包括：「電視弊大於利。」「超市應該禁止使用塑膠袋。」「學校應該允許使用手機。」「做一個領導者比做一個追隨者要好。」「學校應該全年開放。」此外，你們也可以採取任何具爭議性的議題，像是現實生活中的孩童問題或新聞

4 戴斯蒙・屠圖（Desmond Tutu，1931～2021），被譽為人權神學之先鋒，是南非聖公會首位非裔大主教，促成南非的轉型正義，於一九八四年獲諾貝爾和平獎。

事件。展開辯論吧！孩子們可以輪流爭論每個問題的利弊。

好奇心如何成為孩子的超能力

養育孩子從來都不是一件容易的事，但我們的最終職責是**幫助孩子成為他們能夠成為的最好的人，並為生活中的一切做好準備**。滋養他們的好奇心會增加這些可能性，但要做到這一點，我們必須退後一步，停止當一名「直升機父母」，並根據孩子的熱情調整教養方式。這是兩位父母用來培養孩子天賦的公式——為他的成功鋪平了道路。

寶琳和赫爾曼從一開始就擔心他們的第一個孩子：他的頭在出生時就畸形，他們擔心發育問題。他們的兒子在學習說話方面也很慢；當他三歲終於開口說話時，他在大聲說出來之前會先輕聲地自言自語。他們諮詢過醫師並假設了最壞的情況，但也發現他們的孩子很好奇——培養他這種力量，是他們幫助他茁壯成長的方法。

這個男孩以自己的步調在生活中前進，他喜歡四處閒晃，寶琳鼓勵他探索，鼓勵他年幼的自由。他的媽媽教他拉小提琴和彈鋼琴，並為了幫助他發揮創造力，經常演奏古典音樂以作為一種腦力激盪的方式。他的父親知道兒子對會移動的東西很感興趣，於是給他買了一個迷你指南針。當他想知道為什麼指針永遠不動時，赫爾曼對他解釋說，地球就像一塊巨大的磁鐵……這名男孩便持續懷抱對科學的好奇心。

男孩的學校生活充滿挑戰，因為他很難坐著不動。他討厭背書和死記硬背的教學方式，經常做白日夢，且頻頻向老師提問。有創造力的孩子不太可能成為老師的寵兒；聽從指示並按照指示去做的學生才會受到青睞。因此，這名男孩的創造力在學校不受重視也就不足為奇了。（一位老師甚至直截了當地告訴他，他永遠不會有太大的成就。）他對學習的渴望不是來自課堂，而是來自他的家人——他們培養了他的好奇心。

他喜歡做建築，所以他的父母提供他紙牌來建造巨型房屋。他喜歡看叔叔設計小玩意兒，所以他們讓他在父親的電氣車間裡修修補補。他對科學、物理學和幾何學著迷，所以他們家的一位朋友提供了書籍。他著迷於解決問題，所以他的父母給他買了教科書。他的好奇心旺盛了起來。

這個孩子就是阿爾伯特．愛因斯坦，他是世界上最有創造力的天才之一。「我沒有什麼特別的天賦，我只是充滿好奇。」他曾說過。雖然我們的目標不是試圖培養愛因斯坦、居里夫人、莫扎特或芙烈達．卡蘿[5]，但我們可以確認孩子的好奇心、長才和熱情，讓他們渴望學習，任由想像力翱翔。寶琳、赫爾曼及愛因斯坦為我們示範了做法。

5 芙烈達．卡蘿（Frida Kahlo，1907～1954），墨西哥女畫家，是一名女性主義者，作品以墨西哥文化和印第安人文化傳統為主要內涵。

適齡教導孩子「好奇心」的做法

「四門先修進階課程加上軍樂隊和戲劇訓練的負荷，占用了我大量的空閒時間，以至於我沒有時間做我熱愛的事，所以，我的壓力攀升，我的內心感到空虛。」

——加利福尼亞州托倫斯市，十五歲的羅賓

依年齡階段讓孩子增進好奇心

以下英文字母表示每項活動適合的年齡：Y＝幼兒、學步兒童和學齡前兒童；S＝學齡兒童；T＝八至十歲的孩子及以上；A＝所有年齡。

為年幼的孩子提供具有創意的角色➡Y、S

探討面對問題並以創意方法解決問題的人物的兒童讀物，適合用來和幼童討論好奇心。

＊**年幼的孩子**：H．A．雷伊（H. A. Rey）的《好奇猴喬治》（*Curious George*）；阿西亞．奇特羅（Asia Citro）的《佐伊和小貓薩薩》（*Zoey and Sassafras*，暫譯）系列叢書；坎達絲．弗萊明（Candace Fleming）的《爸爸的機械魚》（*Papa's Mechanical Fish*，暫譯）；安德麗雅．碧蒂（Andrea Beaty）的《我做得到！小工程師蘿西》（*Rosie Revere, Engineer*）；朱莉婭．戴德諾斯（Julia Denos）的《窗戶》（*Windows*，暫譯）；彼得．布朗（Peter Brown）的《奇妙的花園》（*The Curious Garden*）；巴尼．

薩爾茨堡（Barney Saltzberg）的《美麗的錯誤》（*Beautiful Oops!*）；艾希莉・史派爾斯（Ashley Spires）的《最了不起的東西》（*The Most Magnificent Thing*）；珍妮弗・伯恩（Jennifer Berne）的《乘光飛翔：愛因斯坦的故事》（*On a Beam of Light: A Story of Albert Einstein*）；馬庫斯・莫圖姆（Markus Motum）的《好奇號：一輛火星車的故事》（*Curiosity: The Story of a Mars Rover*）。還有：科比・亞瑪達（Kobi Yamada）的《如果你有一個想法？》（*What Do You Do with an Idea?*）、《如果你有一個問題？》（*What Do You Do with a Problem?*）、《如果你有一個機會？》（*What Do You Do with a Chance?*，暫譯）。

限制科技產品的使用⬇A

包括蘋果聯合創始人史蒂夫・賈伯斯、3D Robotics 首席執行長克里斯・安德森（Chris Anderson）和微軟前執行長比爾・蓋茲在內的一些頂尖科技大師，都嚴格地限制他們孩子的螢幕時間：他們擔心數位產品會降低孩子的好奇心。請確定適合你家庭的使用量，然後設定禁止使用任何電子設備的明確時間。考慮使用螢幕時間追蹤和家長控制應用程式，來監控哪些設備使用了多長時間，以及由誰使用。接著，使用本章提供的方法，在空閒、不上網時培養孩子的好奇心。

提出有創意的挑戰⬇S、T

擴散性思維是一種創造性的形式，它用獨創性來解決問題，而不是滿足於傳統的答案。給孩子具創意思考的挑戰，將有助於孩子發展這項能力。隨著時間過去，它們會激發孩子們願意承擔創造性的風險，跳出思考框架，考慮多種解決問題的方法，並思考「如果我這樣做會怎樣……或試試那個？」提供所需的材料，然後以「你能想出多少不同的方式來……」的問題，全家人每週一起進行創意挑戰。

- 使用迴紋針？（提供一盒迴紋針）
- 從這裡移動到那裡？（車道的盡頭，你的臥室，穿過草坪等）
- 用一箱管道疏通器做點什麼？
- 在一個圓圈中畫出形狀？（或三角形、正方形、長方形等）
- 用湯匙和碗？
- 用繩子（或紗線）和剪刀做東西？
- 用棉球和膠水做東西？
- 使用紙巾管和遮蔽膠帶？
- 使用紙袋、剪刀和記號筆？
- 使用紙杯和冰棒棍？

觀賞探討好奇心的電影⬇A

在電影《絕地救援》（*The Martian*）中，馬克．瓦特尼（麥特．戴蒙飾）被困在火星表面，必須想辦法生存。他是好奇心的縮影：不斷修補和解決問題，他最終因創造力而倖存下來。電影可以幫助孩子們意識到好奇的人不會立即想出答案，而是堅持下去！

＊年幼的孩子：《愛麗絲夢遊仙境》、《海底總動員》、《羅雷司》（*The Lorax*）、《超人特攻隊》、《小鬼當家》、《十月的天空》（*October Sky*）。

＊年長一點的孩子：《時間的皺紋》（*A Wrinkle in Time*）、《模仿遊戲》（*The Imitation Game*）、《敦克爾克大行動》（*Dunkirk*）、《關鍵少數》（*Hidden Figures*）、《阿波羅13號》（*Apollo 13*）。

鼓勵提問！⬇A

好奇的孩子通常一天會問七十三個問題。遺憾的是，大多數孩子的好奇心會在四歲時達到頂峰，而因為我們不加以鼓勵，所以他們就停止提問了。用四個技巧有效地回答孩子的問題，藉此鼓勵他們的好奇心：

①**鼓勵：**「我喜歡你的問題！」「好主意！」「請不要停止問問題！」

②**澄清：**「你的意思是……？」「你在問……？」「你能重複一遍讓我明白嗎？」

③**找到答案：**「不確定，但我會把答案找出來的。」「好問題！我猜爺爺會知道。」

④**一起解決：**「我們可以問誰？」「讓我們谷歌一下。」「我們去圖書館吧！」

「動手指」解決問題⬇Y

幫助你的孩子認識到錯誤不是失敗，而是學習的機會。當我的孩子年幼時，他們喜歡「動手指」解決問題。我告訴他們：「當你遇到問題時，用手幫助你想辦法。豎起大拇指，『說出問題』；接下來，舉起食指、中指、無名指，並『為每隻手指想一個解決方案』；當你舉起小指時，說『選擇最好的想法並動手去做』。」過不了多久，他們便開始進行腦力激盪，獨自解決問題了。

玩解決方案遊戲⬇S、T

透過玩解決方案遊戲，幫助年長的孩子練習腦力激盪。目標是為一個問題想出多個解決方案。設定時間限制會提高挑戰性：「讓我們看看我們能在三（或其他）分鐘內想出多少點子。」使用烤箱定時器或手機計時器來計時。指定一個孩子來統計大家的回覆，然後與之前的遊戲進行比較。這些問題應該適合孩子的年齡，真實的或虛構的都可以。「你如何回應那些愛罵髒話的孩子？」「有哪些不花錢的方式可用來表達感謝？」「你能給總統什麼建議來拯救鯨魚？」提醒你的孩子：「不要擔心你的想法聽起來有多愚蠢，勇敢地說出來，因為它可能會衍生出其他的想法。」

尋求開放式學習的機會⬇A

好奇心透過開放式、動手操作、由孩童主導的體驗而蓬勃發展。學校開放式學習的機會，可能是主題計畫的學習、校外教學、設計思維、服務學習、科學計畫、創意思維活動、國家歷史日、戲劇、藝術、辯論、音樂和機器人技術；或者參加童子軍、宗教團體、探索博物館、營隊或團隊運動中的課外活動。此外，與志同道合的父母合作，一起擬定符合孩子們的興趣和熱情的活動，並確保這項活動是由孩子所主導。

本章5大重點

1. 好奇心隨著開放式、動手操作、由孩子主導的機會而蓬勃發展。
2. 孩子必須感受到大人的支持，才能跳出既定的思考框架，發揮創造力。
3. 孩子們更有可能跳出框架思考，並在沒有獎勵的情況下承擔創造性風險。
4. 好奇心和最佳表現由熱情所驅動；幫助孩子找到他們的熱情。
5. 當人們合作並在彼此的工作基礎上再接再厲時，好奇心就會增加。

One Last Lesson
最後一課

在研究好奇心的過程中，我閱讀了幾十份的研究報告並採訪了頂尖學者，但關於如何培養好奇心的最佳答案，卻來自於一個早熟的八歲孩子。

我在杜拜一個國際教育會議上遇到亞當．埃爾．拉菲（Adam El Rafey），我受邀演講，但他搶了風頭。這位才華橫溢的小男孩擔心學校會壓抑孩子的好奇心，在與教育工作者和政治領導人的十分鐘談話中表達了他的擔憂。

「我們無法盡情地展現創意，」他告訴與會代表們，「學校不應該限制孩子的創造力，要求他們只遵循一種特定的學習方式，比方說，一定要在線條內著色。」他提到著名的抽象藝術家，他們「不在線條內著色，我會說他們為自己做得很好，」亞當指出，「那我們為什麼要在線條內著色呢？」

他向父母傳達了一個訊息：「沒有想法是『荒謬的』、不該被接受的。你們應該好好地對我們解釋事情，」他敦促道，「我們的理解力可能會讓你們大吃一驚。」

他希望教育更加注重個體的差異。「學校真的需要把焦點放在教導我們如何獨立思考、懷抱遠大的夢想和不同的想法上。因此，與其專注於教我們已知的東西，不如教我們如何讓未知成為可能。」

我們孩子的好奇程度在急速下降中，這名八歲的孩子站在講台上，提醒成年人要把它放在優先地位。我們必須重新想像孩子的教育，調整我們的教養方式，釋放孩子的好奇心，讓教育跟得上時代的變化。

亞當說得真好：「孩子們必須學會獨立思考、懷抱遠大的夢想，並以不同的方式思考。」大人們應聽從他的建議，這樣做是利用性格優勢來培養「成功者」的一種絕佳方法。

Part 3

培養意志

父母需要讓孩子有機會體驗生活，
並讓我們從自己的失敗中學習，
而不是總告訴我們要做什麼。
我們必須自己學習如何生活。

——愛達荷州博伊西，十三歲的泰特

Chapter 6

毅力

培養「成長型心態」和面對逆境的勇氣，
一步一步堅持到底

成功者做事有始有終，並且不需要金星貼紙就能做到。

自二〇一二年以來，每年夏天，佛羅里達州高地湖高中超過一百多名的男女學生，都會前往阿勒格尼山區參加「戶外奧德賽領導力學院」（Outdoor Odyssey Leadership Academy）的活動。我採訪的學生說，這七天的荒野體驗改變了他們的生活。

「當我回到家時，有種奇異的感受，因為我成為了一個男人，不再是男孩了。」一位青少年告訴我，即使我們談話的時間已經是幾個月後，他仍然對這段經歷感到興奮。「我可以克服我的恐懼，因為我發現我有勇氣。」

T‧S‧（湯姆）瓊斯是「戶外奧德賽」的創始人兼執行董事，曾任美國海軍陸戰隊的少將，他相信有效的領導需要精神、道德和身體素質。他的哲學是「**在逆境中成長**」，他相信當你走出舒適區後，進步就會發生。這就是為什麼瓊斯一再提醒青少年：「你這一週即將從事的活動真的很有挑戰性；而如果我們沒有讓你走出舒適區，我們就失敗了。」

從青少年到達的那一刻，他們就要跟自己的朋友分開，分成由二十一名同性別的學生所組成的小團隊，每一隊會有一位指定的輔導員。然後活動開始：攀登岩壁、攀爬繩網、在三十英尺高的空中行走、在雨中泛舟穿越激流，並展開長途健行。這些都是很考驗膽識的活動，青少年會面臨真正的危險，而且他們在沒有任何安全網的情況下進行這些活動——唯有自己的毅力和彼此的關照提供安全。這些經歷，正是精疲力竭、被剝奪與大自然親近的機會、被「直升機父母」管教的孩子所渴望的。

「我們這一代壓力如此之大的一個原因是，我們被父母溺愛。如果總是有人會來救你，你就失去學習如何靠自己成功的機會。」營地畢業生安德魯C告訴我，「每個奧德賽的體驗，都會幫助你變得更認識自己，因為你勇敢地踏出舒適區，而且你的自信心會增強。你會發現自己比你想像的還要強大。」這是培養毅力和韌性的最佳環境。

培養毅力還需要孩子學會應對挑戰，並在沒有成人救援的情況下堅持到底。「如果一個青少年有問題，奧德賽的輔導員會告訴我們：『這不是我們的問題，而是你們的問題。』」奧德賽的畢業生瓊解釋道。「他們不允許我們打電話，所以我們不能打電話給媽媽。我們學會互相溝通。當你成功解決問題時，你突然意識到你有能力做到你從沒想過自己能做到的事情。那是你真正成長的時候。」

母親去世後，珍娜在八歲那年參加了奧德賽的營隊，她說這段經歷讓她重獲新生。「我是一個憂鬱的小女孩，但奧德賽幫助我找到我的內在力量——我在『熊洞』裡學會了它。輔導員用手電筒把我們帶到一個狹小、狹窄、黑暗的隧道裡，我們不得不匍匐前進。我認為這是不可能的，」珍娜回憶道，「但輔導員鼓勵我，我意識到，『我有勇氣和力量度過超乎我想像的更多的困難。』我終於可以自在地做自己了。」

也許最簡單的奧德賽性格塑造課程，便是叫成年人停止溺愛，不要一直幫孩子做事。這是我一再從學生那裡聽到的訊息。**「你在逆境中學習勇氣，這樣你才有機會意識到自己比你想像的更有能力。」**艾米說。

「奧德賽迫使你在逆境中成長，因為它會讓你經歷你可能感到不舒服的處境。」艾瑪告訴我。

十七歲的威廉總結道：「一次跨出一小步地面對困難，是孩子們所需要的鍛鍊。我們必須知道我們是有能力的人。」

「**真正有價值的東西，可以幫助你成為你想成為的人——像是你必須致力培養的性格。**」瓊斯將軍提醒營隊成員們。這就是我們在教導「毅力」時，必須傳達給孩子的關鍵訊息。

什麼是毅力？

「學著可以自己解決問題，是你學習毅力和培養自信的方式。我們這一代有個大問題，那就是每個人都想幫我們做事。」

——愛荷華州狄蒙，十四歲的大衛

每個父母都希望他們的孩子取得成功，但科學證據顯示，我們可能使用了錯誤的方法。如今是心理學教授及「麥克阿瑟」研究員的安琪拉·達克沃斯，在她還是一名中學數學老師時，就開始尋找「神奇的成功公式」。她注意到有一些孩子（她認為他們「天生」數學能力較差）的表現，勝過那些天生數字能力較強的孩子。為什麼？

達克沃斯在整個學年追蹤了一百六十四名中學生，並且發現了一個祕密：學生的自律分數比他們的ＩＱ更能預測他們的ＧＰＡ。那些堅持到底的孩子——即使他們一開始不了解某個概念——是那些會在課堂上表現優異的人。那麼，孩子的毅力能夠預測他們在其他領域取得成功嗎？

為了找出答案，達克沃斯開發了一個「毅力量表」，供人們進行自我評量，其中包括「我做事有始有終」或「我曾經克服挫折並完成重要的挑戰」之類的陳述。

- 她測試了「西點軍校」的新生：與他們的學業成績、高中排名、運動能力或領導力的分數相比，低毅力的分數更能預測誰會輟學。
- 她測試了「美軍綠色貝雷帽特種部隊」：能度過艱苦的新兵訓練營的士兵，都展現了堅韌的毅力。
- 她測試了「全美拼字比賽」的參賽者：毅力強的孩子在比賽中走得更遠。
- 她還追蹤了一所常春藤盟校的大學生：毅力強的學生（儘管ＳＡＴ分數較低）比毅力差的同學取得更高的平均成績。

達克沃斯的研究仍在繼續，但有一點不變的是：成功的總是更有毅力的人——而不是更聰明或更有才華的人。

在本書中，「恆毅力」和「毅力」兩個詞經常被當作同義詞互換使用，這是我刻意為之的。但我還是看到了兩者之間的區別。「恆毅力」變成了流行語，並成為一個主流詞彙，詞義被定義為具有兩個組成部分：熱情和毅力。我同意，但我相信其他的「性格力量」也會激發毅力。這就是為什麼**傑出的孩子更懂得運用他們的個人優勢、自制力和樂**

觀態度來面對挫折，並擁有足以讓他堅持下去的好奇心，幫助他最後到達終點。對時事議題的關心（同理心）或深切關注（正直），也會讓孩子更加堅定決心。當不同的「性格力量」結合在一起時，便會產生「乘數效應」，這也是為什麼我選擇使用「毅力」一詞，因為它總是能跟其他的「性格力量」一起運用。

當環境讓孩子想放棄時，毅力可以幫助他們繼續前進。對孩子來說，毅力就像美國童書《小火車做到了》書中的那輛小火車，會以「我想我可以，我知道我可以」來面對穿越山嶺過程中的每一個挑戰。對於父母、教練或老師來說，毅力就是孩子願意堅持不懈、永不放棄，因此更有機會成功。

更重要的是：毅力不是固定的，或是由基因所決定的，但就像我們在本書中討論過的其他品格一樣，它可以透過正確的學習得到擴展和改進。加強此一性格力量可以為孩子帶來極大的好處。這種性格力量可以增強孩子的復原力、心理健康、表現、自信、自制力、自足和希望。簡單地說：**能夠堅持一項任務和一個長期目標的能力，是成功的最大預測指標**，並且比智商、課業成績、SAT成績、課外活動和考試成績更有預測效果。毅力可以讓孩子走上正確的道路，讓他們朝著夢想前進，並幫助他們茁壯成長——這是為什麼我們必須在養育孩子時教導毅力。

為什麼毅力很難教？

毅力是孩子願意挑戰困難並藉此茁壯成長的特質，這是決定他們成功或失敗的關鍵。

但我們必須認真考量目前的育兒和教育方式。沒有科學驗證的錯誤教導，不僅會剝奪孩子們真正的熱情，還會耗損他們的「勇氣儲存量」。

沒有給孩子足夠的刻意練習時間

在這個贏家通吃的社會中，父母拚命地想給孩子「成功的優勢」，並相信答案一定是讓孩子參加更多的團隊，有更多的教練，從事更多的活動。但針對傑出者的研究卻否定了這種說法。當孩子沒有足夠的時間探索自己的熱情、能力或天賦，反倒會降低他的內在動力、毅力和卓越的潛力。過度滿檔的行程加上真正的熱情被忽視，導致許多孩子放棄自己的夢想，無法發揮蘊藏的潛力。

一名十五歲的孩子說：「我想成為一名攝像師。我的老師說我這方面真的很擅長，但我要參加的活動已經那麼多了，根本找不到時間來發展它。」

一名十三歲的孩子說：「我喜歡游泳，但我永遠沒辦法游得更好，因為我父母要我做三種運動，這樣我的履歷會比較好看。」

一名十七歲的孩子說：「我很喜歡畫畫，但為了有機會讀一間好大學，我必須去上很多先修進階課程；我從來沒上過一門美術課。」

安德斯・艾瑞克森（Anders Ericsson）是佛羅里達州立大學的認知心理學家，他專門研究世界頂尖的專家。他發現傑出者（如柴可夫斯基、威瑪・魯道夫[1]、傑瑞・萊斯[2]、伊扎克・帕爾曼[3]或塞雷娜・威廉絲[4]）會專注於其才華的特定面向，然後刻意地長年練習加以發展。他們非凡的成就並不是因為超出常人的能力、與生俱來的力量、記憶力、高智商、金錢或獎勵，而是刻意且專注的練習——這需要毅力。

安琪拉・達克沃斯在《恆毅力：人生成功的究極能力》書中也指出，任何領域的進步都需要毅力；是的——但這不僅僅是花多少時間，還包括是否投入。要獲得這種性格力量的好處，必須考量的不是更多練習時間，而是要能投入。參與許多種活動卻沒有時間練習，反而會降低孩子成功的機會。

我們設定了錯誤的期望

芝加哥大學著名的心理學教授米哈里・契克森米哈伊擔心太多有才華的孩子正在放棄自己的能力。他領導了一項針對兩百名才華洋溢的青少年所進行為期五年的研究，為的是了解為什麼有些人能繼續培養他們的才華，而其他同樣有天賦的孩子卻放棄了，並且從未發揮過他們的潛力。契克森米哈伊發現**兩種特別危險的情況：焦慮和無聊，會導致孩子放棄發展自己的才華**。焦慮主要發生在成年人對孩子的期望過高時，而無聊則發生在成年人對孩子的期望過低時。「當課程體驗與學生的能力不同步時，不僅孩子的動力會降低，成就也會降低。」契克森米哈伊說。

最佳期望是當孩子「接受與他技能相當或高於他技能的挑戰」時。正確的期望還可以增加毅力，並幫助孩子實現「心流」（專注投入在任務中以至於失去了時間感）。**如果你希望孩子做事有始有終並保持毅力，你必須設定與他們的興趣、才華或能力相匹配的正**

確期望值。我們的任務是，找到對孩子來說具有挑戰性又不會太有壓力的課程、教師、活動、運動或任務——用金髮姑娘的話來說：不要太高或太低，但要恰到好處。不幸的是，太多的孩子過快、過早地被逼著超越自己，而放棄了可以幫助他們茁壯成長的天賦或能力。

我們拯救孩子免於失敗

如果沒有經歷過失敗，孩子就無法培養毅力，或學習如何面對有助其培養韌性的生活挑戰。在美國，過度教養和「拯救」的現象普遍存在，尤其是在富裕地區，父母讓孩子就讀學費昂貴的學校，為的是確保孩子不會失敗。紐約布朗克斯區河谷學校的校長多米尼克・倫道夫（Dominic Randolph）指出：「在美國大多數的學術環境中，沒有人會失敗。」

家長們欣然承認，他們支付了高昂的私立學校學費，就是希望他們的孩子不要失敗。一位來自格林威治的母親，有兩個孩子都就讀名校，她這樣告訴我：「以我們付的教育

1 威瑪・魯道夫（Wilma Glodean Rudolph，1940～1994），美國女子田徑運動員，幼時患小兒麻痺症，歷經長期的治療和復健，而能重新投入運動，是美國首位獲三枚田徑項目金牌的女子選手。

2 傑瑞・萊斯（Jerry Rice，1962～），美式橄欖球運動員，被公認史上最偉大的外接手，亦被美式橄欖球聯盟官網評選為史上最偉大一百名球員，排序首位。

3 伊扎克・帕爾曼（1945～），以色列裔美國小提琴家、指揮家，被認為是二十世紀後期最出色的小提琴家之一。曾獲十六項葛萊美獎和四項艾美獎。

4 塞雷娜・威廉絲（Serena Williams，1981～），美國女子網球運動員，為網球史上最偉大的女子選手之一，二十三座大滿貫女單冠軍得主。她的姊姊也是女子網球選手，故稱塞雷娜為「小威廉絲」。

費來說，我希望看到他們優異的學習成績，以及常春藤盟校的錄取信。」薩拉索塔市的一位父親讓著兒子就讀一所小型菁英高中，他說：「我知道我正在把我的兒子們包在一個繭裡，但我想盡可能地讓他們免於失敗。」然而，拯救對孩子沒有任何好處。

數十年的研究成果顯示，那些父母願意放手讓他們失敗的孩子，比那些父母總是介入、控制、拯救的孩子，來得更有韌性、更有動力，對學習新事物顯得更興奮，最終也會在生活中更成功。

紐約州立大學水牛城分校的馬克・西里（Mark Seery）檢視了全美不同群體、社區的採樣調查，發現那些遭遇某些不良事件的人所呈現的心理健康和幸福感，比起那些完全沒有經歷任何顛簸或逆境的人更好。事實上，與那些經歷過挫折的人相比，那些經歷過很少或沒有經歷過困難的人，長大後更不快樂，也更缺乏自信。

每次我們拯救孩子或幫他修補善後時，我們都在向孩子傳達一個致命的訊息：「我們不相信你有能力自己做到這一點。」所以我們的孩子學會了靠邊站，依賴我們收拾他們的殘局，「成功者」和「奮鬥者」之間的差距就這麼擴大了。當「成功者」發展出主體性時，「奮鬥者」則感到更加地無助。做父母的可以反過來退後一步，學習一種新的行為模式：「千萬不要為孩子做他可以自己做的事。」孩子總有一天會為此感謝你。

如何教孩子毅力？

如果我們的孩子要成功，他們必須學會堅持，不放棄，繼續前進。毅力是幫助他們在我們離開後長期堅持下去的性格力量——這也是他們在這個快節奏、競爭激烈、不斷變化、不確定的世界中所需要的。以下這三種可傳授的能力皆可培養毅力：「**成長型心態**」、「**目標設定**」和「**從失敗中學習**」。接下來的課程還將幫助你的孩子變得更強大、更成功，並且能夠更好地茁壯成長——因為他們知道可以依靠自己。

培養「成長型心態」

史丹佛心理學家卡蘿．德威克（Carol Dweck）認為，人有兩種心態：「固定」或「成長」。她對思維型態理論的研究始於四十年前，當時她在教中、小學生數學，就像安琪拉．達克沃斯一樣，幾年後，她注意到學生的學習行為開始明顯分歧。儘管有相似的能力，但有些學生似乎更顯無助，一遇到困難就放棄了（即使他們在答對容易的問題時會獲得獎勵），而另一些學生則是不斷地努力，當問題變難時會繼續嘗試，最終解決了更多的數學問題。這是德威克的第一個指標，即**專注於「努力」，可以幫助孩子減少無助感並促進成功的機會**。她的研究還在持續中。

在另一項研究中，德威克要求五年級學生在解決難題時強烈思考。有些人做出了防禦性的反應，威嚇自己（「我的記憶力本來就不好」），然後他們的表現也比較差；其他人則專注於解決他們的錯誤。（有人告訴自己：「我應該放慢腳步，試著解決這個問題。」）「**解決問題者」並沒有糾結在他們的失敗上，而是將錯誤視為需要解決的問題**。……因此他們會堅持下去。

德威克回憶起一個特別令人難忘的孩子。遇到難題時，他搓著手，咂著嘴唇說：「我喜歡挑戰！」正如預測的那樣，「解決問題者」的表現遠遠優於另一組在意自己犯錯的「失敗主義組」。

德威克提出了一個假設：區分這兩類學習者的是——他們如何看待自己的智力。那些「**成長型心態**」**的人相信，他們的性格、智力、才華和能力，可以透過學習、努力、良好的策略和他人的幫助獲得提升，他們看到自己可以做得更好的潛力**。然而，那些「固定型心態」的人卻相信，這些能力是一成不變的：成就是基於他們固有的智慧，而不是他們投入的任何額外努力。

這兩種截然不同的信念，對孩子的成敗有著顯著的影響。德威克的研究表明，與能力相當但擁有「固定型心態」的學生相比，「成長型心態」的孩子往往學得更多，在挑戰中茁壯成長，學習得更深入，並且做得更好——尤其是在困難的科目上。這些擁有「成長型心態」的孩子也不太可能放棄，更有可能繼續前進——即使他們失敗或遇到困難——因為他們知道這只是需要付出更多努力就會有所突破。

雖然基因可能決定你孩子的起點，但良好的毅力和成長心態會影響他或她是否達到終點。好消息是：誠如我們研究過的其他性格力量一樣，孩子可透過以下簡單的學習，培養出「成長型心態」。

將成功重新定義為「收穫」

我們執著於考試的文化，讓我們的孩子以「分數」來衡量自己，因此你可以將「成功」重新定義成一個拼寫為G—A—I—N的英文單詞：由於個人的努力，得以改善自己過去的表現（對年幼的孩子來說是「往前一步」）。

然後，幫助你的孩子看到他的個人收穫。「上次你答對了九個字，這次你答對了十個！這是一個『收穫』！」「昨天你跑了一圈，今天你跑了兩圈。這是一個『收穫』！」「上個月你的數學成績是七十三分，這次是七十九分。這是一個『收穫』！你所有的努力都有了回報，因為你在進步！」然後問孩子：「你做了什麼來獲得這些『收穫』？」記得幫助孩子將他的表現與他之前的嘗試進行比較，而不是與其他人的分數進行比較。

加上「還沒」

孩子們可能會萌生消極、有害的「我做不到」或「我永遠做不到」的心態。當你聽到「不能、絕不、不會」的評論時，請用「成長型心態」的短句回應，幫助你的孩子了解，只要透過努力，他就會有所改善。

孩子：「我做不到。」父母：「不，你只是『還沒』做到！」

孩子：「我絕不可能學會它。」父母：「你『還沒』學會，繼續練習就對了！」

孩子：「這太難了。」父母：「繼續努力。你越來越接近了。」

展開成長對話

我們很快就會問：「你的成績（或分數或排名）如何？」相反地，詢問孩子付出的努力，讓他知道你關心他面對學業的態度，並幫助他學習「成長型心態」的價值。以下提供幾個例子：

「你做的哪些事啟發你的思考？」

「你嘗試了哪些新事物？」

「遇到了什麼挑戰？」

「你犯了什麼錯誤讓你學到了一些東西？」

「你嘗試過什麼覺得很難？」

然後，也請你向孩子分享你自己的學習經驗！

讚美努力，而不是最終結果

另一項德威克針對逾四百名五年級學生的研究發現，當他們因聰明而受到表揚時（「你真聰明！」或「你的頭腦真好！」），他們會開始擔心失敗，不太想去嘗試新的挑戰。但是當表揚的是他們的努力時（「你真的好努力！」或「你真的一直堅持著」），他們則會更努力地付出，更有可能成功。為什麼？「固定型心態」的孩子覺得他們無法控制自己的智力；那些擁有「成長型心態」的人了解，他們可以控制自己的努力程度，因此可以有所進步。這裡的啟示是：擴展「成長型心態」，表揚孩子的努力，而不是最終結果。

「當你發現如何解決一個新問題時，你的科學大腦就會成長！」

「哇，你真的很努力！」

「你嘗試用不同的方法來解決這個問題，真是個聰明的做法。做得好！」

「我喜歡你在那個計畫上付出的努力。是什麼幫助你進步？」

如果你的孩子在學習上表現得很好，不覺得遇到了什麼挑戰，德威克建議父母可以說：「這對你來說太容易了。讓我們看看還有沒有更具挑戰性的東西可以讓你學習。」

使用「成長型心態」的標語

史丹佛大學分析了二十六萬五千名線上學習數學的學生，將他們隨機分成五組並傳送不同的訊息，藉此觀察回饋是否提高了他們的表現。接受「成長型心態」回饋的學生，比接受普通回饋（「做得好」）或沒有回饋的學生學習效果更好。因此，請在生活中找到慣常的做法，向孩子傳送「成長型心態」的訊息。

達拉斯市的一位父親在冰箱上貼了一個標語：「練習帶來進步！」

里諾市的一位媽媽在孩子的午餐上放了一張餐巾紙：「你越用大腦思考，大腦就會變得越好。」

奧斯汀郡的一位父親發簡訊給讀大學的孩子：「你做得越多，你就會變得越好。」

設定實際的、可行的目標

史丹佛大學心理學家劉易斯・特曼（Lewis Terman）被稱為「天才教育之父」。他認為智商是成功的必要條件；他認為我們國家未來的前途取決於教育出優秀的孩子——特曼的教育使命就是為了證明這一點。

特曼找到了一千五百名有天賦的孩子，並追蹤他們的一生。該研究成為世界上關於天才為時最久的縱向研究。但特曼發現他錯了：高智商、考試成績、GPA或上菁英大學，並不能決定孩子未來的成功。**最成功的孩子之所以與眾不同，是因為他們有能力設定實際的、可行的目標——並堅持不懈地實現這些目標**。

目標設定是可以教的。事實證明，特曼的研究中，大多數頂尖的人不僅學會了這項技能，而且他們很早就學會了——在高中畢業之前。我們的錯誤是太晚才試圖教導孩子這種關鍵能力。我們越早開始教授這些課程，孩子們就會越早走上茁壯成長和成功的正確道路。

有效的目標設定是可以教的，但必須滿足五個要件。孩子應該：

① 擁有成功所需的技能、能力、資源、導師和知識。
② 不需要過多的幫助。
③ 有足夠的時間追求成功。
④ 表現出堅持不懈的興趣和熱情。
⑤ 擁有控制權。問：「你對這件事有控制權嗎？目標必須是你可以控制的。」

如果任何問題的答案為「否」，幫助你的孩子選擇另一個目標或重新設定所選的目標，使其更實際可行並符合這五個要件。現在你已經準備好教導目標設定了。

定義「目標」

解釋「目標」的一個簡單方法，是用曲棍球、足球或橄欖球來做比喻。你可以說：「一個目標就像一個標靶或你對準來射門的東西。除了運動比賽外，目標也可以是你在生活中為了成功而努力的標的物。計畫你需要做的事情被稱為『目標設定』，這項技能有助於你在學校、家庭中、與朋友的關係，或日後的工作。」讓孩子說出他想「擁有、成為或做」的事情，有助於他思考各種可能性，然後選擇一個他願意努力的目標。

一位奧斯汀中學的老師告訴我：「如果孩子們認知到技能在現實生活中很重要，他們就更願意嘗試學習不同的技能。」因此，他與學生分享有關使用「目標設定」原則的成功人士的文章。麥可．菲爾普斯從開始競技游泳就設定了目標。菲爾普斯說：「當我年輕時，我常常用手潦草地寫下我的目標；現在，我則是把它們輸入到我的電腦裡。」你可以鼓勵你的孩子像菲爾普斯一樣，使用日記或Word檔，來追蹤他的目標進度。分享有關「目標設定」者的文章或閱讀本書「自制力」一章中關於菲爾普斯的故事。

教「我會＋什麼＋什麼時候」

目標通常以「我會」開頭，分為兩部分：「什麼」（你想要完成的目標）和「什麼時候」（你計畫何時完成）。教導這一課的一種簡單方法是「有目的地進行示範」。假設你的洗衣間裡堆滿了髒衣服。對你的孩子說：「我會在三點鐘之前把這些衣服洗乾淨和烘乾。」（什麼＝洗衣服和烘乾衣服＋什麼時候＝三點鐘之前。）或者描述一下你今天的計畫：「我一進門就會打電話給凱倫，感謝她送來的餅乾。」（什麼＝打電話給凱倫感謝她＋什麼時候＝我一進門。）一旦你示範過「我會＋什麼＋什麼時候」，你就可以開始和孩子進行下一個「目標公式條」的活動。

使用「目標公式條」

剪下至少八公分乘三十公分的紙條（對年幼的孩子來說可以剪得更寬）。將紙條平均折成三個部分。第一部分：寫上「我想要」；第二部分：寫上「什麼」；第三部分：寫上「何時」。然後，幫助孩子使用「目標公式條」設定目標。首先問：「你想要達到什麼目標？」（孩子可以在第二部分列印出或畫出他的目標。）接著問：「你什麼時候會完成你的目標？」（孩子可以在第三部分列印或畫出他的目標：「我將在十五分鐘內學會五個數學公式。」「我將在三十分鐘內閱讀完十頁。」或是，「我將在十分鐘內打掃好房間。」）

來自愛荷華州的一名母親卡拉，會在每個星期天晚上舉行「家庭目標設定會議」。每個家庭成員說出他們的目標，然後使用「目標公式」將「**我想要**、**什麼**、**何時**」寫在便利貼上，並將其黏貼在門上。她說：「每個人通常都會成功完成目標，『因為整個星期我們都在互相鼓勵。』」

對年長的孩子可以加上「如何」

以合理的順序列出成功所需要做的事情，將使目標更易於管理。提供幾張紙條或便利貼，幫助年長的孩子學會計畫他們的目標。父母：「你的目標是什麼？」孩子：「我想要提高擊球命中率。」父母：「你將如何做到這一點？」孩子：「向教練尋求幫助。觀看優秀擊球員的影片。每天練習三十分鐘。」讓孩子針對每項任務寫一張紙條，按順序排列這個「如何行動」的計畫，然後把它們黏貼在一起。每完成一項任務，孩子就可以撕下一張紙條，直到沒有任何紙條留下為止。青少年可以列出他們「如何行動」的任務，並一一完成進度。

記錄勝利日誌

目標無論大小，只要達到了，都值得慶祝，但要讚揚努力：「你堅持不懈！」「你一天比一天更好，因為你沒有放棄！」十二歲的卡羅琳娜說，她和她的兄弟們有一個小筆記本，她的父母稱之為「勝利日誌」，兄弟姊妹會在上面描述他們完成的目標和他們所付出的努力。

教導孩子：錯誤只是有待解決的問題

除非孩子學會如何面對失敗，否則他們無法學會堅持。但我承認，如果我沒有從孩子上一年級開始，就在家門口等他回來，他可能會錯過這一課的學習。我在《父母確實能創造改變》（*Parents Do Make a Difference*，暫譯）一書中分享的故事，引起了許多父母讀者的共鳴並值得在此重述。

我兒子在他背後藏著一張皺巴巴的紙，所以我先給了他一個大大的擁抱，然後輕輕地把紙拿過來撫平它，並驚訝地發現他為什麼這麼難過。他在拼寫的測試中漏寫了五個單字，這些漏掉的單字被老師用紅筆大大地圈了起來。我知道我需要讓他知道，錯誤是生活的一部分。所以我開始說：「你的老師花時間在你的試卷上畫上這些紅色的圈圈，這不是一件很好的事嗎？」我無視他懷疑的眼神，繼續說道：「你知道老師為什麼要花時間畫這些紅圈嗎？」他搖搖頭，顯然對我要說什麼感到困惑（誰能怪他）。

「她希望你好好學習這些被圈出來的單字，這樣你下次就不會再犯同樣的錯誤。她一定很關心你。」他很快地給了我一個擁抱，然後就跑去玩了。幾週後，他拿著一個小包裹衝向校車。我問他那是什麼，他興奮地解釋說：「這是要給老師的禮物：一支紅筆！」我張大了嘴巴。「這樣她一直會有支紅筆可以標出我的錯誤；我就不會再犯同樣的錯誤了！」

表現卓越的人，接受錯誤是他們通往成功之路的一部分——這是為什麼他們可以一直堅持下去不放棄的原因。他們已經學習到，錯誤並不代表他一輩子都會失敗，而只是暫時的挫折。但是你如何把這個觀念傳達給孩子呢？

用「我學到了」來示範「犯錯是學習的機會」

當你犯錯時，承認並告訴孩子你的錯誤，以及你從中學到了什麼。如果你做的晚餐是一場災難，向你的家人承認（在他們告訴你之前），然後說出你從錯誤中學到的東西。

「我搞砸了這個蛋糕。我學到要在添加食材之前讀完整份食譜。」

「我遲到了，但我學到每次都要把車鑰匙掛在掛鉤上。」
「我迷路了，但我學會如何找到正確的路。」

刪除：「犯錯是糟糕的」

除非孩子知道犯錯是生活的一部分，否則他們無法學會堅持。談論孩子的錯誤，不要批評、生氣或羞辱，然後針對如何改善提供建設性的回饋。「每個人都會犯錯。重要的是，要知道如何從錯誤中學習，這樣你就不會重複同樣的錯誤。讓我們再看一次你的拼寫考卷，然後看看如何改進。」允許你的孩子失敗！

讓孩子知道犯錯並不致命的最好方法，是讓他們感受到我們接受他們的錯誤，亦即在孩子犯錯時對他表示支持。

十二歲的拉斯分享了父母可以給的最好的回應：「告訴你的孩子你愛他，無論他們的成績或分數如何。我媽媽就是這麼做的，然後她會幫助我弄清楚如何做才能進步。」你如何幫助你的孩子了解犯錯不是致命的呢？

不要稱之為「錯誤」

成功者經常給他們的錯誤起一個綽號，比如「故障」、「干擾」、「暫時的」，這樣就不會讓他們感到挫折而想放棄。幫助你的孩子在遇到錯誤時想出一句對自己說的話。任何詞語都可以，然後鼓勵他經常說，這樣他會在犯錯時使用它。

一位多倫多的老師教學生把錯誤稱為「**機會**」。一個小時後，我看到一個男孩犯了一個錯誤並試圖掩蓋它。旁邊的同學小聲地對他說：「別忘了，那是『機會』！」男孩臉上綻放的笑容是無價的，它證明了這個教導是有效的。幫助你的孩子將錯誤視為機會！

制定「改善計畫」

有些孩子看不到擺脫失敗的出路，所以他們會重複同樣的錯誤，並輕易放棄。艾美．莫林（Amy Morin）在《告別玻璃心的十三件事》（*13 Things Mentally Strong People Don't Do*）書中，分享了發表在《實驗心理學雜誌：學習、記憶與認知》（*Journal of Experimental Psychology: Learning, Memory, and Cognition*，暫譯）上的一項研究，該研究發現，只要學生有機會學習正確的知識，他們就可從以前的錯誤中吸取教訓。「當孩子們想到可能的答案——即使這些答案不正確，一旦這個不正確的答案得到糾正，他們記住正確答案的機率也會提高。」這就是為什麼我們必須幫助孩子學會糾正錯誤，而不是貼標籤、羞辱或原諒孩子。

一位丹佛媽媽幫助她的孩子制定「改善計畫」。父母：「你的錯誤是什麼？」孩子：「我數學考試不及格。」父母：「你的『改善計畫』是什麼？」孩子：「我可以每晚學習一點，而不是等到最後一天。」父母：「讓我們把你的計畫寫下來，幫助你記住！」

教導「具復原力」的陳述

美國海豹突擊隊教了我一個他們用來克服逆境的絕招：他們在面臨挑戰時，會在腦海中說出簡短而積極的陳述。幫助你的孩子選擇一個陳述，然後鼓勵他重複該陳述，直到他可以自然地使用為止。孩子們分享了以下這些很有效果的陳述：「它不一定要完美。」「我可以從錯誤中吸取教訓。」「每個人都會犯錯。」「除非我嘗試，否則我不會變得更好。」

毅力如何成為孩子的超能力

一開始，麥可・喬丹（Michael Jordan）只是另一個來自北卡羅萊納州的孩子。「在我家所有的孩子中，我被認為是最不可能成功的那一個。」喬丹承認。但在這個沒人看好的過程中，他卻成為有史以來最偉大的籃球運動員之一，獲得了兩枚奧運金牌，入選「奈史密斯籃球名人紀念堂」（Naismith Basketball Hall of Fame），並成為堅持不懈的人物典範。

毫無疑問地，麥可・喬丹家族的行為道德準則培養了麥可的勇氣和未來的成功。「我真的相信守諾、正直和誠實。」他的母親說。德洛麗斯・喬丹（Deloris Jordan）在家中對孩子們灌輸這樣的生活指導方針。做家務、整理自己的床鋪、晾自己的衣服和完成家庭作業，都是父母期待並強調要做到的事。麥可因此學會正直、責任感和強烈的職業道德。

他的父母還希望孩子在離家前就擁有自給自足的能力。「如果我們家裡有什麼東西壞了，我父親會自學如何修理它，」麥可回憶道，「我媽媽也是這樣。身為他們的孩子，無論是在學校、工作或玩遊戲上，怎麼可能不用同樣的方式面對挑戰？」麥可由此學會了獨立和勇氣。

父母還教孩子「目標設定」。如果一個兄弟姊妹說他想成為模範生，他就必須說明自己打算如何成功。實現每個目標都需要一個計畫。只要孩子盡力了，達不到目標也沒什麼好羞愧的。「如果你沒有失敗過，」德洛麗斯對她的孩子們說，「就表示你可能不夠努力，你的目標可能不夠高。**失敗其實增強了我們的力量**。」麥可因此學到錯誤是學習的機會。

當麥可第一次嘗試進入大學籃球校隊卻失敗時，他的媽媽告訴他重新訓練自己。她還制定了一條沒有人可以說「我不能」的家規。「『去試試吧』——這是我們的口號，」德洛麗斯．喬丹說，「如果你嘗試，那麼你就不會失敗；如果你不嘗試，你已經失敗了。」麥可了解到失敗是改善他表現的機會。

麥可的父母要求並支持孩子。研究證實，**同時給予要求＋支持的父母風格＝成功的祕訣；再加上恆毅力和堅強的性格，孩子們成功的潛力就會增加**。麥可表現傑出，正是這種教養法有效的明證。

「作為父母，我們有責任給孩子設定更高的標準，」德洛麗斯．喬丹說，「無論事情有多難。」麥可．喬丹當然在他的運動事業上超過了所有的標準——而他也為自己設定了很多標準——但是當我們「向孩子灌輸毅力時，目標不一定是要培養出超級菁英。」

無論你的孩子是去ＮＢＡ，或只是在車道上投籃，**灌輸「成長型心態」**、**教導「目標設定」**，**以及從失敗中學習，將有助於所有的孩子茁壯成長**——尤其是在這個頒發獎盃、追求名利的世界裡。這也是我們培養出有靈性、有思想和有意志力的成功者的方式。

適齡教導孩子「毅力」的做法

密西根大學心理學家哈羅德・史蒂文森（Harold Stevenson）試圖回答許多美國人的疑問：「為什麼亞洲學生的學業成績比美國學生好？」他在美國、中國大陸、臺灣和日本進行了五項深入的跨國研究，分析了學生的成績，發現整體而言，亞洲孩子比美國同儕學習的時間更長，也更努力。簡而言之：亞洲孩子比美國孩子更傾向於堅持完成困難的任務。

史蒂文森發現其中一個關鍵原因在於，父母對孩子學習的強調。美國父母更關心最終結果：孩子的成績或分數；亞洲父母則強調他們在這項任務中付出的努力：「努力工作，你就會成功。」因此亞洲的孩子認知到：成功是基於他們的努力——這事實上促使他們更加努力地付出。**培養孩子毅力的訣竅是：專注於努力，而不是最終結果**。

依年齡階段讓孩子培養毅力

以下英文字母表示每項活動適合的年齡：Y＝幼兒、學步兒童和學齡前兒童；S＝學齡兒童；T＝八至十歲的孩子及以上；A＝所有年齡。

閱讀並討論與毅力有關的書籍⬇A

＊年幼的孩子：雷米・查利普（Remy Charlip）的《幸運的內德》（*Fortunately*）；祖兒・戴沃特（Drew Daywalt）的《蠟筆大罷工》（*The Day the Crayons Quit*）；華提・

派普爾（Watty Piper）的《小火車做到了》；巴尼・薩爾茨堡的《美麗的錯誤》。

＊**年長的孩子**：史蒂芬・帕帝司（Stephan Pastis）的《蒂米・菲列：錯已鑄成》（*Timmy Failure*，暫譯）；麗塔・威廉斯－加西亞（Rita Williams-Garcia）的《在慢速軌道上的快速談話》（*Fast Talk on a Slow Track*，暫譯）；蓋瑞・伯森（Gary Paulsen）的《手斧男孩》（*Hatchet*）。

＊**青少年**：蘇珊・柯林斯（Suzanne Collins）的《飢餓遊戲》（*The Hunger Games*）；伊實美・畢亞（Ishmael Beah）的《長路漫漫：非洲童兵回憶錄》（*A Long Way Gone: Memoirs of a Boy Solider*）；丹尼爾・詹姆士・布朗（Daniel James Brown）的《船上的男孩》（*The Boys in the Boat*）。

示範努力⬇A

對任何「性格力量」進行示範，是最有效的教學方法。當你完成一項艱鉅的任務時，確保你的孩子在無意中聽到你說：「我會堅持到成功。」「我會堅持下去，直到我學會如何寫程式。」「我會去上每一節課，直到我能打好高爾夫球。」用遵守承諾來向你的孩子表明，當遇到困難時，你不會放棄。

只練習「一件事」⬇S、T

我的小學音樂老師懷特先生是一名無法接受犯錯的老師。如果我犯了一個錯誤，就必須從頭開始練習整首曲子。我喜歡鋼琴，但又討厭它，因為我害怕犯錯。如果不是因為我的下一位音樂老師湯普森夫人，我早就放棄了。她幫我找到了我的「絆腳石」（妳的「一個小問題，蜜雪兒」），我們會故意以一種有趣、輕鬆的方式，一遍又一遍地練習這個錯誤，直到我彈對了。然後我會從頭開始演奏，在熱愛貝多芬音樂的情緒中愉快地彈奏。

錯誤可能使孩子偏離軌道而無法成功，所以，不要讓你的孩子把他的問題放得太大（「我永遠不會做對！」）。相反地，**幫助他聚焦並找出他的「絆腳石」**。制定一個計畫來糾正它，然後練習、練習、練習那一小部分，直到「嘿，成功了！」

家長：「我錄下了你踢腿的影片。你的腳太偏左邊了，所以球才無法進網。讓我們練習一件事：伸直你的腳，看看會發生什麼。」

提供「復原力」的個案⬇S、T

太多的孩子認為名望和財富是由於運氣或金錢，而忘了傑出的表現是因為努力付出和拒絕放棄！孩子們需要聽聽名人經歷過挫折，但用毅力取得成功的故事。

回顧本書中伊麗莎白．史瑪特、阿爾伯特．愛因斯坦、麥可．喬丹、馬拉拉．優薩福扎伊、邁克爾．菲爾普斯、露比．布里奇斯和吉姆．亞伯特的故事：所有人都用毅力取得了成功。盧克．雷諾茲（Luke Reynolds）的《奇妙的失敗》（*Fantastic Failures*，暫譯）和夏綠蒂．佛爾茲．瓊斯（Charlotte Foltz Jones）的《小錯誤大發明》（*Mistakes That Worked*）則提供更多的例子。

你也可以跟孩子分享其他從失敗中站起來的人的故事。以下是一些例子：

- 湯瑪斯・愛迪生的老師告訴他，他「太笨了，什麼都學不會」。
- J・K・羅琳的書《哈利波特》曾被十二家出版商拒絕。
- 希奧多・蓋索（Theodor Geisel）（蘇斯博士）的第一本書被二十多家出版商拒絕。
- 電視製片人告訴歐普拉・溫芙蕾，她「不適合電視新聞」。
- 史蒂夫・賈伯斯被蘋果公司解雇，但帶著iPod、iPhone和iPad回來了。
- 華特・迪士尼因「缺乏想像力」而被《堪薩斯城星報》（*The Kansas City Star*）解雇。

教導孩子如何「分解問題」⬇S、T

有些孩子放棄，是因為他們對「所有的問題」或「所有的任務」感到不知所措。將任務分成較小的部分，可以幫助那些難以集中注意力、難以開始，或過度擔心「一切都要正確！」的孩子。

告訴你年幼的孩子，用紙蓋住他所有的數學問題，只留下第一題，來進行解題。在完成每一道題目後，將紙張往下移動。年齡較大的孩子可以將每個作業依難易程度寫在一張便利貼上，並一次完成一項作業。務必鼓勵孩子**先做「最難的事情」**，這樣他就不會整晚都為此感到壓力。當孩子獨自解決比較大的問題後，信心和毅力就會建立起來。

抱持正確的期望⬇A

毅力會隨著父母對孩子抱有正確的期望而茁壯成長，所以在為孩子決定一項活動或課程時，問問自己這些問題。「這是我的孩子感興趣或表現出的才華，還是我自己想要的東西？（誰在推動誰？）他的身心發展程度是否適合這項任務，還是我在揠苗助長？教練或老師對我的孩子是否親切、專業技能嫻熟並能理解他？對我的孩子和家人來說，我們為此付出的時間、金錢和精力是否值得？」

教導孩子「不放棄」的短句⬇A

幫助孩子學習那些堅韌不拔的人們所說過的短句，例如「我能做到！」「我會再試試看。」「不要放棄！」「我不會放棄的。」「堅持下去。」「你會做到的。堅持下去！」

聖安東尼奧的一位老師在一張海報上列印「不放棄」宣言，並鼓勵學生選擇一項，每天說上幾遍。她提醒他們：「你重複的次數越多，它就越有可能幫助你成功。」蒙大拿州的一位父親說，他的家人開始創立一個「永不放棄」的座右銘。他們花了一個下午腦力激盪，為「毅力」寫出一首頌歌，最終把歌名取為「一個有始有終的家庭」。他們把歌詞寫在索引卡上，並貼在臥室的牆上，然後經常唱誦。

創立一個「堅持下去」獎⬇Y、S

找一根至少有尺規那麼長的棍子，來確認「堅持到底」的程度。首先，用黑色記號筆在上面寫上「堅持下去」。（西雅圖的一個家庭使用舊掃帚；芝加哥的一個家庭使用木釘。）然後每個人都會注意其他成員是否堅持不懈。每天晚上（或每週）召集你的家人，宣布沒有放棄的成員，說明他們做了什麼值得嘉獎的事，並用記號筆在棍子上寫上他們名字的首字。孩子們喜歡計算他們名字首字出現在棍子上的次數，並回想他們沒有放棄的時刻！

「難事規則」⬇S、T

安琪拉．達克沃斯向那些「希望在不影響孩子選擇自己的道路的前提下鼓勵恆毅力」的父母推薦了「難事規則」——事實上，她和家人會一起練習。「難事規則」由三個部分組成。

⬇第一：每個人（包括爸爸媽媽）都必須做一件需要每天刻意練習才能提高能力的難事，比如瑜伽、鋼琴、跑步、足球、科學、芭蕾，或任何需要努力學習的事。

⬇第二：你可以放棄，但要等到賽季結束、付費的課程上完，或出現其他「自然的」停止點才行。你不能在教練讓你坐冷板凳的那一天，或是考試得到D，抑或是因為隔天要排練而必須錯過一個朋友聚會的時候退出。

⬇第三：每個人都可以選擇自己的「難事」，因為只有他們知道自己的興趣——這會給他們進步的動力。

本章5大重點

1. 毅力透過開放式、親自動手、由孩童主導的體驗而蓬勃發展。
2. 擴展孩子的「成長型心態」和毅力，讚美努力，而不是最終結果。
3. 「成功者」將錯誤當作成功的工具，因此他們堅持任務的時間更長，不會很快放棄。
4. 同時給予孩子要求和支持的教養，是成功培養毅力的公式。
5. 將任務分解成更小的步驟，可以幫助那些難以集中注意力、難以開始或過度擔心「一切都要正確！」的孩子，讓他們更有機會成功。

One Last Lesson 最後一課

我正在觀察一個有學習障礙兒童的教室，對綁在學生椅子上的彩色紗線長條很感興趣。紗線活動是在老師對班上朗讀小比爾·馬丁（Bill Martin, Jr.）的《數繩上的結》（*Knots on a Counting Rope*，暫譯）之後開始的——這是一個盲童面臨巨大的身體障礙（他的「黑山」）但沒有放棄的故事。她的學生們經常面臨困難，她想鼓勵他們實現自己的夢想。

老師告訴學生：「每個人的一生都面臨著一座黑暗的山，但如果你不放棄，並且盡力而為，你通常會成功。」

然後，老師給每個孩子一條毛線，並指示他們每次越過黑暗的山時，都要打一個勇氣結。她還給了他們寶貴的建議：「成功通常需要大量的練習，嘗試舒適區之外的策略，並向他人尋求幫助。」幾天後，學生們的紗線打滿了結，他們問我想不想聽聽他們克服的黑山。我當然想聽！

「這個結是因為我病了很久，害怕回學校，但我做到了！」一個男孩得意洋洋地說道。「而且羅比打電話告訴我，他很想我。」他低聲說。

「我剛搬到這裡，不認識任何人，」一個紅髮女孩說，「所以其他孩子說，我應該打個結，因為我問他們可不可以和他們一起玩——而他們讓我參加了！」

「我有口吃問題，但必須在全班面前發表演講，」一個女孩解釋道，「我打了結，而且全班都為我鼓掌。」

讓我印象深刻的不僅是孩子打結的驕傲，還有同學們的反應：他們的臉上也洋溢著自負！他們了解同儕要打上這些結有多麼地困難，因為他們自己也感受到了對方的脆弱性。

老師給她的孩子們上了一課：面對逆境需要勇氣，但只要有毅力，不擔心犯錯，在需要時向他人尋求幫助，你就會一步一步地完成。我們的孩子需要這一課來幫助他們學會茁壯成長！

Chapter 7

樂觀

扭轉負面心態，減少憂慮，
提升面對困難的能力

「成功者」總是能找到一線希望。

今日的孩子生活在一個恐懼的時代——恐怖主義、封鎖演習、氣候變遷、運輸安檢和流行病都成了新常態。我們試圖保護他們，但這些孩子是數位原住民，可以即時查看令人不安的新聞，而這可能會讓他們變得更加恐懼。六到十一歲的孩子中，有三分之一的人擔心他們長大後地球將不復存在，其中又以女孩子最為擔心。

我在達拉斯一所菁英學校與一群中學生坐下來，聽聽他們對世界和可怕新聞的看法。

一個七年級的男孩開始說：「不只是一件事，而是很多壞事不斷發生，這讓我們覺得這個世界是糟糕且可怕的。」

一位八年級學生插話道：「我們有很多擔憂：氣候變化、病毒、霸凌、家庭暴力、種族歧視和槍擊事件。」

「我們整個學校生活都是對『封鎖演習』的記憶。」一名十二歲的孩子說。

「因為很容易聽到壞消息，我們變得更加消極，」另一個男孩解釋道，「父母試圖對我們隱瞞恐怖的事情，但它們卻會直接出現在我們的手機上。」

一個貼心的小女孩點點頭。「有時我擔心醒來，因為我很難停止想到壞事情。」

孩子們繼續分享令人沮喪的故事，然後一個安靜的男孩開口了。「我和我的朋友才在討論，父母們都太害怕讓孩子到外面玩了。這很可悲。我們有點失去了童年。」他們都同意了。對他們的世界感到悲觀是共同的主題。

他們讓我深刻地意識到，現在的孩子迫切需要樂觀。許多教育工作者也同意這一點，於是在過去的幾年裡，我一直致力於尋找那些在灌輸學生樂觀態度上做得很好的老師——這是為什麼我在幾個月後，一個二月的下雪天，來到紐約長島桑德勒老師的二年級教室裡。

桑德勒老師發現自己和我一樣擔心學生對日常生活問題產生毫無根據的擔憂，以及他們經常想像最極端、最負面結果的傾向。「他們的悲觀思維真的會影響他們的表現。」她說。她最近對這個問題進行了一些研究，並偶然發現了心理學家塔瑪・強斯基（Tamar Chansky）的著作《你有選擇，悲劇不會真實上演》（*Freeing Yourself From Anxiety*），從中獲取有關如何向這些壓力巨大的二年級學生教導樂觀的點子。當她邀請我去參觀她的課堂時，我欣然接受了。

桑德勒那天與孩子們一起關注的概念是：擔憂會增加，但「我們也可以把它變小」。然後她問：「誰有個大煩惱想要我們一起分擔？」一個紮著長辮子的女孩立刻舉起了手。「我害怕到別人家過夜。」

老師在桌子上放了一個紙箱，約一個大型電腦螢幕那麼大。「好，讓我們一起來幫助克洛伊。假裝這個盒子是『妳害怕到別人家過夜』的最大程度的擔憂，現在我們會幫妳把它變小。妳所要做的就是告訴我們，妳為什麼害怕。」

克洛伊說：「我怕黑，我擔心我不知道他們家的電燈開關在哪裡。」桑德勒請學生們給這位同學一些方法來減少她的擔憂；而他們給了很多好的建議。

「請妳的朋友給妳看看電燈開關在哪裡。」

「帶個手電筒。」

「妳可以帶著睡袋，睡在電燈開關旁邊。」

「好主意！」桑德勒老師說，「克洛伊，哪個對妳來說最好？」

這名女孩同意自己帶個手電筒，於是她抽出這個建議的索引卡——她的「擔憂縮小器」，然後把索引卡放進盒子裡。「現在妳的擔憂沒有那麼大了，」老師說，「讓我們繼續減少妳的擔憂。」桑德勒老師在桌子上放了第二個稍微小一點的盒子——約筆記型電腦那麼大。

克洛伊還有另一個擔憂：「我其實不怎麼喜歡媽媽為我做的食物。」孩子們再次提供了許多解決方案。

「隨身帶一條格蘭諾拉麥片棒吧！」

「我上次到朋友家過夜時，打包了一個花生醬三明治。」

「走之前先吃點東西！」

克洛伊決定在她的包包裡放一條格蘭諾拉麥片棒，於是她抽出這張「擔憂縮小器」，把它放在第二個盒子裡。

桑德勒老師又拿出一個更小的第三個盒子。學生們再一次幫助他們的朋友減少她對於到朋友家過夜的擔憂。

當第四個、也是最後一個盒子被放進其他盒子中時，克洛伊明顯輕鬆多了。「我會去朋友家過夜。」她肯定地說，我們都為她鼓掌。但我也為這位幫助她所有學生減少負面情緒的老師鼓掌——她所做的，是將他們的擔憂放進越來越小的「心理」盒子裡，直到它可以被控制為止。科學研究也支持桑德勒老師的教學法：**減少憂慮和建立希望最有效的方法之一，是讓孩子們有一種控制感**——這是這個經歷過全球疫情大流行的世代邁向茁壯成長所需要的。

什麼是樂觀？

「今天的社會與人們更加地敵對。這與我們父母成長的世界完全不同，因此讓人更難以樂觀。」

——納什維爾，十四歲的艾娃

樂觀的孩子認為挑戰和障礙是暫時的，可以被克服，因此他們更有可能成功。然而，同時存在一種截然不同的觀點：悲觀主義。悲觀的孩子認為挑戰是永久的，就像無法移動的水泥塊，因此他們更容易放棄。

心理學家以往認為要改變心態是不可能的，而這也是賓州大學精神病學家亞倫·貝克（Aaron Beck）在過去幾十年來的研究之所以如此重要的原因。貝克徹底改變了我們對樂觀的看法，並證實我們每個人都具備改變思考方式的能力。貝克相信，我們如何思考

（認知）、感受（情感）和行動（行為）是會相互作用的。簡而言之，我們的思想決定了我們的感受和行為，而不是反過來。因此，**如果我們改變消極的、不正確的想法，就可以改變我們的感受和行為，從而提升我們處理任何困難的能力**。

「我們可以選擇關注事情的正面或負面。」貝克曾經這麼說過。他教人們如何將焦點轉移到正面，並獲得伴隨而來的心理健康狀態；他的方法被稱為「**認知行為治療**」（CBT），於過去幾十年中，被證實在對抗抑鬱和焦慮方面很有效，甚至在兒童身上也是如此。

好消息是：「認知行為治療」是可以教導的。不過，如果你只是告訴孩子「要積極！」並不會起作用。我們的教導方式必須遵循科學方法，而這樣做將可獲得驚人的結果。你要展開的第一步，往往是去**改變孩子的消極心態**。

「我永遠不會被選中。」「從來沒有人邀請過我。」「我總是失敗。」無論經驗本身是什麼，悲觀的孩子都抱著「這有什麼意義？」的心態。他們很容易放棄，相信他們所做的任何事情都無法造成改變，認定他們不會成功，並且很少看到生活中美好的面向。然後，如果他們碰巧做得很好，他們會貶低自己達到的成就：「才沒那麼好。」「那只是運氣。」「沒什麼大不了的。」在這個過程中，他們無法真正享受快樂並完全發揮成功的潛力。

許多孩子承認自己有悲觀的心態。十四歲的珍娜告訴我，「我經常把事情想得很糟，像是我一定會把某個考試搞砸，我進不了一所好大學，或是我的一個科目會被當掉。這真的讓我很難專心。」

來自波士頓的十二歲的納德也有類似的看法。「如果你拿到一個很糟糕的分數，那種感受是很可怕的。」

卡拉說，「你有這樣的心態，你就注定要失敗。如果你能改變想法，你就不會覺得事情太糟糕，這會有所幫助，但沒有人教我們怎麼做。」孩子們知道，如果不加以控制，負面情緒會演變成憤世嫉俗、無助和抑鬱，導致低成就的人生，影響他們生活中的各個領域，並減少他們茁壯成長的機會。

悲觀孩子的想法與樂觀的孩子截然不同：樂觀的孩子更有可能用「有時候」、「還沒有」和「幾乎是」等詞語來形容壞事。與悲觀的孩子相比，樂觀的孩子抑鬱程度更低，在學校表現得更好，更有韌性，更能從逆境中恢復過來，甚至連身體都更健康，而這並非巧合。但樂觀的好處還不只這些：這種能力也會**激發出孩子的學業潛力**、**培養健全的性格和正向的心理健康**。

對樂觀的需求從未像現在這樣重要：數據顯示，如今有百分之二十的年輕人會在某個時候經歷抑鬱症——這是他們父母經歷抑鬱症發生率的兩倍。但是科學站在我們這邊：我們可以教孩子少點悲觀、多點樂觀。

賓州大學的心理學家馬汀．塞利格曼（Martin E. P. Seligman）在全球進行了十九項對照研究，其中參與的兩千多名八至十五歲的兒童，被教導要以更實際、更靈活的方式看待他們在日常生活中遇到的問題。在接下來的兩年裡，這些學生的樂觀程度提高了，他們罹患抑鬱症的風險降低了一半；甚至，他們還發現樂觀、有韌性的孩子學習得更好。本章將提供父母經過驗證的方法，來幫助我們的孩子感受到自己的價值，少一點倦怠感，並學會多去看生活明亮的一面。

為什麼樂觀很難教？

「我們更加懷疑、消極、憤世嫉俗和悲觀，因為有太多容易取得的壞消息，比如大規模的槍擊事件，即使對年幼的孩子來說也是如此。」

——芝加哥，十五歲的查理

悲觀主義正在成為我們孩子看待世界的方式，這意味著他們茁壯成長的能力受到威脅。我認為以下這三種因素，正在抑制孩子發展「樂觀」這種關鍵的性格力量。

我們生活在基於恐懼的文化中

每一週我們都需要向孩子們解釋另一個可怕的事件：恐怖主義、掠奪者、颶風、暴力、大流行和大規模的火災。許多父母告訴我，「對孩子來說，再也沒有任何地方是安全的了。」二〇一九年，當孩子返校時，家長給孩子最熱門的禮物是一個帶有可拆卸防彈內裡的背包（還有多種顏色可供選擇），以保護學齡兒童免受槍擊。然後在二〇二〇年，我們給孩子們戴上塑膠手套、口罩和消毒酒精，以保護他們免受COVID-19的侵害。

我們一邊與他們吻別並送他們上學，一邊在暗地裡擔心他們的安全。我們生活在恐懼的文化中，但它對我們的孩子造成了什麼影響？

我在參觀納戈爾諾－卡拉巴赫（Nagorno-Karabakh）的幾所學校時找到了答案。納戈爾諾－卡拉巴赫這個小地區，是一九八〇年代後期至一九九四年亞美尼亞和亞塞拜然作戰的地方。幾年前，當我訪問該地區的學校和家庭時，恐懼仍顯而易見：彈孔很明顯，有很多活躍地雷，軍用坦克到處可見。在我寫這本書時，該地區再次成為戰區。我在那裡遇到的一位父親尋求我的意見。「在戰爭期間，我是一個飽受驚嚇的男孩，現在我六歲的孩子也表現出同樣的恐懼。我把我的恐懼傳染給他了嗎？」遺憾的是，我給他的回答是肯定的。

我們的恐懼和焦慮確實會蔓延到我們的孩子身上，並且會隨著時間的推移，侵蝕他們對生活的積極態度。他們會學習我們整體的人生觀，並把我們的風格內化為他們自己的風格。十二歲的麥迪遜告訴我，「我媽媽總是告訴我們不要焦慮，但她每次聽到什麼壞消息就歇斯底里時，我很難不焦慮。」

我們必須控制自己的悲觀情緒。我們的憤世嫉俗會讓我們更加地恐懼、焦慮和憤怒：這三種負面情緒加在一起，就成了有效教養的毒藥。這些負面情緒會蔓延到孩子身上，讓他們也變得更加恐懼、焦慮和憤怒。

研究人員發現，有四分之一年紀介於十三至十八歲的孩子受焦慮症影響；焦慮仍然是當今兒童和青少年面臨的主要心理健康問題。心理學家珍・特溫格的一項研究發現，即使是今天的典型學童——沒有任何診斷——其基線壓力程度也高於一九五〇年代的精神病患者。我們必須保持冷靜來幫助我們的孩子。

積極的「封鎖演習」導致日常壓力和創傷

每個學生團體都告訴我，積極的「封鎖演習」造成他們的心理創傷。「我們整個學校生活都是對『封鎖演習』的記憶。」十二歲的以利亞說。

有著棕色大眼睛的女孩點了點頭。「明天我們會練習躲進壁櫥裡來躲避槍擊手。有時我真的不敢醒來。」

「我們從幼兒園開始就在進行『封鎖演習』，」另一個女孩難過地補充道，「明天我們將學習如何在門口設置路障，以及如果我們受到攻擊時，應該扔什麼樣的東西。過了一段時間後，演習時經歷的恐懼感會突然襲來。」是的，它確實會造成這樣的影響。

雖然我們必須確保孩子的安全並幫助我們的孩子做好準備，以便他們知道在最壞的情況下該怎麼做——比如颶風、流行病、龍捲風、地震、火災或槍擊——但我們不需要嚇壞他們，並增加他們的焦慮；但這似乎是積極的「封鎖演習」正在做的事。老師告訴我，小學生總是帶著手機，「以防萬一被槍擊」。青少年孩子說，演習太逼真了，把同學們都嚇哭了，回家睡不著覺。「我們看了一段學校槍擊事件的影片；同學們躺在走廊上，周圍都是血，」一位同學回憶道，「沒有人告訴我們這是假的。我至今無法忘記我看過的畫面。」

美國兩個最大的教師工會——「美國教師聯合會」和「全國教育協會」——聲稱，目前的「封鎖演習」太可怕了，對學生的心理健康造成傷害，他們希望學校修改內容或取消它們。他們的要求包括：絕不進行實際槍擊；任何演習都必須提前通知家長、老師和學生；與心理諮詢輔導人員進行合作，創立適齡和「創傷知情」[1]的訓練；追蹤演習的效果。許多教師們都表達出同樣的擔憂。

兩位犯罪學教授創建了一個包含一百七十一起大規模槍擊事件的數據庫，他們也認為對孩子進行「封鎖演習」的壞處大於好處。「你應該針對學校裡的成年人進行訓練，讓他們知道遇到槍擊事件時該這麼做，」作者吉利安・彼得森（Jillian Peterson）說，「但是從我們收集的數據分析來看，訓練那些可能是犯罪者的孩子是毫無意義的。」讓我們教孩子們預防措施，讓他們為緊急情況做好準備，並盡我們所能防止槍擊事件，但我們不需要讓演習如此逼真；我們正在製造害怕失去自己寶貴生命的受創兒童。

孩子們暴露在可怕的媒體圖像中

MTV和美聯社（Associated Press）對全美一千三百多名青少年進行的一項調查發現，只有百分之二十五的人感覺自己免於恐怖主義的攻擊；絕大多數的人承認，他們的世界比他們父母成長的世界更令人擔憂。原因之一是，令人不安的圖像充斥在他們的媒體環境中。

不斷聽到和看到可怕的圖像，不僅會增加焦慮，還會改變孩子對世界的看法並降低樂

1 根據美國藥物濫用暨心理健康服務署的定義，「創傷知情」（Trauma-Informed）包含四個要素：理解創傷（Realize）、辨認創傷（Recognize）、利用創傷知識進行回應（Respond），以及防止再度受創（Resist Re-traumatization）。

觀思維。前幾代的父母可以關掉電視機，這樣他們的孩子就不會看到可怕的消息；但如今，可怕的圖像直接送到孩子的手機上。這個世代首度可以在個人的螢幕上查看即時戰爭消息、恐怖襲擊、每日流行病死亡人數和學校槍擊事件。自一九八六年以來，電影中描繪的暴力事件增加了三倍；負面的新聞標題比正面的標題多出百分之六十三。到小學結束時，兒童們看過大約八千起謀殺案；到他們十八歲時，則看過大約二十萬起暴力行為，這些圖像既生動且令人不安。

許多孩子告訴我，最令人不安的圖像之一是二〇二〇年五月二十五日的一段影片：影片中一名明尼亞波利斯市的白人警官用膝蓋跪在美國黑人喬治．佛洛伊德（George Floyd）的脖子上；他被戴上手銬，面朝下躺著，一邊乞求救命，一邊反覆說著「我無法呼吸」，並呼喚他的母親將近八分鐘。

已故的賓州大學安納伯格傳播學院名譽院長喬治．葛本納（George Gerbner）提出「險惡世界症候群」（Mean World Syndrome）一詞，來描述大眾媒體所報導的暴力相關內容，導致觀眾相信世界比實際情況更危險。葛本納警告說，這不是暴力新聞的數量問題，而是這一切加總起來如何強化和正常化一種「險惡和可怕」的世界觀的問題——這正是太多孩子對他們的世界的看法。

如何教孩子樂觀？

我們的孩子在試圖找到樂觀的人生觀時所面臨的一切挑戰都非常真實。但就像我們在本書中探討的其他「成功者」的「性格力量」一樣，樂觀確實可以被教導——儘管我們生活在一個憤世嫉俗的世界中。父母可以灌輸三種經過驗證的能力，來培養孩子的樂觀思維，並賦予孩子性格優勢：**樂觀思考、自信溝通和懷抱希望**。對於生活在瞬息萬變的世界中的孩子來說，所有這些都是可教導的技能，並且是至關重要的。

示範和教導樂觀思維

恐怖主義、颶風、轟炸、大規模槍擊事件、火災、全球暖化、地震、大流行……我們很緊張，但我們的孩子呢？愛荷華州一位媽媽的故事看來，即使最年幼的孩子也對生活抱持悲觀態度。

「我不得不告訴我六歲的孩子，他最好的朋友死於癌症。我沒有準備好如何回應他的反應。他震驚地看著我，臉色瞬間慘白，說：『盧卡斯走了？我不知道我這個年紀的孩子會死於癌症。我以為他們只是在學校被槍殺。』我如何幫助我的孩子對世界抱有希望？」

最好的答案之一，追溯一個被忽視的來源：歷史書籍。

從一九四〇年九月到一九四一年五月，納粹德國在倫敦和英國其他城市進行了夜間轟炸襲擊。在十一週的時間內，有超過三百噸的炸彈在倫敦上空投下，造成三分之一的城市被摧毀，數千人被殺；然而，英國卻占了上風。

想像一下在倫敦大轟炸期間養育孩子是什麼感覺。每天晚上，你都會聽到刺耳的空襲警報，警告即將到來的襲擊；每天晚上，父母都會熄燈，關上窗戶，戴上防毒面具，並盡其所能地拯救他們的家人。英國人的座右銘是「保持冷靜並繼續前進」，他們做到了。但是父母如何幫助孩子在恐懼中保持樂觀呢？我很意外地發現他們的祕訣課程。

幾年前，一位記者針對「如何幫助孩子面對創傷」的問題對我進行了採訪。我告訴她，孩子們會反映他們看到的東西並重複他們聽到的東西，所以他們會從我們身上學到悲觀或樂觀。她聽到後脫口而出：「我的爺爺奶奶就是這麼做的！」她解釋說，在倫敦大轟炸期間，年紀還小的她和弟弟及祖父母一起住在倫敦；在我們交談的過程中，她告訴了我一些關於那段可怕時期的事。

「我們應該感到害怕，但我和弟弟卻始終相信我們會成功的。現在我知道這是因為我的祖父母樹立了樂觀的榜樣！窗外有炸彈在爆炸，而我們一如往常的夜間家庭活動仍繼續進行——我們講故事、唱歌、演奏〈編玫瑰花環〉[2]。我的祖父母不斷地唱著：『生活是美好的；我們會一起度過任何難關。』我們做到了，因為他們給了我們希望。」

她的祖父母應用了一個重要的教養課程：在艱難時期仍能茁壯成長的孩子，通常都在生活中有著關愛他們的成年人——他們為孩子示範了積極的人生觀。

教孩子樂觀，必須從我們自己做起。孩子們會將我們的話語內化為他們內心的聲音；因此在接下來的幾天裡，注意聽聽你通常會給孩子什麼樣的訊息，並檢視你給孩子的人生觀。一般而言，你會說你是傾向悲觀還是樂觀？你通常會描述事情的積極面還是消極面？一杯水是半滿還是半空？事情是好還是壞？你會透過正面還是負面的眼光看事情？你的朋友和家人也是這樣看待你的嗎？

如果你發現自己傾向「杯子半空」的觀點，謹記改變始於自我檢視。如果你是個比較悲觀的人，寫下為什麼變得樂觀會對生活有所幫助；經常重讀它，以增強你改變的決心。你會在本章中找到你自己也想學習的技能，並將它教給孩子。透過練習，你會發現你和你的孩子都會開始對生活充滿希望。

改變是困難的，尤其是試圖改變一種根深柢固的消極心態。

成為你希望孩子學習的榜樣。當你能夠內化樂觀的心態時，你就準備好幫助你的孩子學習這種「性格力量」了。以下三個步驟可以幫助孩子在養成習慣之前，減少他們平時的悲觀思維，並用樂觀的心態取而代之。

第一步：「捕捉」孩子悲觀的想法

每個孩子都會說些消極的想法，然而，當悲觀成為孩子慣常的回應模式時，你就要擔心：「**從來沒有**人喜歡我。」「壞事**總是**發生在我身上。」「這**永遠不**值得努力。」「我**會像以前一樣**考不及格。」沒有根據的悲觀思維會侵蝕樂觀心態，讓孩子容易失敗，削弱

2 Ring Around the Rosie，英國著名童謠。

他們蓬勃發展的能力，並增加空虛感。

你的孩子可能需要一段時間才能調整他「從不」、「總是」、「永遠」之類的想法。因此，請擬定一個只有你和孩子能理解的密碼訊息，例如「拉耳朵」或「觸碰手肘」。一旦密碼訊息出現，就表示他說出的是「負面評論」；接著，鼓勵他傾聽自己的悲觀評論。為孩子悲觀的聲音取個名字，也有助於他控制它。任何讓孩子產生共鳴的名字皆可：「『臭』思想家」、「『霸凌』小姐」、「『不』先生」、「可笑的『放棄者』」、「『霸道』褲」、「『負面』耐莉」。青少年給的命名有時非常明確。

＊年幼的孩子：「我會幫助你傾聽你的『臭思想家』的聲音，並反駁它，這樣是『你』有了力量，而不是那個『臭思想家』。」你可以讓孩子畫出「聲音」的樣子，並用木偶和玩具進行角色扮演來練習如何反駁它。

＊年長的孩子：「還記得當你拿到那個分數時，你說你很笨嗎？你現在沒有那種感覺，對吧？給你腦海中那個『專橫的聲音』起個名字，這樣你就可以反駁它並擁有控制權。」

有時孩子在願意改變之前，需要證據證明他們有多悲觀。幫助你的孩子在設定的時間內計算他給的負面評論：「在接下來的五分鐘（或一段短時間）內，記錄你大聲地或在腦海中說出『負面想法』的次數。」戴手錶或手鐲，可幫助孩子記得去傾聽他的想法。年幼的孩子，可以用手指數數；年長的孩子，可以在每個負面想法出現時，將硬幣從左邊的口袋移到右邊的口袋、在紙上畫正字記號標記，或是輸入手機內進行追蹤。

留意你的孩子是否表達出哪怕只有一點點的樂觀情緒，然後對他的積極態度表示肯定，並說明你為什麼重視它。「你在學的數學很難，不過當你說『我學得越來越好』，便是一種樂觀的表達。繼續加油！」

第二步：挑戰不正確、悲觀的觀點

接下來，幫助你的孩子評估他的陳述是否準確（有時確實準確），並挑戰那些不準確的。以你自己為例，教孩子反駁內在批評的聲音。只要你的孩子抓到重點，你就可以虛構事例。「當我在你這個年紀時，每次到了考試前，我都會聽到自己內心的聲音說，『你會考得不好。』我學會了反駁並告訴它：『我會盡力而為，所以我可以的。』很快地，這個聲音就消失了，因為我拒絕聽它的話。當你聽到那個聲音時就反駁它。說：『那是錯的』、『我沒在聽』或『停止』。」

悲觀的孩子通常認為最壞的情況可能會發生。問他：「你認為可能發生的最壞的情況是什麼？」然後幫助你的孩子細想結果是否真的那麼糟糕，並看到好的一面。

⬇孩子：「我這一次的考試不及格，期末平均成績一定會是Ｆ。」
⬇父母：「你只是這一次考試不及格。你能做什麼讓你的期末成績不要變成Ｆ呢？」
⬇孩子：「我可以更努力學習。」
⬇父母：「很好！我們一起制定一個學習計畫，讓你可以學得更好。」

讓孩子擺脫消極思維陷阱的另一種方法是：**提供平衡的觀點**，只要你能確保你的陳述是準確的。如果孩子聽多了你溫和的反駁，他可能也會採用它來反駁自己的消極想法。

⬇假設你的孩子不想去參加朋友的派對。「從來沒有人喜歡我。」
⬇平衡的說法：「卡拉一定很喜歡你，否則你不會被邀請的。」
⬇假設你的兒子沒有被選入校隊。「其他孩子一定會認為我是最差勁的球員。」
⬇反駁的說法：「他們知道你很擅長滑雪，你可以告訴他們，你在棒球上沒有練習得那麼多。」
⬇你女兒的科學考試不及格。「我從來沒有做對任何事情。」
⬇反駁的說法：「妳數學很好啊，所以讓我們來努力提高妳的科學成績。」

第三步：改變不切實際的悲觀想法

孩子可能會陷入悲觀的思維模式，只看到不好的一面。隨著悲觀主義變得更加根深柢固，他們可能會忽視或淡化積極的想法。最後一步是幫助孩子將他們的消極想法轉變成更準確、更樂觀的想法。

每當有家庭成員說出「全面否定」的陳述（例如「我總是……」、「我從不……」、「每次都……」，在第一步中學到的）時，另一個人應該溫和地提醒說話者，「查核事實！」直到孩子能提醒自己這麼做為止。這個方法不僅能幫助孩子捕捉到自己和他人的悲觀情緒，還能幫助他用更積極、更務實的觀點看待自己。這是在幫助孩子培養樂觀心態方面至為關鍵的最後一步。

⬇孩子：「我在學校從來沒有取得好成績。」

⬇父母：「查核事實！你的歷史成績呢？」

⬇孩子：「我總是被排除在外。」

⬇父母：「查核事實！凱文的生日派對怎麼樣。你被邀請了。」

然後，幫助你的孩子選擇用積極的詞語來代替消極的情緒。在一張圖表上寫下「幾乎，還沒，更接近，下一次，嘗試」，然後問孩子：「你有悲觀的聲音。你可以用什麼詞語來代替？」

⬇幾乎：「我**總是**不及格。」改為：「我**幾乎**答對了。」

⬇還沒：「我**永遠**學不會。」改為：「我**還沒**學會。」

⬇更接近：「**沒希望**了。」改為：「我**越來越接近**了。」

⬇下一次：「我**太**笨了。」改為：「**下一次**我會多學習。」

⬇嘗試：「我**不會**成功。」改為：「我會**嘗試**看看。」

改變習慣很難，所以要留意孩子是否表現出些微的樂觀心態，然後肯定他的樂觀，並說明你為什麼重視它。「你排練得很辛苦，但當你說『我想我正在變得越來越好』時，便是展現樂觀。繼續堅持下去！」

示範如何為自己挺身而出

成長從來都不是一件容易的事，但在今日世界，霸凌和同儕壓力從未如此嚴重。在「美國男孩女孩俱樂部」（Boys & Girls Clubs of America）針對四萬六千名青少年所進行的一項調查中，近百分之四十的青少年表示，同儕壓力是造成其壓力的最大原因。在十二至十八歲的美國學生中，有五分之一的人說，在過去六個月內曾在學校受到霸凌。不能為自己挺身而出會讓孩子感到無助，啟動一個危險的悲觀螺旋，增加壓力、焦慮、抑鬱和空虛的感受。

《教孩子學習樂觀》（*The Optimistic Child*）一書的作者馬汀·塞利格曼指出，悲觀主義「隨著每一次挫折而被強化，很快地就會成為現實。」孩子們非常擔心同儕的騷擾，但當我教導自信的溝通策略時，他們的悲觀情緒似乎會逐漸消退，因為他們學會了替換它的工具。

我們甚至可以從孩子還在蹣跚學步時，就教導他們如何展現自信的行為；繼續這樣教導，直到孩子知道如何自信地為自己挺身而出，並對他們的世界充滿希望——而不是無助——因為他們感覺自己更有控制力。為自己發聲，是「成功者」一個確切的特質。

透過分開教導 C—A—L—M 中的每個步驟，來幫助你的孩子學會為自己發聲，直到他能夠自己掌握這四個要素為止。你可以強調，雖然你無法控制他人的言行，但可以控制自己的回應方式。這需要時間，但透過練習，你會有所進步。

C——冷靜（Chill）

除非孩子保持冷靜，否則他們永遠不會被認真對待。如果你的孩子難以保持冷靜，請參閱第三章「自制力」中提供的策略。他可能還需要學會深呼吸或離開現場，直到他能夠控制自己。告訴你的孩子兩種可以讓自己看起來更平靜、更自信的快速方法：第一，鬆開雙腿和雙臂；第二，讓你的聲音聽起來不要太過輕柔（溫順）或刺耳（憤怒）。

A——主張（Assert）

如果你總是為孩子挺身而出，他就沒有機會培養內在的信心，而且會一直依賴你！「成功者」學習為自己發聲。從這一刻起，退後一步，幫助你的孩子學會為自己說話。

＊**培養「自信」的說話態度**：你可以和孩子一起腦力激盪，想像在他遇到困難時，可以說哪些表現自信的話，例如：「這一點都不酷。」「住手。」「停止。」「那是不對的。」「我不想！」堅定、簡短的陳述效果最好。向孩子強調他們永遠不能以侮辱的方式回擊。

＊**說或表示「不」**：膽怯的孩子很難為自己發聲，所以你可以教他說「不」就好。他也可以把雙手舉在胸前，擺出大家都懂的「不」的手勢，而不說任何一句話。向孩子強調，如果有人逼他違反他的道德標準或你們的家庭信念（參閱第四章「正

直」），簡單地回答對方「不」或「不，我不想」就可以了。

＊**教導以「我」為開頭的陳述句**：用「我」而不是「你」作為開頭主詞的陳述句，可以幫助孩子針對問題，而不是侮辱對方。它最適合應用在朋友（不是騷擾者或霸凌者）身上。教孩子從「我」開始，然後說出他的感受、需要或希望發生的事情。「本來輪到我了，但你卻插隊，這不公平，我很難過。」「我希望你不要再欺負我了，因為這讓我感到很受傷。」「我要你停止抄襲我的作品。」

每天為你的孩子尋找「主控」和練習自信的時刻。如果你的孩子膽怯，並總是待在一個愛指使別人的玩伴身旁，幫助他找到另一個不那麼霸道的朋友，讓他更有機會為自己說話並培養信心。

L——看起來很強大（Look strong）

大多數展現自信的溝通與口語無關，而是我們透過肢體語言所傳送的訊息。如果孩子看起來很脆弱，他們就不容易受到重視：肩膀下垂、頭朝下、發抖的膝蓋、雙手插在口袋裡。你可以教孩子學會以下這些自信的肢體語言。

＊**頭**：抬頭挺胸。

＊**眼睛**：抬頭並與對方的眼神接觸。一個讓自己看起來有自信的簡單方法是眼神接觸，因為你會抬起頭來，而顯得很有自信。所以總要記得直視對方的眼睛。如果你

的孩子對目光接觸感到不自在，他可以注視對方的前額中間或兩眼之間的位置。

＊肩部：肩膀放鬆，背部挺直。

＊手臂和手：手臂放在身體兩側；手不要放在口袋裡，並且不要交叉。

＊腳：雙腳牢牢地站在地面上，兩腳間相距三十公分左右。

幫助你的孩子用鏡子練習，讓自己從頭到腳看起來都很強大。經常給他拍「從頭到腳看起來很強大」的照片以進行回顧。針對「猶豫」和「自信」的樣子進行角色扮演，指出演出者使用哪些「自信」（堅強）和「懦弱」（膽怯）的姿勢，讓孩子看到其中的區別。

M——練習自信地說話（Mean it）！

當孩子被嚇到或感到緊張時，通常會使用「膽怯」或「吼叫」的口氣，但其實這兩者都產生不了什麼效果，因此你需要幫助孩子練習「自信」的語氣。向孩子強調，他們的聲音可以使他們聽起來「自信」或「膽怯」。用強烈、堅定（而不是怒吼或生氣）的聲音說「住手」，接著示範以柔和、安靜、溫順的聲音說「住手」。問他：「另一個孩子會聽從哪種聲音說的『住手』？強烈和堅定的聲音是最有效的，讓我們來練習吧！」

然後，確保你的孩子有機會練習說話的聲音，而不是被霸道的兄弟姊妹（甚至其他的父母）壓制。一定要強調孩子任何展現自信的努力：「為了遵守宵禁規則，告訴朋友你必須早點離開確實很難。你能夠替自己說話，而不是隨波逐流，讓我為你感到驕傲。」

相信未來充滿希望

我曾在數十所學校工作過，但在賓州赫爾希鎮的一段經歷最讓我念念不忘。這個小鎮是「好時之吻」[3]的發源地，風景如畫，適合拍照留念；甚至連路燈的形狀都像親吻，被視為「地球上最甜蜜的小鎮」。

該學區聘請我對他們的教職員工進行「品格教育」的訓練。每次開始，我總是先以小組形式，採訪不同種族、派系、文化和家庭收入的學生，以便了解他們的擔憂。一旦青少年知道我在那裡是為了傾聽而不是判斷時，他們就會敞開心扉。

「什麼事會讓你徹夜難眠？」我問他們。

答案一個接一個地冒出來：「拿不到獎學金。」「同儕壓力。」「申請大學。」「生活壓力。」

然後我問：「你對這個世界有什麼擔憂？」他們個個端坐起身並靠向我，然後快速地說出他們的擔憂，快到我幾乎跟不上。

「全球暖化。」「流行病。」「恐怖主義。」「暴力。」「核戰爭。」「仇恨。」「槍擊事件。」

他們的擔憂清單不勝枚舉，但有一個年輕人的問題讓所有人都安靜了下來。

「你相信我們可以活著看到未來嗎？」他問，「我不是很抱持希望：我認為我們這一代人不會。」他們全都點了點頭：每個人對生活的前景都很悲觀，這與我之前採訪過的數百個群體沒什麼不同。孩子們對他們的世界感到悲觀，這正在削弱他們茁壯成長的能力。雖然我們不能保證他們安全，但我們至少可以讓孩子繼續保持希望——你可能小時候就在電視上看過最好的一種做法。

如果我可以讓時光倒流到我最喜歡的家庭時間，那就是我和我那三個年幼的兒子一起看電視節目《羅傑斯先生的鄰居》[4]。沒有人像佛瑞德．羅傑斯（Fred Rogers）那樣以溫和、平靜、誠實的方式對電視觀眾講話。三十三年來，這位深受觀眾喜愛的電視主持人，給我和無數其他的家庭帶來了樂觀、愛和歡樂——他給人帶來希望。羅傑斯先生總是帶著燦爛的笑容走進來，哼著那樂觀的曲調：「在這個街區，今天是美好的一天。對鄰居來說，今天是美好的一天……」

然後他脫下外套，掛在衣櫥裡，拉上開衫毛衣的拉鍊，脫掉西裝鞋，換上藍色運動鞋，餵魚；接著，給我的孩子們上另一個關於生活的深刻而簡單的一課。在每一集的結尾，羅傑斯都會唱道：「知道自己還活著的感覺真好。知道你的內在在成長的感覺真好。」節目結束時，我的孩子和我都會迫不及待地想去克服生活中所有的挑戰。

在當前緊張不安的時代，我們需要羅傑斯先生的樂觀態度。每一次當新的爆炸、病毒、颶風、恐怖襲擊、火災、仇恨犯罪、龍捲風或大規模槍擊事件發生時，我們都會懷

3 Hershey's Kisses 是北美最大的巧克力製造商之一「好時」（The Hershey Company）旗下著名的產品。
4 *Mister Roger's Neighborhood*，七〇年代熱門的美國兒童電視節目。

疑，「我應該怎麼告訴孩子？」羅傑斯先生給了最完美的答案：

「當我還是個小男孩的時候，我會在新聞中看到可怕的事情，這時我的媽媽就會對我說，**『尋找幫手。你總會找到可以幫忙的人。』**直到今天，尤其是在發生災難時，我總會想起我媽媽的話，我很欣慰地發現，這個世界上還有這麼多願意提供幫助的人，這麼多有愛心的人。」

九一一事件之後，我對自己的孩子使用了同樣的方法。「尋找幫手。」我告訴他們。我的孩子們擦擦眼淚，點點頭，承諾會找到他們的幫手。在疫情大流行期間，我們告訴孩子，急救人員、醫生和護士如何盡力在確保他們的安全。使用「羅傑斯法則」，幫助我們的孩子敞開心扉，相信他們的世界是美好的，並為他們點燃希望。

保持樂觀的方法

對未來保持樂觀的「杯子是半滿的」心態，對身心健康至關重要。有希望的孩子更快樂，對生活更滿意，更願意嘗試。這些「滿懷希望的孩子」在學業上取得了更大的成功，建立了更牢固的友誼，並培養更多的創造力和更好的解決問題的能力，甚至他們抑鬱和焦慮的程度更低。我學到一些幫助青少年對抗悲觀並保持樂觀的最佳方法。

監督孩子觀看的新聞

一個又一個青少年對我表達，擔心自己在沒有父母監督的情況下接收到最即時的「可怕」新聞。他們還擔心弟弟妹妹到了他們的年紀，會有更多上網的機會。持續不斷的悲觀消息會影響孩子們的人生觀。他們的做法是：「我在困難時期上傳振奮人心的YouTube紀錄片。」十二歲的薩拉說。「我專注於正面的事情：救援人員、伸出援手的鄰居、捐血的人。」十三歲的瑞奇說。（聽起來很像羅傑斯先生！）「在新聞事件有好的進展之前，父母應該把孩子的智慧型手機收起來。」十六歲的卡拉說。

閱讀鼓舞人心的書籍

「閱讀其他人度過艱難時期的故事，會給我帶來希望。」十五歲的達倫告訴我。科學家們一致認為，滿懷希望的孩子在遇到困難時，會回想過去曾有過的成功。我訪問過的孩子有以下這些建議：

＊勞倫・安・湯普森（Laurie Ann Thompson）的《伊曼紐爾之夢》（*Emmanuel's Dream*，暫譯）。一個出生在非洲的殘疾男孩幫助孩子們了解，只要你相信自己，一切皆有可能。⬇Y

＊羅伯・寇爾斯（Robert Coles）的《勇敢小鬥士》（*The Story of Ruby Bridges*，暫譯）。一名六歲的黑人女孩在聯邦執法官的護送下，行經一群種族隔離主義者，滿懷希望地去上學！⬇S

＊琳達．蘇．帕克（Linda Sue Park）的《尋水之心》（*A Long Walk to Water: Based on a True Story*）。故事描述兩個令人難忘的蘇丹孩子，他們忍受著可以想像到的一切困難。➡ S、T

＊馬拉拉．優薩福扎伊的《我是馬拉拉〔青少年版〕：一位因爭取教育而改變了世界的女孩》（*I Am Malala: How One Girl Stood Up for Education and Changed the World*）。一個年輕女孩的聲音可以激發改變。➡ S、T

＊布萊恩．史蒂文森（Bryan Stevenson）的《不完美的正義》（*Just Mercy*）。一位美國的年輕律師致力於對抗種族歧視、刑罰過當和大規模監禁。➡ T

＊泰拉．維斯托（Tara Westover）的回憶錄：《垃圾場長大的自學人生》（*Educated: A Memoir*）。一名失學的年輕女孩離開她擁抱「生存主義」[5]的家庭，並獲得劍橋大學博士學位的故事。➡ T

聆聽振奮的音樂

來自紐約市十四歲的娜塔莉告訴我：「我編輯了一份令人振奮的樂觀歌曲清單。我主要聽艾爾頓．強的〈再見，黃磚路〉（Goodbye Yellow Brick Road）；當我考試考得不錯時，我會聽他的〈我依然屹立不搖〉（I am Still Standing）。」

＊**年幼的孩子**：火星人布魯諾．馬爾斯（Bruno Mars）的〈不要放棄〉（Don't Give Up）；伊迪娜．曼佐（Idina Menzel）的〈放手吧〉（Let It Go）；鮑比．麥克菲林

（Bobby McFerrin）的〈別擔心，要快樂〉（Don't Worry Be Happy）。

＊年長的孩子：披頭四樂團（The Beatles）的〈順其自然〉（Let It Be）；生存者樂團（Survivor）的〈虎之眼〉（Eye of the Tiger）；音樂劇《女巫前傳》（*Wicked*）的〈抵抗萬有引力〉（Defying Gravity）；凱莉．克萊森（Kelly Clarkson）的〈堅定不移〉（Stronger）；娜塔莎．貝汀菲兒（Natasha Anne Bedingfield）的〈不成文〉（Unwritten）；莎拉．芭瑞黎絲（Sara Bareilles）的〈勇敢〉（Brave）；凱蒂．佩芮（Katy Perry）的〈煙火〉（Firework）；賈姬．伊凡柯（Jackie Evancho）的〈天國某處〉（Somewhere）。

告訴孩子：「一切都會好起來的！」

一個又一個青少年說：「父母需要一遍又一遍地告訴他們的孩子，『我們會度過難關的』和『無論如何我都會愛你。明天又是新的一天。』」十五歲的亞當再三強調了這個說法，他說：「孩子承受著很大的壓力，不想讓父母失望。讓孩子知道你愛他勝過愛他的成績。」幫助你的孩子退後一步觀察大局，以便他們能以清晰的視角看待事物。

訂立健康的座右銘

許多孩子告訴我，對自己重複樂觀的口頭禪，在對抗悲觀情緒上有所幫助。「我可以

---

5 指單人或團體的運動，積極地為災難或意外困境做準備。

的！」「這很艱難，但我能做到。」「我應付得來。」一些青少年向我展示了他們在智慧型手機下載的座右銘螢幕保護程式。幫助你的孩子培養正面的口頭禪。

從事志願服務

孩子們一致同意，助人不僅能幫助你傳播希望的訊息，還會引導出樂觀的情緒。「知道自己可以創造改變，這會讓你感覺很好。」十四歲的羅伯塔告訴我。「但要確定助人的項目是你的孩子真正想做的事情，而不僅僅是為了在申請大學的履歷上看起來不錯。」十六歲的珍娜補充道。「告訴父母，讓孩子的朋友一起參與，」十七歲的亞當表示同意，「我們想花更多時間和朋友在一起，而志願服務是一種很好的相處方式。」

樂觀如何成為孩子的超能力

一九六〇年十一月十四日，四名聯邦執法官護送六歲的露比・布里奇斯（Ruby Bridges）到紐奧良全白人的威廉・弗朗茨小學（William Frantz Elementary School）。這位一年級的學生創造了歷史，成為第一位融入南方小學的非裔美國學生，但這並不容易。每天都有一大群成年人在學校外面等著，一邊喊著下流話，一邊恐嚇那個走到校門前的小女孩。一個女人總是尖叫著，「我要毒死妳，我會想辦法的。」

一旦她進到校園，露比仍然不安全。其他家長堅持她和他們的白人孩子不在同一個教室，所以她和一位支持她的老師芭芭拉・亨利獨自度過了這一年。亨利小姐回憶說，露比從不抱怨或缺過任何一天的課，她昂首挺胸，保持樂觀。儘管孤獨、緊張和被敵意地對待，這個孩子仍然對未來抱持著希望，並且成為堅韌的代表。

她是如何度過那漫長而痛苦的一年？

「當我還是個孩子時，我真的相信祈禱能讓我度過任何難關，」她回憶道，「我的母親從小就讓我們相信，上帝總是在那裡保護我們。她告訴我們有一種力量，我們可以隨時隨地向祂祈禱。不知為何，那總是奏效。」

如同大多數的「成功者」一樣，這名六歲的孩子發展出一種應對技巧，幫助她掌控自我並懷抱希望。所以在面對那些憤怒的人群之前，這名一年級學生每天會做兩次祈禱：「請上帝試著原諒那些人，因為即使他們說了那些壞話，他們其實不知道自己在做什麼。」

研究發現，**有韌性、樂觀的人，在遇到困難時經常依靠追求靈性或祈禱作為一種支持的來源**。「**成功者**」**的另一個共同點是，他們身邊有著充滿愛心的成年人，他們為孩子提供了希望**。亨利小姐不僅僅是露比的老師。「她更像是我最好的朋友，」露比解釋道，「我知道她關心我。她彬彬有禮、和藹可親，我很敬仰她。事實上，我開始模仿她。我漸漸地愛上了亨利小姐。」

還有史密斯夫人，她的兒科醫生的妻子。她會花時間陪伴露比，幫助她振作起來。在週末時，史密斯夫人會帶露比到她家，全家人都很友善且樂於助人。多年後，露比回憶道：「現在我很清楚，拜訪她和她的家人，讓我看見生活中美好的一面，讓我覺得必須為自己做得更好。」

露比．布里奇斯年輕時就展現出包括心靈、智慧和意志的品格，以及自信、正直、同理心、自制力、好奇心、毅力和樂觀的「性格力量」——這正是我們在本書中所講述的。這些「性格力量」加上關心與支持孩子的成年人，便是幫助孩子茁壯成長的致勝法寶。露比．布里奇斯就是證明。

適齡教導孩子「樂觀」的做法

「新聞媒體通常都報導與槍擊和暴力有關的新聞。如果我們能聽到更多關於孩子們行善幫助世界的故事，對我們會很有幫助。」

——加州河濱市，十二歲的萊納斯

十歲的泰勒．赫伯和伊恩．奧戈爾曼住在加州的聖馬可斯，他們是最好的朋友。因此，當伊恩因罹患癌症在醫院接受化療時，泰勒理所當然地前去探望伊恩。伊恩告訴泰勒，他擔心學校裡的孩子會說些什麼。「化療後你會掉頭髮，」伊恩說。「所有的孩子都會取笑我。」

泰勒告訴他的朋友不要擔心；他有一個計畫。離開醫院後，泰勒邀集班上的男同學一起到當地的理髮店見面——為了支持他們的同學。有十三名五年級的學生跳上「禿頭馬車」，排隊為他們的朋友剃光頭，甚至給自己取名為「禿頭鷹」。他們的老師也現身來剃光頭。

「我們剃了光頭，因為我們不想讓他感到被冷落。」同學埃里克・霍爾扎雷爾解釋道。他補充說：「如果他們決定做更多化療，我們就會繼續光頭九週。」

我已經與全球數百名學生分享過這個故事，每次總是讓人感動流淚，還有**給人希望**。「禿頭鷹」的故事打動了孩子們的心，幫助他們認知到他們可以做一些事情來幫助受困的朋友。

紐約大學教授強納森・海德特（Jonathan Haidt）認為，**當我們看到人們意想不到的善行時，我們內心所感受到的那道溫暖和振奮人心的光芒，就是「提升」**（Elevation）。這種感覺可以激勵孩子幫助他人，發展樂觀思維，甚至成為更好的人。像「禿頭鷹」一樣振奮人心的故事，也能幫助孩子認識到，他們可以成為自己命運的主人：這是培養樂觀主義者最好的辦法！以下這些方法可以幫助孩子學會看到生活中的美好。

依年齡階段讓孩子培養樂觀思維

以下英文字母表示每項活動適合的年齡：Y＝幼兒、學步兒童和學齡前兒童；S＝學齡兒童；T＝八至十歲的孩子及以上；A＝所有年齡。

分享好消息

在日常生活中尋找關於助人和好人好事（如同那群五年級的「禿頭鷹」）的勵志故事，以幫助孩子們專注於生活中美好而不是消極的面向。一位媽媽告訴我，她的家人會透過簡訊進行勵志故事的接龍遊戲。「它幫助我的孩子們對這個世界抱有希望。」她說。溫馨的故事會出現在報紙、網頁、雜誌和你居住的社區中。

* 在goggle.com/alerts上設置「勵志故事」的提醒，一旦有相關訊息，你就會收到通知。⬇S、T
* 將相關文章黏貼在卡片上，然後放進餐桌上的籃子中隨時查看。⬇A
* 開始製作一本「『好消息』家庭剪貼簿」，在其中張貼全家人最喜歡的勵志故事。⬇A
* 在你們家的冰箱或公告欄上張貼鼓舞人心的文章。⬇S、T
* 在疫情大流行期間，電影製片人約翰・卡拉辛斯基（John Krasinski）開始製作一個網路系列《一些好消息》（*Some Good News*），在其中，他講述了病毒片段，展現了人類韌性和善良。有一集是關於百老匯音樂劇《漢密爾頓》（*Hamilton*）的演員為一名年輕女孩表演的故事；這名女孩期待已久的百老匯演出，因為新冠病毒的疫情而被取消。紐約花園城高中（應學生要求）在學校禮堂加裝了一個大螢幕，播放鼓舞人心的新聞故事和名言佳句，以減少學生對世界感受到的悲觀和恐懼的情緒。藉由

分享好消息來激發他人的樂觀情緒。⬇A

鼓勵做好事⬇Y、S

來自明尼通卡的媽媽艾米麗．羅偶然啟動了一個善的儀式。她五歲和三歲的孩子上車時常常要求吃「薄荷糖」。「為了停止他們的爭吵，我告訴他們這是『好事薄荷糖』，只有當他們那天做了什麼好事時，才能得到。」她告訴我。「有一天，我五歲的孩子跳進我們的車裡說，『我今天幫碧翠絲打掃教室』，然後吃了一顆薄荷糖；一切都是她自願的！分享善行現在是我們的生活慣例。薄荷糖為我們開啟一個輕鬆的對話，以自然的方式談論善良與感恩。」尋找簡單的儀式來幫助你的孩子談論生活中美好的部分。

觀賞好電影⬇A

電影可以提升孩子的心靈，給他們帶來希望。

＊年幼的孩子：《快樂腳》、《夏綠蒂的網》、《尋龍傳說》、《快樂小天使》（*Pollyanna*）。

＊年長的孩子：《心靈點滴》（*Patch Adams*）、《當幸福來敲門》、《阿甘正傳》、《時間的皺紋》（*A Wrinkle in Time*）。

＊青少年：《讓愛傳出去》（*Pay It Forward*）、《攻其不備》（*The Blind Side*）、《敦克爾克大行動》（*Dunkirk*）。和孩子討論劇中人物如何在逆境中展現樂觀的態度。

學會當個「轉念者」⬇Y

悲觀思維很容易成為一種習慣，並影響孩子對生活的反應。堪薩斯州的一位二年級老師使用班級「雙手拇指向下」的信號，來幫助學生捕捉他們的悲觀情緒。信號的意思是「那是『臭臭先生』在說話」。信號員接著會豎起大拇指，提醒他的同學說出「振奮」或「正面」的陳述來取代它。「這需要一段時間，但孩子們現在開始注意他們說話的方式，並使用更多樂觀的信息。」老師告訴我。和你的孩子一起試試看。

分享生活中發生的好事⬇Y、S

每晚針對每個人在一天中發生的好事進行簡單的回顧，例如：「莎莉邀請我和她一起玩。」「老師說我的數學進步了。」「我沒有把餅乾烤焦！」這是一種幫助孩子度過睡前時光，並看到生活光明面的寶貴方法。

成為一名「善行發現者」

透過觀察他人做的好事來鼓勵孩子成為「善行發現者」。然後，請孩子們在家庭會議、晚餐或睡前分享觀察的結果。「凱文幫助一個男孩修理他壞掉的腳踏車。」「一個男人幫一個女人撿起她不小心掉了滿地的雜貨。」「莎莉陪一個男孩去健康中心，因為他生病了。」幫助你的孩子意識到——看到善行可以改善情緒。問他：「這讓你感覺如何？你能從中學到什麼？」聖地牙哥的一所學校為學生準備了一個「善良罐」，讓他們寫出彼此觀察到的善行。校長將大家的觀察結果釘在大廳的布告欄上，讓所有的孩子查

看，藉此激勵其他人做更多的善事。⬇ S

閱讀好書

我前往威斯康辛州的科勒村為這本書採訪一些青少年朋友，其中有位青少年猶豫著不知是否接受我的訪問。當我問他為什麼時，他的回答讓我莞爾，「我正在讀這本書，我對它愛不釋手，停不下來。」他給我看他正在讀的《呼喚奇蹟的光》（*All the Light We Cannot See*）。我笑著對他說：「去讀書吧！」以下是其他可以啟發孩子的書：

＊**年幼的孩子**：邁克爾・萊安娜（Michael Leannah）的《大多數人》（*Most People*，暫譯）；克哈斯可耶特（Kerascoët）的《我與凡妮莎同行》（*I Walk with Vanessa*，暫譯）；凱瑟琳・奧托西（Kathryn Otoshi）的《一個》（*One*，暫譯）；楚蒂・拉德薇格（Trudy Ludwig）的《一的力量》（*The Power of One*，暫譯）；瑪莉安・柯卡—萊弗勒（Maryann Cocca-Leffler）的《雨帶來青蛙：一本希望小書》（*Rain Brings Frogs: A Little Book of Hope*，暫譯）；琳娜・吉倫（Lynea Gillen）的《到處都是好人》（*Good People Everywhere*，暫譯）；霍莉・M・麥吉（Holly M. McGhee）的《跟我來》（*Come With Me*，暫譯）；馬特・德拉佩尼亞（Matt de la Peña）的《市場街最後一站》（*Last Stop on Market Street*）。

＊**學齡兒童**：芭芭拉・庫尼（Barbara Cooney）的《花婆婆》（*Miss Rumphius*）；莎倫・德蕾珀（Sharon M. Draber）的《聽見顏色的女孩》（*Out of My Mind*）；R・J・帕

拉秋（R. J. Palacio）的《奇蹟男孩》（*Wonder*）；傑夫・麥可（Jeff Mack）的《好消息壞消息》（*Good News, Bad News*）；邁克爾・萊安娜的《大多數人》。

＊**青少年**：克里斯汀・萊文（Kristin Levine）的《小石城的獅子》（*The Lions of Little Rock*，暫譯）；溫迪・米爾（Wendy Mill）的《所剩無幾》（*All We Have Left*，暫譯）；凱薩琳・雷恩・海德（Catherine Ryan Hyde）的《讓愛傳出去》（*Pay It Forward*）；約翰・葛林（John Green）的《生命中的美好缺憾》（*The Fault in Our Star*）；伊萊・薩斯洛（Eli Saslow）的《掙脫仇恨》（*Rising Out of Hatred*，暫譯）。

提醒孩子，雖然世界上發生許多卑劣可怕的事件，但也有無數善良溫暖的實例。

將壞事變為好事 ➡ A

我訪問過的青少年們告訴我，他們的英雄是倡導槍支管制的帕克蘭高中（Parkland High School）的學生，和提高人們對全球氣候變遷意識的瑞典青少年葛莉塔・通貝里（Greta Thunberg）。「他們的故事給了我們希望。」他們說。分享普通孩子為了改善世界而做出非凡貢獻的故事，並鼓勵你的孩子去尋找更多。然後全家一起進行討論，有助於你發現孩子的擔憂，以及他們想要有所作為的方式。

＊**被汙染的飲用水**：來自密西根州弗林特市十一歲的吉坦賈利・拉奧（Gitanjali Rao），在她參加科學展覽的項目中，發明了一種檢測飲用水中含鉛量的設備。

＊貧困：十六歲的亞當・博朗（Adam Braun）在旅行時遇到了一個在印度街頭乞討的男孩。亞當問他在世界上最想要什麼，他回答說：「一枝鉛筆。」亞當在全球建立了兩百五十多所學校。鼓勵你的孩子閱讀亞當的書：《一枝鉛筆的承諾》（*The Promise of a Pencil*）。

＊遊民：八歲的賈基爾・傑克遜（Jahkil Jackson）創立了「『我是』計畫」（Project I Am）來幫助他在芝加哥家鄉的街頭遊民，並在一年內發送了三千多個裝滿盥洗用品、毛巾、襪子和小吃的「祝福袋」。

找到勵志名言

幫助你的孩子尋找能夠激發他看到美好事物的名言佳句。棕櫚泉市的一位媽媽告訴我，她的家人會在索引卡上寫下勵志名言，然後把它們放在餐桌上的籃子裡。他們每晚都會在家庭聚餐時抽一張出來討論。她的兩個青少年孩子現在會把自己最愛的名言放在手機的螢幕保護程式上！⬇S、T

⬇「如果你認為自己太渺小，不能有所作為，那你就肯定不曾和蚊子待在同一個房裡。」——非洲諺語

⬇「試著在別人的烏雲中當一道彩虹。」——馬雅・安傑洛[6]

6 Maya Angelou，美國作家與詩人，寫作生涯逾五十年，獲得眾多獎項和榮譽博士學位。

⬇「你自己必須成為你在這世界上想見到的那個改變。」——聖雄甘地

⬇「在達到目標之前，一切總看似不可能。」——納爾遜・曼德拉

洛思阿圖斯市的媽媽楚迪・埃斯里說，她女兒凱莉最喜歡的名言是小熊維尼對他的朋友小豬說的話：「你比你想像的更勇敢，比你看起來的更堅強，比你想像的更聰明。」（《小熊維尼》的作者艾倫・亞歷山大・米恩（A. A. Milne））凱莉在腦部手術恢復期間在她的床上描繪了這句話。「這句話給了凱莉很大的希望和啟發。」楚迪說。「她早上第一件事和睡覺前的最後一件事就是看到它。它提醒她，她可以克服她的磨難，而且確實幫助她度過了難關！」找到一句能引發孩子共鳴的勵志名言。⬇A

肯定「好想法」⬇A

改變是困難的——尤其是當你試圖改變一種習慣性的態度時。因此，隨時注意孩子表達出的樂觀想法，並給予肯定。「我知道你的數學考試有多難。但我聽到你說，你認為自己做得越來越好，這是一個很樂觀的想法。我相信你會做得越來越好，因為你一直在努力學習。」「我很高興聽到你說，你會努力學習自己繫鞋帶。這是一種很積極的態度！」

開始一個「善行盒」⬇S、T

隨著不斷聽到悲劇的發生，我們的大腦會進入超負荷模式，感覺「我無能為力」，於

是無助感越來越強。告訴孩子「專注於我們可以幫助的少數人或一個人身上」，而不是我們無力幫助的一大群人。「很多人失去了家園，但我們可以把舊書送給這個家庭。」「有幾百個人需要食物，但先讓我們把這些衣服帶去給收容所的孩子們吧。」在你們家門邊放一個「善行盒」，鼓勵你的家人放入用過的玩具、衣服、書籍和桌遊。每當盒子裝滿時，你們可以全家一起把它送給收容所、教堂、紅十字會或需要的家庭。「我把我們的『善行盒』送給了一個在火災中失去家園的男孩。」十歲的凱文告訴我。「他笑著說，『謝謝你。』我告訴媽媽，我們必須繼續裝滿這個盒子！」這就是希望！

本章5大重點

1. 在不確定的時期仍能對生活保持樂觀的孩子，通常都有樂觀的父母作為榜樣。成為你希望孩子效仿的對象吧！
2. 毫無根據的悲觀想法會侵蝕希望、讓孩子準備好迎接失敗，並削弱他們茁壯成長的能力。所幸，樂觀是可以教導的技能。
3. 反覆看到暴力畫面會加劇焦慮感，增加恐懼，降低樂觀情緒，這就是為什麼我們必須監督孩子在發生災難或悲劇期間的新聞接收量。
4. 父母以期待孩子表達感激，來培養孩子的感恩之心。
5. 每個孩子都會發表負面評論；當悲觀成為孩子典型的反應模式，務必特別注意。

One Last Lesson
最後一課

高中教師貝絲．西蒙斯要求學生進行服務學習。她告訴我，她堅信正確的服務學習可以幫助孩子們獲得希望，培養樂觀的心態，並更加積極生活。但這對於其中一個十五歲的孩子來說，是個挑戰——他經常因霸凌惹上麻煩，並且不管發生什麼，總是期待最壞的情況發生：「每件事都很糟糕。為什麼這次會有所不同？」

老師知道她必須證明這個孩子是錯的，藉此提高他的樂觀情緒，並希望改變他的行為。因此，她指派這個孩子去輔導五歲的諾亞，他正在苦惱自己學不好英文和數學。她沒有接受賈斯汀「這行不通」和「他不會喜歡我」的悲觀評論，而是強調：「你想想自己能怎麼做來獲得成功？」他們腦力激盪出幾種他可以用來與這位幼兒園學生建立關係和輔導他的方式。每次輔導課結束後，賈斯汀都要記錄一件輔導成功的事情，這樣他就能專注於積極而不是消極的一面。

事情並非總是一帆風順，但老師知道那是因為賈斯汀到目前為止大部分的時間都很悲觀。「我必須給他時間。」她說。大約三週後，這一刻來臨了：賈斯汀和諾亞終於建立起深刻的聯繫！這名少年第一次以積極的眼光看待自己。「我從來不知道我可以幫助別人。」他告訴他的老師。而他的霸凌行為也停止了。

最令人難忘的是這名五歲的孩子告訴老師的話。「我知道賈斯汀能做到，」諾亞低聲說，「他花了一段時間才想清楚。你知道你不能放棄孩子。」

我在我的書《我們都錯了！同理心才是孩子成功的關鍵》中講述了賈斯汀和諾亞的故事，但有很多讀者告訴我，他們很感謝我重複傳達我認為有必要再次強調的訊息。樂觀是幫助孩子茁壯成長的最後一種「性格力量」。教孩子如何找到希望，灌輸他們樂觀的心態，是我們培養既擁有「性格優勢」又堅強、獨立、有愛心的下一代的方法。但要做到這一點，我們必須聽從諾亞的建議：「永遠不要放棄任何一個孩子！」

後記

滋養一生的「性格力量」，讓孩子克服逆境、迎向成功！

寫這本書是從我四十多年來一直試圖回答的一個問題開始。這一切都始於我還是一名大學生時，某天，我探視我的父母，發現一向平靜的父親在客廳裡踱步，手裡拿著一本雜誌。他看見我，把手中的雜誌舉了起來。「這裡說，孩子一到三歲階段，是決定或破壞他一生成功機會的關鍵期。不要相信這種鬼話，」他說，「如果這是真的，我早就完蛋了。」我聽不懂父親在說什麼——他的父母在我出生之前就去世了，所以我從來沒有見過我的祖父母，也沒有聽他說過他的童年。那天他終於公開了自己的早年生活，讓我明白他為什麼對這篇文章如此不滿。

一個多世紀前，他的父母為了尋求更好的生活，從義大利來到美國。他們不會說英語，身無分文，而且不識字。我的祖父不知從哪裡找到了一份勞力活，然後在我父親兩歲時死於西班牙流感。當時祖母被迫將我父親送進孤兒院幾年，直到她有辦法撫養他。我父親過著貧困的生活，但不知怎地，他克服了生活的困境。他獲得了大學獎學金，在大蕭條中倖存下來，取得加州大學柏克萊分校和史丹佛大學的學位，參加過二戰，當過學校校長，出版過書籍，結了婚，成為了一名慈愛的父親，並且活到一百歲。

簡而言之，我的父親是一位「成功者」。他究竟是怎麼做到的？

我繼續向父親探詢他的童年，並慢慢找到了答案。我了解到，爸爸不僅有一位慈愛的母親，而且在他居住的社區裡也有許多充滿愛心的成年人，他們幫助他學習到我在本書中提出的七種「性格力量」，所有這些都幫助他克服逆境和令人不安的童年生活。

＊孤兒院裡一位有愛心的修女讓他感到安全和被接納，這培養了他的「**同理心**」。
＊一位圖書管理員給了他學習英語的書籍，這點燃了他的「**好奇心**」。
＊一位老師看出他的寫作天分並輔導了他，這建立了他的「**自信心**」，並示範了學習新事物時所需的「**自制力**」。
＊一位牧師教他祈禱，讓他即使在最黑暗的日子裡，也能保持希望和「**樂觀**」。
＊一位鄰居給了他一份工作，這讓他有機會培養「**毅力**」和「**正直**」。

在我接下來四十年的職涯生活中，我都在試圖以某種方式回答這個問題：「為什麼有些孩子掙扎，而有些孩子卻在發光？」我對這個問題的探尋將我帶入了課堂、學術界，並與世界各地無數的家庭進行了對話。在這一路上我學到了很多……但竟然沒有意識到我的第一位老師——我的父親——就有這麼多的答案。畢竟，他是這麼走過來，身旁伴隨著那些了解到我父親的需要，並成為他的導師的傑出成年人。

他們看出他的「核心資產」，並教會他關鍵的「性格力量」，這讓他擁有「性格優勢」。雖然每個特質都很重要，但當我父親同時使用不同的「性格力量」時，它們的影響便顯著增加：

自信＋毅力
好奇心＋自制力
正直＋同理心＋樂觀

這種乘數效應——由一群關愛的大人滋養的「性格力量」的綜合效應——是我父親能夠克服逆境和茁壯成長的原因。

乘數效應是「成功者」所使用的（而「奮鬥者」缺乏）祕訣。灌輸這些能力需要一群關愛孩子的大人有意識的努力，因為他們知道「性格力量」不是選項，而是不可或缺的特質。孩子們在二十一世紀初所面臨的挑戰，與我父親在二十世紀初所面臨的挑戰截然不同；但無論生活給他們帶來什麼困難，這些相同的「性格力量」都能成為保護孩子的利器，並培養他們的韌性，幫助孩子做好準備以應對不確定的未來，克服逆境，最終取得勝利，並成為自己命運的主人。

幫助孩子茁壯成長的七種基本「性格力量」

「性格力量」描述	須教導的能力	結果
培養一顆關懷的心		
1 自信：健康的身分認同、自我意識，利用個人優勢建立自信，並找到生活的目標和意義。		
	自我意識 增強意識 尋找目標	健康的自我意識 積極的自我認同 願意貢獻／生活有意義
2 同理心：理解和分擔他人的感受，與他人連結，並以富有同情心的方式採取行動，培養健康的人際關係，支持公平和社會正義。		
	情感素養 設身處地 移情關注	懂得閱讀他人情緒和分享感受 了解他人觀點 關懷的行動
培養堅強的意志		
3 自制力：能管理壓力和強烈的情緒，延遲滿足，注意力延續性佳，可發展精神力量和改善心理健康。		
	專心致志 自我管理 做出好的決定	延遲滿足 有應對和調適能力 懂得自律／擁有健康的心理
4 正直：重視並遵循強烈的道德準則和價值觀，會進行道德思考，誠實待人，並且有良好的道德生活。		
	道德意識 道德認同 倫理思維	重視美德 強大的道德指南 道德決策

5 好奇心：對新體驗和新思維抱持開放態度，樂於嘗試新想法，敢於冒險學習、創新和拓展創造性視野。		
	好奇的心態 以創意解決問題 擴散性思考	創造力 找到替代方案 革新
培養決心		
6 毅力：表現出剛毅、堅韌和忍耐的決心，有辦法從失敗中振作起來，增強忍耐的決心，發展個人動能。		
	成長心態 目標設定 從失敗中學習	決心與驅力 自我控制和主體性 自給自足
7 樂觀：表現出積極和感恩，學習為自己發聲，控制與事實不符的悲觀情緒，以減少沮喪感，對生活前景充滿希望，相信人生是有意義的。		
	樂觀的思維 自信的溝通 希望	積極的態度 為自己發聲 充滿希望的人生觀

附錄

如何開始和組織一個關於《茁壯成長！成功孩子的七大性格力量》的讀書會？

- 確定有興趣一起組成讀書會討論《茁壯成長！成功孩子的七大性格力量》的父母或教育工作者。
- 確定舉行讀書會具體的日期、時間、地點和次數。你有幾種方法來劃分討論的內容。這裡提供三種可能性，但請根據小組的共識和需求來決定讀書會舉行的次數。

＊每個月聚會一次，討論一章。大部分的讀書會每個月聚會一次。

＊傳統讀書會：一次。只開一次會，討論參與者認為最有共鳴的議題。

＊每次聚會討論兩章；共四次會議。你可以將本書分為四個部分，在第一次會議中討論前言和第一章，然後依序在接下來的三次會議中各討論兩章。

- 在每次的討論中指定一位領讀者，或是輪流擔任。
- 使用以下所提供的問題進行討論。有些讀書會會請每位參與者每次提出一個問題，關鍵在於讓你的會議對參與者來說有意義。

書籍討論問題

①為什麼你或妳的讀書會選擇閱讀《茁壯成長！成功孩子的七大性格力量》？在開始閱讀之前，你對「韌性」和「成功者」有什麼先入之見？你的哪些觀點因閱讀本書而受到挑戰或改變？

②當今教養能夠茁壯成長的孩子，你認為比你的父母養育你時更容易、沒什麼不同或是更困難？為什麼？

③許多人認為當今的兒童存在心理健康危機。你認為呢？你對今日的孩子還有哪些其他（如果有的話）的擔憂？哪些因素可能會阻礙孩童發展其茁壯成長的能力？

④作者在這本書中引述了許多受訪孩子所說的話。有沒有哪一句引言特別引起你的注意或共鳴？如果有，是哪一句引言？為什麼？

⑤這本書探討的一個主要主題是：成長的能力是可以透過學習來獲得的，而父母確實在影響孩子的成長潛力方面發揮著巨大的作用。你認為父母實際上有多大的影響力？你的父母是如何影響你的性格發展？你認為父母從幾歲開始失去影響力？你認為父母影響孩子的能力可重新找回來嗎？如果有，在幾歲？什麼因素最能影響孩子的性格發展和其茁壯成長的能力：同儕、媒體、教育、父母、流行文化，或者其他？

⑥這本書描述了七種「性格力量」對於孩子達到最佳表現和茁壯成長至關重要。你覺得哪個特質對今天的孩子來說是最重要的？哪個是你認為最難培養的？在你的

家庭中，你最常強調哪個特質？最少強調的是什麼？你更想強調哪個？你可以做些什麼來幫助你的孩子獲得道德觀？如果我們請你依孩童茁壯成長能力的重要性來對這七種「性格力量」進行排名，你會如何排序？為什麼？

⑦本書中指出，「性格力量」是可以被教導的。你同意嗎？你認為對現在的孩子而言，這七種「性格力量」中的哪一種最難教？為什麼？

⑧這本書強調我們的孩子學習「性格力量」的最好方法之一就是觀察我們。你的孩子會如何描述你的行為？在這七種「性格力量」中，哪一種最能展現你的性格？你想為自己增強哪一種「性格力量」，你會怎麼做？

⑨你希望你的孩子成為什麼樣的人？你將如何幫助你的孩子成為那個人？

⑩書中強調，孩子會感覺自己心靈空虛的一個原因，是我們對成績、分數和排名的執著。你同意嗎？如果你問孩子什麼對你來說最重要，是他的性格還是成績，你認為（或希望）他會如何回答？

⑪第一種「性格力量」是「自信」，主要源於孩子對自己及其優勢和興趣的深刻認識。你會如何向別人描述你的孩子？你的孩子會如何描述自己？你認為你的孩子有哪些優勢或興趣可以幫助他獲得正確的自我認識？在「核心資產」調查中，你認為他或她的「核心資產」是什麼？你正在做什麼來幫助你的孩子發展這些資產和優勢？

⑫這本書強調，孩子與生俱來就有發展「同理心」的潛力，但除非你有目的地加以培養，否則它會一直處於休眠狀態。事實上，研究表明，青少年的同理心在三十

年內下降了百分之四十。是什麼外在因素阻礙了這第二種「性格力量」的發展？你正在做什麼來增強孩子的同理心？你可以再多做點什麼來進一步增強此一關鍵性格？

⑬ 你還記得你在童年時期聽過的哪些說法、諺語或經驗，幫助你定義了你的價值觀？你如何將你的道德信念傳遞給孩子，以幫助他培養正直的品格？你最近曾做些什麼來強調你的道德信念，讓孩子認為自己是一個有道德的人？

⑭ 在你成長的過程中，你的家庭如何進行管教？它如何影響你作為一個正直或有自制力的人？你管教孩子最常用的方法是什麼？它在增強孩子對是非的認識及堅持這些價值觀方面的效果如何？

⑮ 研究表明，「自制力」比成績或智商更能預測一個人長大後擁有的財富、健康和幸福。你是否同意，為什麼？今日的孩子正在被教導如何培養自制力嗎？你是否注意到孩童（和成人）在調節自我控制能力上的變化？如果有，你認為調節力增強的原因是什麼？你的孩子如何管理情緒？這本書描述了幾種培養孩子自制力的方法（如正念、瑜伽、冥想和壓力管理），你有興趣嗎？你是否願意加入其他的父母（透過遊戲小組、童子軍、玩伴日）一起教導孩子如何進行壓力管理和自我控制？

⑯ 關於「毅力」的章節，強調父母需要表揚孩子的努力，而不是成績或最終成果。你通常會給孩子什麼類型的表揚？你認為這有助於灌輸「成長型心態」嗎？在閱讀了卡蘿．德威克關於心態對發展毅力的研究之後，你是否考慮改變你表揚孩子

或幫助孩子面對錯誤或失敗的方式？如果是，你會怎麼做？

⑰ 擁有一個「樂觀」的孩子對你來說有多重要？你認為流行病、種族不平等、氣候變遷或校園槍擊等事件對孩子的人生觀造成了什麼影響？你認為撫養一個對世界充滿希望和樂觀的孩子是件困難的事嗎？你和你的社群可以透過哪些方式幫助孩子看到這個世界的「美好」？

⑱ 你希望自己給孩子留下的最大遺產是什麼？你會做些什麼來確保你的孩子獲得這個遺產？

如何聯絡蜜雪兒・玻芭博士？

你可以透過以下方式聯絡蜜雪兒，讓她協助你在你的家庭、學校或社群中，培養孩子的「性格力量」，幫助他們茁壯成長。

- 觀看蜜雪兒的最新演講和媒體曝光的影片，並閱讀她的部落格，她在其中討論了關於如何培養七種「成功者」的「性格力量」的最新研究發現。你也可以造訪她的網站：www.micheleborba.com，或訂閱她的 YouTube 頻道：Michele Borba, Ed. D.。
- 為你的學校、研討會或公司活動邀請蜜雪兒擔任講者，聽聽她採用哪些可以幫助孩子茁壯成長的實用且有效的方法。可透過 www.micheleborba.com 了解更多訊息，或聯絡「美國計畫局」（American Program Bureau），邀請蜜雪兒與你的父母、老師、學生或社群對話：https://www.apbspeakers.com/speaker/michele-borba/ 或聯絡代言人勞拉・奧伯曼：lobermann@apbspeakers.com。
- 在推特（Twitter）上關注蜜雪兒關於性格塑造的觀點和貼文，以及她造訪全美和世界各地學校的訪問記錄：www.twitter.com/micheleborba。
- 加入蜜雪兒，一起和其他家長和教育工作者討論幫助孩子茁壯成長的策略：Instagram：@drmicheleborba；Facebook：www.facebook.com/drmicheleborba；LinkedIn：Dr. Michele Borba。
- 透過 Skype 聯繫蜜雪兒安排線上讀書會，或是直接聯繫她：http://micheleborba.com。

致謝

中國有句諺語說得好：「孩子的一生就像一張白紙，每個人都會在上面留下印記。」我非常幸運，因為我有這麼多人在我的生活中留下了重要的印記。每個人都幫助我形塑了我的寫作風格和研究工作。我在此向他們表達由衷的感謝：

感謝「G．P．普特南之子」（G. P. Putnam's Sons）優異的出版團隊，感謝你們出版我的作品，與他們合作確實是一種殊榮。我要特別感謝我的編輯米雪兒．豪瑞所做的許多努力。她是一名睿智、善良、出色的女性，堪稱文字魔法師，並且很好相處和共事。如果沒有她的指引，這本書永遠都無法問世。每個編輯都很珍貴。

致喬爾．德爾布戈，我傑出的經紀人，他是我心目中的冠軍。感謝你對我的堅定信念，以及你的耐心、友誼和明智的建議。

感謝多年來參加我舉辦的研討會的數百名教師、輔導老師和家長。我感謝他們每一個人如此真誠地與我分享他們在教養和教學上的擔憂和成果。如果沒有他們關於如何傳授孩子這些性格力量的實踐智慧，這本書絕不會有今日的成果。

感謝數十位學校教師、輔導老師和行政人員，讓我有幸在他們的學校中進行研究，以分析在學生身上施行這些想法的有效性，並協助我建立焦點小組及與個別青少年會談的會議，讓我有機會聽取孩子們對在當今世界中成長的看法。我特別感謝芭比．蒙蒂、英格麗德．格倫西、喬納森．希特、米克．戴維斯、吉爾達．羅斯、勞倫．施雷羅．利維、克里斯塔・戴蒙德、戴安娜・卡西翁、泰西・L・鄧肯、拜倫・威廉姆斯、金・葉娜、德倫達・舒伯特、麗莎・史蒂文森、克里斯塔・普羅姆尼茨、米歇爾・卡爾、蘇珊・塞爾策、T・S・瓊斯將軍、南希・奧康奈爾、傑西卡・圖盧馬克、瑪莎・麥克、凱特・伯格、麗莎・奧克曼、奧黛麗・霍爾斯滕、馬修・利伯托雷、凱瑟琳・王、格雷格・明特、德倫達・舒伯特、索桑・亞辛、納丁・阿萊丁・尤爾迪、馬哈茂德・哈希姆、拉萬・哈提布、維多利亞・奧利瓦多蒂、麗莎・斯汀森和艾麗西亞・博吉奧－海爾。

致本書中接受訪談的數百名兒童和青少年，我感謝你們願意敞開心扉與我分享你們對活在當前這個充滿不確定性的世界中的感受和想法。你們讓我對我們的未來充滿希望。

致那些總是以不同方式為我加油打氣的好朋友們。我的教養作家團體：瑪德琳・萊文、菲利斯・法格爾、凱瑟琳・施泰納－阿代爾、凱蒂・赫爾利、傑西卡・萊希、朱莉・萊思科特－海姆斯、克里斯汀・卡特、蒂娜・佩恩－布賴森、奧黛麗・蒙克、凱瑟琳・雷諾茲・劉易斯、黛比・雷伯、德沃拉・海特納和內德・約翰遜。作家支持者：艾倫・加林斯基、麗莎・達穆爾、艾美・莫林、芭芭拉・格魯納、楚迪・路德維希、瑪麗蓮・普萊斯－米切爾、卡里・坎帕基斯、戴安娜・格拉伯和蘇珊・紐曼。女性盟友：愛麗絲・懷爾德、傑尼・內弗拉斯、勞拉・奧伯曼、夏琳・莫蘭、拉莎・阿塔爾、亞斯敏・阿加。還有我的男性研究「團隊」，他們透過電子郵件寄來有關教養現場的消息：鮑勃・菲、吉姆・鄧恩、史蒂夫・卡諾德。但最重要的是，我的支柱和我的閨密蘇・謝夫，她一直都在，總是那麼地樂觀進取，滿懷感恩之心，給我繼續前進的動力。

我還要感謝以下這許多人，他們的研究啟發我對「成功者」特質的長年思考，包括布魯斯·佩瑞、威廉·戴蒙、安妮·科爾比、托馬斯·利科納、安·馬斯滕、理查德·韋斯伯德、洛里斯·馬拉古茲、艾美·維爾納、安琪拉·達克沃斯、卡蘿·德威克、黛博拉·梁、塔瑪·強斯基、諾曼·加梅齊、邁克爾·魯特、薩繆爾·奧利納、哈羅德·史蒂文森、馬汀·塞利格曼、珍·特溫格和亞倫·貝克。你們所進行的研究對孩子們來說是天賜之物：我只希望我也盡到我的責任。

最後，我要感謝我的家人，他們為我留下我一生中最大且最難忘的印記：他們是我的「靠山」。感謝我的丈夫和最好的朋友克雷格，感謝他在本書每個寫作階段不斷地給予我支持、鼓勵和愛。感謝我生命中的幸福：我的兒子傑森、亞當和扎克，以及兒媳艾琳，感謝他們給我的生活持續帶來愛和喜悅。還有查理和黑茲爾，他們點亮了我們的心，給了我們希望，讓生活變得純粹而快樂。

國家圖書館出版品預行編目資料

茁壯成長！成功孩子的七大性格力量：揭開孩子卓越出色的關鍵！培養心理韌性、樂觀態度和全人精神／蜜雪兒．玻芭（Michele Borba）著；陳玫妏譯. --初版. --臺北市：日月文化出版股份有限公司，2022.06
336面；16.7×23公分. --（高EQ父母；88)
譯自：Thrivers:The Surprising Reasons Why Some Kids Struggle and Others Shine
ISBN 978-626-7089-93-4（平裝）

1.親職教育　2.子女教育　3.性格

528.2　　111006343

高EQ父母 88

茁壯成長！成功孩子的七大性格力量

揭開孩子卓越出色的關鍵！培養心理韌性、樂觀態度和全人精神

Thrivers:The Surprising Reasons Why Some Kids Struggle and Others Shine

---

作　　者：蜜雪兒．玻芭教育博士（Michele Borba，Ed. D.）
譯　　者：陳玫妏
主　　編：謝美玲
封面設計：日央設計
美術設計：林佩樺

發 行 人：洪祺祥
副總經理：洪偉傑
副總編輯：謝美玲
法律顧問：建大法律事務所
財務顧問：高威會計師事務所
出　　版：日月文化出版股份有限公司
製　　作：大好書屋
地　　址：台北市信義路三段151號8樓
電　　話：（02）2708-5509　傳　　真：（02）2708-6157
客服信箱：service@heliopolis.com.tw
網路書店：www.heliopolis.com.tw
郵撥帳號：19716071 日月文化出版股份有限公司

總 經 銷：聯合發行股份有限公司
電　　話：（02）2917-8022　傳　　真：（02）2915-7212
印　　刷：禾耕彩色印刷事業股份有限公司
初　　版：2022年06月
定　　價：400元
I S B N：978-626-7089-93-4

生命，
因家庭而大好！